UML

실전에서는 이것만 쓴다

UML for Java Programmers
by Robert C. Martin

Authorized translation from the English language edition, entitled UML FOR JAVA PROGRAMMERS, 1st Edition, by Martin, Robert C. published by Pearson Education, Inc, publishing as Prentice Hall, Copyright © 2003.

All rights reserved. No part of this book may be reproduced or transmitted in any form or by any means, electronic or mechanical, including photocopying, recording or by any information storage retrieval system, without permission from Pearson Education, Inc.

KOREAN language edition published by Insight Press Co., Ltd. Copyright © 2021.

KOREAN translation rights arranged with PEARSON EDUCATION, INC. through AGENCY ONE, SEOUL KOREA

이 책의 한국어판 저작권은 에이전시 원을 통해 저작권자와의 독점 계약으로 인사이트에 있습니다.
저작권법에 의해 한국 내에서 보호를 받는 저작물이므로 무단전재와 무단복제를 금합니다.

UML, 실전에서는 이것만 쓴다 Java 프로그래머를 위한

초판 1쇄 발행 2004년 1월 2일 **신판 1쇄 발행** 2010년 12월 30일 **신판 5쇄 발행** 2025년 2월 20일 **지은이** 로버트 C. 마틴 **옮긴이** 이용원·정지호 **펴낸이** 한기성 **펴낸곳** (주)도서출판인사이트 **편집** 문형숙·김승호 **본문디자인** 디자인플랫 **영업마케팅** 김진불 **제작** 이유현 **용지** 유피에스 **인쇄·제본** 천광인쇄사 **등록번호** 제2002-000049호 **등록일자** 2002년 2월 19일 **주소** 서울시 마포구 연남로5길 19-5 **전화** 02-322-5143 **팩스** 02-3143-5579 **이메일** insight@insightbook.co.kr **ISBN** 978-89-91268-93-7 책값은 뒤표지에 있습니다. 잘못 만들어진 책은 바꾸어 드립니다. 이 책의 정오표는 https://blog.insightbook.co.kr에서 확인하실 수 있습니다.

프로그래밍 인사이트

UML
실전에서는 이것만 쓴다

UML for Java Programmers

로버트 C. 마틴 지음 | 이용원·정지호 옮김

인사이트

차례

역자서문 ·· xx
추천사 ·· xx
저자서문 ··· xx

1장 이 책의 개요 — 1
다이어그램의 유형 ·· 3
    클래스 다이어그램 ·· 5
    객체 다이어그램 ··· 6
    시퀀스 다이어그램 ·· 7
    협력 다이어그램 ··· 7
    상태 다이어그램 ··· 8
결론 ·· 10

2장 다이어그램으로 작업하기 — 11
왜 모델을 만들어야 하는가? ··· 11
    왜 소프트웨어 모델을 만드는가? ······························· 12
    반드시 코딩을 시작하기에 앞서 포괄적인 설계를 해야 하는가 ··· 12
UML을 효과적으로 사용하기 ·· 13
    다른 사람들과 의사소통하기 ····································· 13
    로드맵 ··· 15
    백엔드(back-end) 문서 ·· 16
    무엇을 보관하고 무엇을 버려야 하는가 ······················ 17
반복을 통해 다듬기 ·· 18
    행위를 제일 먼저 ·· 18
    구조를 점검하기 ··· 21
    코드를 마음속으로 그려보기 ····································· 23

다이어그램의 진화	23
미니멀리즘	25
언제 다이어그램을 그려야 하며, 어떻게 그려야 하는가	26
언제 다이어그램을 그려야 하며 언제 멈춰야 하는가	26
CASE 도구	27
하지만 문서화는 어떻게 합니까	29
그러면 Javadoc은?	29
결론	30

3장 클래스 다이어그램 — 31

기본 개념	31
클래스	31
연관	33
상속	34
예제 클래스 다이어그램	35
세부사항	37
클래스 스테레오타입	37
추상 클래스	39
프로퍼티	40
집합	40
합성	41
다수성	44
연관 스테레오타입	44
내부 클래스	46
익명 내부 클래스	46
연관 클래스	46
연관 한정사	48
결론	49

4장 시퀀스 다이어그램 — 51
기본 개념 — 51
- 객체, 생명선, 메시지 등 — 52
- 생성과 소멸 — 52
- 단순한 반복 — 55
- 사례와 시나리오 — 55

고급 개념 — 59
- 반복과 조건 — 59
- 시간이 걸리는 메시지들 — 60
- 비동기 메시지 — 62
- 다중 스레드 — 66
- 활동적인 객체 — 67
- 인터페이스에 메시지 보내기 — 68

결론 — 69

5장 유스케이스 — 71
유스케이스 적기 — 72
- 유스케이스란 무엇인가 — 72
- 기본 흐름 — 72
- 대체 흐름 — 73
- 나머지는? — 74

유스케이스 다이어그램 — 74
- 시스템 경계 다이어그램 — 74
- 유스케이스 관계 — 75

결론 — 75

6장 OOD(객체 지향 개발)의 원칙 — 77
설계의 품질 — 77
- 나쁜 설계의 냄새 — 77
- 의존 관계 관리하기 — 78

단 하나의 책임 원칙(The Single Responsibility Principle) — 79
개방-폐쇄 원칙(The Open-Closed Principle) — 81
리스코프 교체 원칙(Liskov Substitution Principle) — 94
의존 관계 역전 원칙(Dependency Inversion Principle) — 97

인터페이스 격리 원칙(Interface Segregation Principle) ·················· 98
결론 ·················· 100

7장 실천방법 : dX — 103
반복적인 개발(Iterative Development) ·················· 103
    최초의 탐사 작업 ·················· 103
    각 기능의 추정치 잡기 ·················· 104
    스파이크 ·················· 105
계획 짜기 ·················· 106
    릴리스 계획하기 ·················· 106
    반복 주기를 계획하기 ·················· 106
    중간 지점 ·················· 107
    결과를 속도에 반영하기 ·················· 108
반복 주기를 관리 단계로 조직하기 ·················· 108
반복 주기에서는 어떤 일이 일어나는가 ·················· 109
    짝을 이뤄 개발하기 ·················· 109
    인수 테스트 ·················· 110
    단위 테스트 ·················· 111
    리팩터링 ·················· 112
    개방된 작업 공간 ·················· 112
    끊임없는 통합 작업 ·················· 113
결론 ·················· 113

8장 패키지 — 115
자바 패키지 ·················· 115
    UML 패키지 ·················· 116
    의존 관계 ·················· 117
바이너리 컴포넌트 - .jar 파일 ·················· 117
패키지 설계의 원칙들 ·················· 118
    패키지 릴리스／재사용 등가 원칙(Release／Reuse Equivalency Principle) ·· 118
    공통 폐쇄 원칙(Common Closure Principle) ·················· 119
    공통 재사용 법칙(Common Reuse Principle) ·················· 119
    의존 관계 비순환 원칙(Acyclic Dependencies Principle) ·················· 120
    안정된 의존 관계 원칙(Stable Dependencies Principle) ·················· 120

안정된 추상화 원칙(Stable Abstractions Principle) ········· 121
결론 ········· 122

9장 객체 다이어그램 — 123
어떤 순간의 스냅샷 ········· 123
활동적인 객체 ········· 125
결론 ········· 128

10장 상태 다이어그램 — 129
기본 개념 ········· 129
    특수 이벤트 ········· 131
    상위 상태 ········· 132
    최초 의사-상태와 최종 의사-상태 ········· 133
FSM 다이어그램을 사용하기 ········· 134
    SMC ········· 135
    ICE : 사례 연구 ········· 138
결론 ········· 142

11장 휴리스틱과 커피 — 145
마크 IV 특수 커피메이커 ········· 145
    마크 IV 특수 커피메이커 ········· 146
    도전 ········· 148
    자주 제시되긴 하지만, 엉망인 커피메이커 해결 방안 ········· 149
    사라진 메서드 ········· 150
    허깨비 클래스 ········· 150
    상상뿐인 추상화 ········· 151
    하나님 클래스 ········· 152
커피메이커 해결 방안 ········· 153
    선을 넘어간 연결 ········· 145
    커피메이커 사용자 인터페이스 ········· 155
    유스케이스 1 : 사용자가 끓임(Brew) 버튼을 누른다 ········· 155
    유스케이스 2 : ContainmentVessel이 준비되어 있지 않다 ········· 156
    유스케이스 3 : 커피가 다 끓었다 ········· 157

유스케이스 4 : 커피를 모두 마셨다 ········· 158
추상 모델을 실제로 구현하기 ········· 159
유스케이스 1 : 사용자가 끓임 버튼을 누른다 ········· 160
isReady() 함수들을 구현하기 ········· 161
start() 함수들을 구현하기 ········· 162
M4UserInterface.checkButton은 어떻게 호출되는가 ········· 164
커피메이커를 마무리짓기 ········· 167
이 설계의 장점 ········· 167
어떻게 이런 설계를 떠올릴 수 있었을까 ········· 168
객체지향의 과잉(OOverkill) ········· 178

12장 SMC 원격 서비스 : 사례 연구 ——— 181

독자에게 보내는 경고 ········· 181
    단위 테스트 ········· 182
SMCRemote 시스템 ········· 182
SMCRemoteClient ········· 189
    SMCRemoteClient 명령줄 ········· 183
    SMCRemote 통신 프로토콜 ········· 184
    SMCRemoteClient(SMC 원격 클라이언트) ········· 186
    메시지 로거 ········· 192
    원격 세션 ········· 193
    RemoteSessionBase(원격 세션 베이스) ········· 194
    RemoteRegistrar(원격 등록자) ········· 198
    RemoteCompiler(원격 컴파일러) ········· 200
    FileCarrier(파일 운반자) ········· 205
    SMCRemoteClient에 대한 결론 ········· 206
SMCRemoteServer ········· 206
    SocketService(소켓 서비스) ········· 206
    SMCRemoteService(SMC 원격 서비스) ········· 210
    SMCRemoteServer ········· 215
    ServerSession(서버 세션) ········· 218
    THREE-LEVEL FSM ········· 220
    UserRepository(사용자 저장소) ········· 227
    OReillyEmailSender(오라일리 전자우편 전송자) ········· 230
    PasswordGenerator(비밀번호 생성기) ········· 231
결론 ········· 231

SMCRemoteClient를 위한 테스트 ·· 232
SocketService를 위한 테스트 ·· 239
SMCRemoteServer를 위한 테스트 ·· 242
나머지 테스트 ·· 253
(SMC가 자동 생성한) 서버 컨트롤러(ServerController) ······················ 256

부록1 분로(分路) 단위 테스팅 패턴 —— 267
역사 ··· 270
이름의 유래 ··· 270

부록2 프로세스(RUP vs. dX) —— 273
권리 ··· 274
목표 ··· 275
가치 시스템 ··· 276
RUP(Rational Unified Process) ··· 278
dX : 가장 작은 RUP 공정 ·· 285
요약 ··· 289

참고문헌 ··· 291
용어대역표 ··· 293
찾아보기 ··· 299

옮긴이의 글

많은 개발자들이 프로젝트를 진행하려면 UML을 사용해야 한다고 생각하지만, 그 복잡함에 질려 제대로 쓰지 못하는 일이 많다. 또 책을 한두 권 읽어 표기법을 배웠더라도 프로젝트에 익숙하지 않은 개발자가 실무에서 UML을 활용하는 것은 어려운 일이다.

이 책은 UML을 어떻게 이용해야 하는지 고민하는 현장 개발자를 위한 가이드다. UML과 객체지향 설계를 실무에서 쓰는 방식을 배우고 싶은 독자나, 여러 UML 책을 보고도 난해함을 버릴 수 없던 독자에게 이 한 권의 책이 명쾌한 안내서가 될 것이다.

로버트 C. 마틴은 경험 많은 선배가 되어 객체지향 설계로 독자를 이끌어준다. 그는 풍부한 UML 표기법 가운데 꼭 알아야 하는 것과 지금은 일단 지나쳤다가 나중에 다시 봐도 될 것이 무엇인지 오랜 경험에서 우러나오는 통찰력으로 친절하게 알려준다.

이 책을 읽는 내내 저자는 'UML은 표기법이며 다른 목표를 이루기 위한 수단'임을 강조한다. 저자는 우리가 UML 지상주의에 빠지지 않도록 '왜' 모델링을 하는지 아는 것이 '어떻게' 모델링을 하는지 아는 것보다 더 중요하다고 한다. 또 다이어그램과 그것에 대응하는 자바 코드를 함께 보여줌으로써 '무엇 때문에' 다이어그램을 그리는지 늘 일깨워준다.

여행 가이드가 눈에 보이는 건축물뿐 아니라 그 안에 숨겨진 의미까지 설명해주는 것처럼, 저자는 UML이라는 수단을 통해 우리가 이루고자 하는 목표가 무엇인지 전달한다. 개발자들은 단순히 UML을 정확하게 그리기보다 객체지향 개발 원칙들과 dX 방법론을 통해 제대로 객체지향적으로 개발하기를 원한다. 6장부터 8장까지 나오는 개발원칙과 방법론은 '왜' 다이어그램을 그려야 하는지 생각하게 하는 저자의 견해를 반영한다.

여행 가이드가 구체적인 이야기로 여행객을 즐겁게 하듯 저자는 생생한 객체지향 설계의 예를 소스 코드까지 들어가며 독자에게 열심히 설명해주기도 한다. 유달리 이 책에는 코드가 많은데, 그것은 '평범하고 나쁜 설계'를 '좋은 객체지향 설계'로 발전시키는 과정을 단계별로 빠짐없이 보여주기 때문이다. 비록 코드의 양이 많지만, 다이어그램과 실제 코드를 번갈아가며 참고하면 여러분께 많은 도움이 되리라 생각한다.

이 책은 실무에서 꼭 필요한 다이어그램과 객체지향 설계 개념만을 다룬다. 이 기본에 익숙해지고 나서 더 깊이 공부하고 싶다면, 마틴 파울러의 『UML Distilled: A Brief Guide to the Standard Object Modeling language 3판』과 크레이그 라만의 『Applying UML and Patterns: An Introduction to Object-Orented Analysis and Design and the Unified Process 2판』을 권한다. 생각의 폭이 넓어질 것이다.

정확히 다이어그램을 그리라는 다른 UML 책과 달리 실전에서 꼭 필요한 것만 쓰라는 독창적인 주장을 하므로 저자에 대해 궁금해 할지도 모르겠다. 로버트 마틴은 객체지향 설계, 패턴, UML, 애자일 방법론과 XP를 컨설팅하는 오브젝트 멘터사 대표다. 그는 개발자를 대상으로 객체지향 강좌를 십 년도 넘게 하며 객체지향을 처음 접하는 개발자들이 오해하는 부분을 파악해서 독자들에게 가르쳐준다. 또 2002년에 Agile Software development로 졸트상(Jolt Winner)을 수상하기도 했다.

- 옮긴이 일동

소프트웨어 프로젝트에 내재된 실타래와 같은 복합적인 문제들은 기술에만 국한된 것은 아니다. 업무 영역을 얼마나 잘 이해하고 있는지도 중요하다. 이런 복잡함을 풀기 위해서는 경험이 제각기 다른 팀원들과 업무 요구사항들을 정의하는 현업, 투자를 통해서 기대효과를 가시적으로 얻고자 하는 스폰서들에게 필요한 그 무언가가 필요했다. 그 대답은 실용성이었다. 복잡함을 단순함으로, 혼돈의 비즈니스를 가지런한 비즈니스의 묶음으로 만들 수 있는 군더더기 없는 실용성이었다.

옮긴이는 이 책을 통해서 UML에 대한 기술적인 면뿐 아니라 실용적인 것이 무엇인지 깨달은 것 같다. 또 이제껏 보고 듣고 읽은 것에 근본적인 필요성을 다시 한번 생각해 보고 적용할 수 있는 힘을 갖는 것이 소프트웨어 공학을 하는 사람의 더 성숙한 자세임을 알았다. 여러분들도 이 책을 통해서 많은 것을 얻었으면 하는 바람이다.

몸도 피곤하고 프로젝트 일정에 기는 와중에도 번역 작업의 고통을 잊게 해준 것은 밥 아저씨의 친절하고 명쾌한 해설 때문이라 생각한다. 밥 아저씨에게 감사의 말을 전한다. 저자의 배려로 부록 1과 부록 2를 한국어판에 추가할 수 있었다. 신혼 생활 속에서도 일정시간 서재에 있는 남편에게 힘이 되어 주고 저자와 힘들지 않게 의사소통하도록 도와준 아내에게 고마운 마음뿐이다. 아들의 건강에 항상 신경 쓰는 부모님께도 감사드린다. 그리고 몇 번이고 힘든 번역 작업의 제안에 응해준 정지호 군에게 감사드린다. 믿고 번역을 맡겨 주신 인사이트의 한기성 사장님과 책에 생명을 불어넣어 주신 문형숙 님께 고마움을 전한다.

- 2003년 11월 일산에서 이용원(ywlee@nate.com)

이 책을 번역하는 과정은 굉장히 즐거웠다. 이 책을 우리말로 옮기기 위해 문장을 곱씹으면서 저자의 통찰력이나 재기 넘치는 유머 감각을 느꼈고, 경험과 연륜이 쌓인 권위자의 단정적인 말에서 속을 확 풀어주는 통쾌함을 느꼈다. 그런 느낌을 독자에게 온전히 전달하지 못한다면, 아직 소프트웨어 개발과 영어와 우리말 모두 내공이 부족한 본 옮긴이의 잘못으로 돌려야 마땅할 것이다. 고수의 내공이 담긴 비전서(?)를 우리말로 옮기는 고충을 독자가 감안하여 너그러이 용서하기를 바랄 뿐이다.

마지막으로 이 책을 소개해주시고 같이 번역할 기회를 주신 이용원 씨에게 감사드린다. 그리고 아직 미숙한 본 옮긴이를 인내심 있게 참아주시면서 책의 한 문장 한 문장을 몇 번씩 꼼꼼히 살펴봐주신 인사이트의 여러분께도 감사의 말을 전한다. 그리고 새벽 서너 시까지 번역한다고 밤을 밝히는 아들을 아침마다 깨우느라 고생하신 부모님과 번역하는 동안 무던히 잘 참아주며 마음의 도움이 된 근영이에게도 고마움을 전한다. 끝으로 이 모든 것을 주신 하나님께 감사드린다.

- 2003년 11월 서울에서 정지호(jiho@chungjiho.net)

추천의 글

허험, 또 UML에 관한 책인가. 『UML Distilled』가 개발자가 UML에 대해 꼭 알아야 할 것을 다 정리해버리지 않았던가? 그나마 그 책은 모든 UML 다이어그램을 다루는데, 이 책은 UML 다이어그램을 몇 개 빠뜨리고 다룬다. 잠깐 그런데 이 책은 내가 실제 프로젝트에서 사용하는 다이어그램을 모두 다루는군. 그리고 내가 여러 팀에게 사용하지 말라고 상기시키는 다이어그램은 다 빼 놓았군. 어쩌면 로버트 마틴(Robert Martin)은 『UML Distilled』를 뛰어넘는 책을 썼을지도 모르겠는데……

오, 역시 첫인상만으로 판단하면 안 된다. 이 책은 고전의 대접을 받을 만한 가치가 있는 위대한 책이다. 『UML, 실전에서는 이것만 쓴다(UML for Java Programmers)』는 내가 읽어본 책 가운데 처음으로 프로그래머가 실제로 작업할 때 도움이 되는 도구로써 UML을 바라보게 해준다. 다른 책은 여러분이 깐깐한 프로그래밍 언어 법률가(language lawyer)가 되고 싶어서 UML 책을 읽는다고 생각하는데, 그런 책에 물린 사람에게 이 책은 기분 좋은 변화다.

이 책은 여러분이 제안하는 설계나 여러분이 작성한 코드를 정확하고 모호성 없이 전달할 수 있도록 명세와 구현 차원에서 UML을 사용하는 방법에 집중한다. 나는 이 점이 정말 좋다. 밥 아저씨는 잘못된 설계를 청사진삼아 코드를 작성하며 시간을 소모하기 전에 때때로 UML 다이어그램이 잘못된 설계 아이디어를 미리 차단해서 시간을 아끼게 해준다고 생각한다. 또 이따금 UML 다이어그램은 기존 애플리케이션의 어떤 부분이 작동하는 방식을 탁월하게 설명한다고 생각하며, 이런 생각을 여러분들에게 전하려고 한다.

너무나 많은 CASE 도구를 보아온 나는, 마틴이 CASE 도구에 대해 경고한다는 점을 높이 평가한다. 개인적으로 나는 회사들이 CASE 도구에 돈을 낭비하기보다는 칠판 내용을 출력할 수 있는 칠판(photocopying white board)을 갖춘 회의실을 근사하게 만드는 것을 보고 싶다. 물론 CASE 도구가 멋져 보이기도 하겠지만, 개발자의 생산성을 따져보면, CASE 도구에 투자했을 때보다 훨씬 많은 투자 이익을 거둘 수 있는 것들이 많다.

이 책은 개발자가 UML 다이어그램을 그림으로써 얻을 수 있는 가치를 이해하도록 자극한다. 또, UML 다이어그램을 꼼꼼하게 그리라고 말하며 잘못된 길을 권유하는 프로그래밍 언어 법률가와 UML 경찰에게서 등을 돌리라고 권유한다. 밥 아저씨는 UML을 효율적으로 사용하는 방법뿐 아니라 UML 다이어그램에 그려져 있는 잘못된 설계 아이디어를 알아보는 방법까지 설명하는 탁월한 일을 해냈다. 여러분이 아무리 프로그래밍 언어 법률가를 만족시킬 정도로 예쁜 다이어그램을 그렸다고 해도, 설계가 형편없다면 그 설계를 고칠 수밖에 없다.

이 책에 들어 있는 설계 지침과 휴리스틱[1] 덕분에 이 책은 단순한 UML 지침서가 아니라, 객체지향 설계를 하는 방법을 다루는 탁월한 책이 되었다. 게다가 객체지향 설계에는 UML 다이어그램을 그리는 것 말고도 더 해야 할 것이 많음을 보여준다. 사실 다이어그램의 비중은 그다지 크지 않다. 중요한 것은 설계상의 결정마다 따른 결과를 비판적으로 생각하는 것이다. 물론 다이어그램은 어떤 결과가 나올지 쉽게 보여주지만, 진짜 중요한 문제는 사람들이 이 결과를 찾고 다루는 방법을 아는 것이다.

소프트웨어 개발 이면의 지저분한 작은 비밀을 폭로하는 점이 바로 이 책에 고전다운 가치를 부여한다. 그 비밀은 다름이 아니라 좋은 설계는 하늘에서 떨어지는 것이 아니라 어떤 문제를 놓고 여러 차례 힘들게 반복(iteration)을 거치면서 진화한다는 것이다.

이 점이 바로 이 책에서 자바를 사용한 이유다. 자바는 충분할 만큼 반복을 거치면서 이제야 쓸만해졌다. 우리는 자바에 대한 들끓는 과대 선전이라는 태풍을 통과해 이제 좀 잔잔한 하늘을 보고 있다. 이 책에서 밥 아저씨는 다른 책이 하는 대로 예제를 위한 예제인 평범한 코드를 보여주지 않고, 멋지게도 그보다 한참 상위 수준에 있는 많은 자바 코드를 직접 보여주고 있다.

자바와 UML의 조합은 좋은 객체지향 설계가 어떤 것인지 보이기 위한 용도에 아주 적합하다. 밥 아저씨, 이렇게 멋진 책 써 주셔서 감사합니다.

피티 맥브린(Pete McBreen)
『소프트웨어 장인정신(Software Craftsmanship)[2]』의 저자
2003년 4월

---

1 (옮긴이) heuristic. 경험적 방법. 11장 역주를 보시오.
2 (옮긴이) 소프트웨어 장인정신 1판. 강경인 역. (주)피어슨에듀케이션코리아, 2003

지은이의 글

내가 처음 부치(Booch)가 쓴 고전 『Object Oriented Design with Applications(제1판)』을 손에 넣은 때는 1991년이었다. 당시 나는 C++과 스몰토크를 포함한 여러 객체지향 언어를 배운 상태였다. 나는 부치의 표기법에서 사용한 개념들을 보고 전율을 느꼈다. 그 멋진 구름들, 관계들, 서로 메시지를 전달하는 다이어그램들이라니! 소프트웨어 설계자인 나에게 꼭 필요한 바로 그것들이었다!

나는 그 다이어그램을 그릴 도구도 필요했다. 그래서 나는 매킨토시에서 Think-C를 이용해서 CASE 도구를 하나 만들기 시작했다. 구름 아이콘 모양을 멋지게 바꾸려고 수많은 시간을 쏟아 부은 것을 아직도 기억한다. 비록 그 CASE 도구를 완성하지는 못했지만, 하나는 남았다. 내 구름 아이콘은 매킨토시에서 윈도우까지 내가 계속 컴퓨터를 바꿔도 따라왔으며, 내가 책이나 기사에서 그린 모든 구름 아이콘의 원본이 되었다. 나는 직장 동료인 빌리 보갈(Billy Vogal)이 헤드 헌터와 전화하던 그 놀라운 날을 기억한다. 그는 나를 보며 이렇게 말했다. "밥 아저씨, 이 전화를 받을 사람은 자네라고 생각하는데." 구인자는 그래디 부치(Grady Booch)와 함께 부치의 다이어그램을 그리는 CASE 도구를 만들기 위해 Rational에서 일할 컨설턴트를 찾고 있었다! 어떻게 이런 행운이 나에게 떨어질 수 있었을까?

그로부터 약 12년이 지났다. 나는 아직도 처음의 부치 책을 가지고 있다. 조금 헤어지고 모서리가 접히긴 했지만, 그 책은 아직도 처음의 전율을 떠올리게 하는 힘을 지니고 있다.

물론 오늘날 우리는 UML을 쓴다. 그 UML에서 삼분의 일은 부치의 표기법에서 생겨난 부분이다. 지금 쓰는 UML은 강력하고 포괄적이며, 다루는 범위나 영역이 부치의 표기법보다 훨씬 넓다. 부치의 표기법이 소프트웨어의 그림을 그리기에 효과적인 반면, UML은 우리가 상상할 수 있는 어떤 모델이든 효과적으로 만드는 데 유용하다는 점이 명백하다 - 적어도 UML 전문가들은 이렇게 말한다. 그러나 UML이 아무리 거창하며 모든 것을 포괄한다고 해도, 나는 부치의 표기법으로 그리던 소프트웨어 그림과 같은 종류를 그리기만 원한다면 이 모든 것을 다 알 필요 없이 어느 정도의 부분집합만으로 충분하다는 것을 알게 되었다.

그 부분집합, 소프트웨어 그림, 그리고 그 옛날의 전율을 다시 한번 느끼는 것이 바로 이 책이 다루는 내용이다. 이 책은 엄청나게 풍부한 UML 2.0을 줄여서 프로그래머들이 소프트웨어 설계의 그림을 그리기 위해 쉽게 사용할 수 있는 간결한 표기법으로 요약한다. 이 책은 UML의 거창한 도구들, 아이콘들, 다이어그램들, 관계들, 화살표들, 의미론들을 자바 프로그래머들이 스스로 내린 설계 결정을 기록할 때 사용하는 간단한 도구 한 벌로 줄인다.

이 점은 확실히 하고 넘어가야겠다. 이 책은 UML의 모든 것을 가르치려고 하지는 않는다. 하지만 여러분이 자바 프로그래머라면 이 책에서 여러분에게 필요한 것을 배울 수 있을 것이다. 어쩌면 이 책이 내가 오래 전에 느꼈던 전율을 여러분도 느끼게 도와줄지도 모른다.

감사의 말

나는 다음 사람들에게 특별한 감사의 마음을 전하고 싶다.

Ann Marie Martin	Phil Pidgeon
Micah Daniel Martin	David Laurance
Angela Dawn Martin Brooks	Mike Clark
Gina Leanne Martin	Robert Wenner
Justin Michael Martin	Adriano Comai
Angelique Thouvenin Martin	Nicholas Robinson
Mathew Brooks	William H. Mitchell
Alexis Josephine Brooks	Erik Meade
Luka Jean Martin	Jeff Langr
Lowell Lindstrom	Alan Francis
Lance Welter	David Farber
Bob Koss	Alexandra Weber Morales
Michael Feathers	Ron Jeffries
Brian Button	Ward Cunningham
Talisha Jefferson	Michael Hill
Chris Biegay	James Grenning
Kent Beck	Billy Vogel
Grady Booch	Dave Lasker
Kathleen Caren	Mike Higgs
Patrick Lindner	Bob Weissman
Alan Apt	Pete McBreen
Paul Petralia	Ken Auer
A. G. McDowell	

분명히 여기서 잊어버리고 언급하지 않은 사람들이 많을 텐데, 그 사람들에게는 진심으로 사과한다.

일러두기

1. 한국어판에는 로버트 마틴과 마이클 페더스(Michael Feathers)의 동의를 얻어 'RUP vs. XP'와 'The 'Self' -Shunt Unit Testing Pattern'을 부록으로 추가하였다.
2. 참고문헌의 경우, 번역서가 있으면 번역서로 언급하고 나머지는 원서로 언급했다. 인용할 때에는 다음과 같은 규칙을 두었다. 1999년에 출간된 마틴 파울러(Martin Fowler)와 켄달 스코트(Kendall Scott)의 『UML Distilled』를 본문에서 [Fowler1999]라고 표기했다. 그리고 인용문서는 모두 책 뒤쪽에 참고문헌으로 모아서 찾아보기 쉽게 했다.
3. 이 책의 코드는 모두 ObjectMentor사 홈페이지 www.objectmentor.com/UMLFJP에서 얻을 수 있다. 홈페이지의 코드는 자주 업데이트되기 때문에, 이 책의 코드와 다를 수 있다.
4. 표기 원칙은 두 가지인데, 번역할 때 한글로만 이해하기 힘든 경우 영문을 밝혀서 '한글(English)' 꼴로 쓰고, 객체나 클래스, 인터페이스, 메서드, 상태는 'English(한글)' 꼴로 썼다.

번역에 대해 의문나는 점은 번역자 이메일 ywlee@nate.com이나 jiho@chungjiho.net으로 연락 바란다.

1장

UML for JAVA Programmers

이 책의 개요

UML(통합 모델링 언어)은 소프트웨어 개념을 다이어그램으로 그리기 위해 사용하는 시각적인 표기법이다. 문제 도메인(problem domain), 소프트웨어 설계 제안, 이미 완성된 소프트웨어 구현에 대한 다이어그램을 그릴 때 UML을 사용한다. 마틴 파울러(Martin Fowler)[1]는 이러한 서로 다른 세 가지 차원을 각각 개념(conceptual), 명세(specification), 구현(implementation)이라는 말을 붙여 구분한다. 이 책은 뒤의 두 가지, 곧 명세와 구현 차원을 다룬다.

명세 차원과 구현 차원의 다이어그램은 소스코드와 관계가 깊다. 명세 차원 다이어그램은 결국에는 소스코드로 바꾸려고 그리는 것이며, 구현 차원 다이어그램도 이미 있는 소스코드를 설명하려고 그리기 때문이다. 따라서 이 두 차원의 다이어그램은 제약이 많아서 반드시 일정한 규칙과 의미론을 지켜야 한다. 이 다이어그램들을 그릴 때는 모호성이 거의 없도록 하고 형식도 잘 맞춰야 한다.

반면, 개념 차원에 속한 다이어그램은 소스코드와 그렇게 관계가 깊지 않다. 오히려 '사람의 자연 언어'와 더 관련이 있다. 이 차원의 다이어그램은 사람이 풀고자 하는 문제 도메인 안에 있는 개념과 추상적 개념[2]을 기술하기 위한 속기용 기호에

---

[1] [Fowler1999a]
(옮긴이) 이 책은 마틴 파울러(Martin Fowler)가 1999년에 쓴 『Refactoring』을 말한다. 앞으로 참고자료는 이와 같이 표기하고 책 뒤쪽 참고문헌에 모두 모아두었다.

[2] (옮긴이) 주어진 문제나 시스템 중에서 중요하고 관계 있는 부분만 분리하여 간결하고 이해하기 쉽게 만드는 작업이다. 이 과정은 원래 문제에서 구체적인 사항은 되도록 생략하고 핵심이 되는 원리만을 따지기 때문에 원래 문제와는 전혀 관계없어 보이는 수학 모델이 나오기도 한다. 이 기법은 복잡한 문제나 시스템을 이해하거나 설계하는 데 없어서는 안 될 중요한 요소다.

가깝다. 이 차원의 다이어그램은 의미론적 규칙(semantic rule)[3]에 그다지 얽매이지 않으며, 따라서 의미하는 바도 모호하거나 해석에 따라 달라질 수 있다.

예를 들어, 다음 문장을 한번 보자. 개는 동물이다(A dog is an animal). 이 문장을 표현하는 개념 차원 다이어그램을 다음처럼 만들 수 있다. 그림 1.1을 보아라.

그림 1.1 개념 차원 다이어그램 : 개는 동물이다(A dog is an animal).

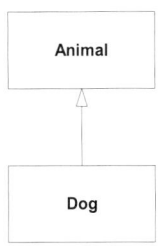

이 다이어그램은 Animal과 Dog라는 두 실체가 일반화(generalization) 관계로 연결된 것을 그림으로 보여 준다. Animal은 Dog를 일반화한 것이다. Dog는 Animal의 특정한 경우다. 이 다이어그램에 들어 있는 의미는 이게 전부다. 더는 유추할 수 있는 것이 없다. 이 다이어그램의 의도는 우리 반려견 스파키가 동물임을 명확하게 밝히는 것일 수도 있고, 개라는 생물종이 동물 왕국에 속한다는 것을 명확하게 밝히는 것일 수도 있다. 즉, 이 다이어그램은 어떻게 해석하느냐에 따라 의미가 달라진다.

하지만, 똑같은 다이어그램이라도 개념 차원에 있을 때보다 '명세 차원이나 구현 차원에 있을 때' 훨씬 의미가 명확해진다.

```
public class Animal {}
public class Dog extends Animal {}
```

이 소스코드는 상속 관계로 연결된 Animal과 Dog 클래스를 정의한다. 개념 모델은 컴퓨터나 데이터 처리, 프로그램에 대해 아무것도 말해 주지 않지만, 명세 모델은 '프로그램의 일부를 실제로 기술'한다.

---

[3] (옮긴이) 언어의 뜻을 규정하는 규칙이다.

다이어그램만 가지고 그것이 어떤 차원에 속하는지 알 수 없다는 것은 불행한 일이다. 다이어그램이 어떤 차원에 속하는지 알아보지 못하면 프로그래머와 분석가 사이의 의사 소통에서 큰 오해가 생길 수도 있다. '개념 차원 다이어그램은 소스코드를 정의하지 않으며', 해서도 안 된다. 그리고 문제에 대한 해결책을 기술하는 명세 차원 다이어그램도 문제 자체를 기술하는 개념 차원 다이어그램과 비슷해야 할 이유도 전혀 없다.

앞으로 이 책에 나오는 모든 다이어그램은 명세 차원이거나 구현 차원이며, 되도록 대응하는 소스코드와 함께 제시할 것이다. 그림 1.1의 다이어그램이 우리가 이 책에서 처음이자 마지막으로 보는 개념 차원 다이어그램이다.

다이어그램의 유형

이 다음부터 나오는 내용은 UML에서 사용하는 주요한 다이어그램에 대한 간략한 소개다. 한 번 이것을 읽고 나면 평상시 필요한 UML 다이어그램을 대부분 읽거나 그릴 수 있다. 2장부터는 이 단계를 넘어서 UML에 능숙해지기 위해 필요한 세부사항과 형식을 설명한다.

UML의 주요 다이어그램은 세 종류로 나뉜다. '정적 다이어그램(static diagram)'은 클래스, 객체, 데이터 구조와 이것들의 관계를 그림으로 표현해서 소프트웨어 요소에서 변하지 않는 논리적 구조를 보여 준다. '동적 다이어그램(dynamic diagram)'은 실행 흐름을 그림으로 그리거나 실체의 상태가 어떻게 바뀌는지 그림으로 표현해서 소프트웨어 안의 실체가 실행 도중 어떻게 변하는지 보여 준다. '물리적 다이어그램(physical diagram)'은 소스 파일, 라이브러리, 바이너리 파일, 데이터 파일 등의 물리적 실체와 이것들의 관계들을 그림으로 표현해서 소프트웨어 실체의 변하지 않는 물리적 구조를 보여 준다.

코드 1.1을 한번 보자. 이 프로그램은 간단한 이진 트리(binary tree) 알고리즘을 바탕으로 맵(map)을 구현한다. 코드 이후에 나올 다이어그램을 보기 전에 이 코드에 익숙해지도록 한다.

코드 1.1 TreeMap.java

```java
public class TreeMap {
    TreeMapNode topNode = null;
```

```java
    public void add(Comparable key, Object value) {
      if (topNode == null)
        topNode = new TreeMapNode(key, value);
      else
        topNode.add(key, value);
    }

    public Object get(Comparable key) {
      return topNode == null ? null : topNode.find(key);
    }
  }
  class TreeMapNode {
    private final static int LESS = 0;
    private final static int GREATER = 1;
    private Comparable itsKey;
    private Object itsValue;
    private TreeMapNode nodes[] = new TreeMapNode[2];

    public TreeMapNode(Comparable key, Object value) {
      itsKey = key;
      itsValue = value;
    }

    public Object find(Comparable key) {
      if (key.compareTo(itsKey) == 0)
        return itsValue;
      return findSubNodeForKey(selectSubNode(key), key);
    }

    private int selectSubNode(Comparable key) {
      return (key.compareTo(itsKey) < 0) ? LESS : GREATER;
    }

    private Object findSubNodeForKey(int node, Comparable key) {
      return nodes[node] == null ? null : nodes[node].find(key);
    }

    public void add(Comparable key, Object value) {
      if (key.compareTo(itsKey) == 0)
        itsValue = value;
      else
        addSubNode(selectSubNode(key), key, value);
    }

    private void addSubNode(int node, Comparable key, Object value) {
      if (nodes[node] == null)
        nodes[node] = new TreeMapNode(key, value);
      else
        nodes[node].add(key, value);
    }
  }
```

그림 1.2 TreeMap의 클래스 다이어그램

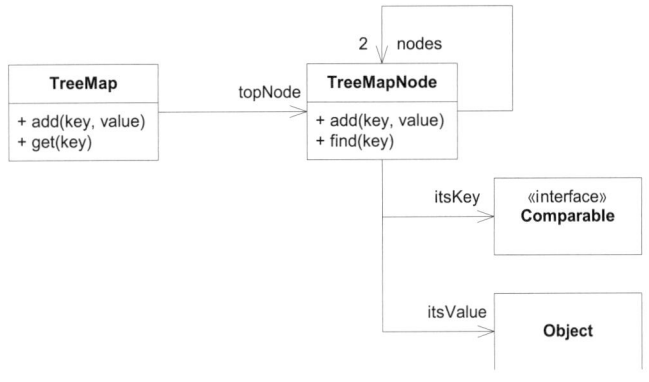

클래스 다이어그램

그림 1.2의 클래스 다이어그램(class diagram)은 프로그램 안의 주요 클래스와 주요 관계를 보여 준다. 다이어그램을 보면 TreeMap이라는 클래스가 있고, 이 클래스에 add와 get이라는 public 메서드가 있다. 그리고 TreeMap이 topNode라는 변수로 TreeMapNode 객체를 참조하며 모든 TreeMapNode는 nodes라는 컨테이너에 다른 TreeMapNode 인스턴스 두 개의 참조를 담아 두는 것도 알 수 있다. 그리고 모든 TreeMapNode는 itsKey와 itsValue라는 변수로 또 다른 두 인스턴스도 참조한다. itsKey 변수는 Comparable 인터페이스를 구현하는 인스턴스의 참조를 담으며, itsValue 변수는 그런 제한 없이 그냥 어떤 객체의 참조를 담는다.

클래스 다이어그램 안에 있는 미묘한 내용을 읽는 법은 이후에 다룰 것이다. 지금은 다음 몇 가지만 알면 된다.

- 사각형은 클래스를 나타내고, 화살표는 관계를 나타낸다.
- 이 다이어그램에서 모든 관계는 연관(association)이다. 연관은 한쪽 객체가 다른 쪽 객체를 참조하며, 그 참조를 통해 그 객체의 메서드를 호출하는 것을 나타내는 단순한 데이터 관계다.
- 연관 위에 쓴 이름은 참조를 담는 변수의 이름과 대응된다.
- 화살표 옆에 쓴 숫자는 보통 이 관계를 맺음으로써 생기는 인스턴스의 개수를 나타낸다. 만약 이 숫자가 1보다 크다면 어떤 컨테이너를 사용한다는 뜻인데, 컨테이너로 대개 배열을 사용한다.

- 클래스 아이콘은 여러 구획으로 나뉠 수도 있다. 첫 번째 구획에는 언제나 클래스 이름을 쓴다. 다른 구획에는 각각 함수와 변수를 쓴다.
- 《interface》 표기법은 Comparable이 인터페이스임을 나타낸다.
- 설명한 표기법은 대부분 반드시 써야 하는 것이 아니다. 선택해서 쓸 수 있다.

다이어그램을 주의 깊게 본 다음, 코드 1.1의 코드와 관계를 지어 보아라. 연관 관계가 어떻게 인스턴스 변수에 대응되는지 한번 보아라. 예를 들어, TreeMap에서 TreeMapNode로 가는 연관의 이름은 topNode이며, 이 연관은 TreeMap 안의 topNode 변수와 대응한다.

객체 다이어그램

그림 1.3은 '객체 다이어그램(object diagram)'이다. 객체 다이어그램은 시스템 실행 중 어느 순간의 객체와 관계를 포착해서 보여 준다. 한 순간의 메모리 상태를 스냅사진으로 찍어둔 것이라고 생각해도 좋다.

이 다이어그램에서 객체는 사각형으로 표현되며, 이름에 밑줄이 있다. 콜론(:) 다음에 나오는 이름은 이 객체가 속한 클래스의 이름이다. 객체마다 아래 구획에 그 객체의 itsKey 변수의 값이 나와 있는 것에 주목하라.

그림 1.3 TreeMap 객체 다이어그램

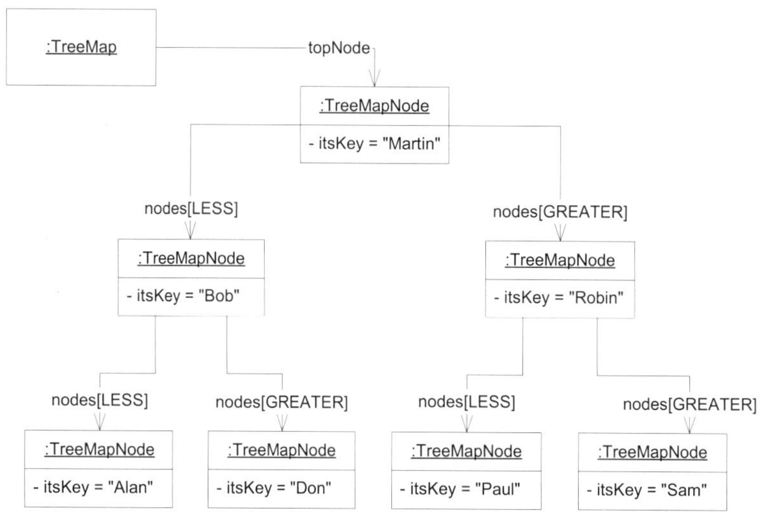

객체 사이의 관계는 연결(link)이라 하며, 연결은 그림 1.2의 연관에서 유도된다. 연결마다 nodes 배열의 두 원소에 이름이 각기 붙은 것을 볼 수 있다.

시퀀스 다이어그램

그림 1.4는 '시퀀스 다이어그램(sequence diagram)'이다. 이 시퀀스 다이어그램은 TreeMap.add 메서드가 어떻게 구현되는지 기술한다.

그림 1.4 TreeMap.add 메서드

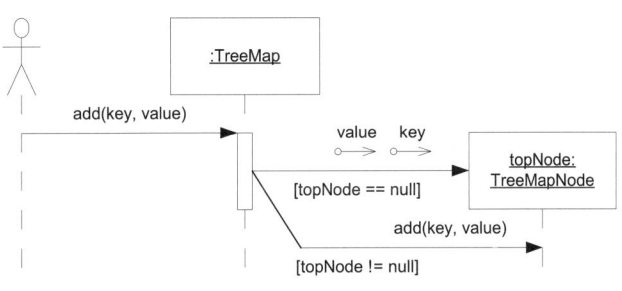

허수아비는 여기서는 알려지지 않은 메서드 호출자를 나타낸다. 이 호출자가 TreeMap 객체의 add 메서드를 호출한다. topNode 변수가 null일 경우, TreeMap은 응답으로 새로운 TreeMapNode를 생성하고 그것을 topNode에 할당한다. 그렇지 않은 경우에는 topNode에 add 메시지를 보낸다.

대괄호([ ]) 안의 불린 표현식은 '가드(guard)'라고 하며, 어떤 경로를 따라가야 할지 알려 준다. TreeMapNode 아이콘에 닿은 화살표는 '생성(construction)'을 나타낸다. 한쪽 끝에 원이 그려진 작은 화살표는 '데이터 토큰(data token)'이라고 하고, 이 경우에 이 데이터 토큰은 생성자의 인자를 나타낸다. TreeMap 아래 홀쭉한 사각형은 '활성 상자(activation)'라고 부르는데, add 메서드가 실행되는 데 시간이 어느 정도 걸리는지 보여 준다.

협력 다이어그램

그림 1.5는 topNode가 null이 아닐 경우를 보여 주는 '협력 다이어그램(collaboration diagram)'이다. 협력 다이어그램의 정보는 시퀀스 다이어그램에 담긴 정보와 똑같다. 하지만 시퀀스 다이어그램은 메시지를 보내고 받는 순서를 명확히 하는 것이

목적인 반면, 협력 다이어그램은 객체 사이의 관계를 명확히 하는 것이 목적이다.

그림 1.5 TreeMap.add 메서드의 한 경우에 대한 협력 다이어그램

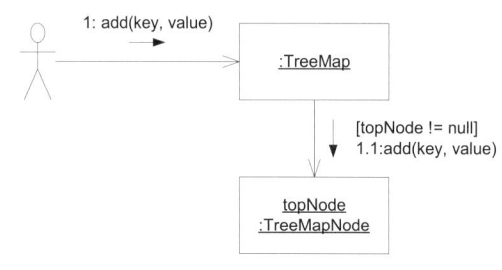

객체들은 연결이라고 부르는 관계로 맺어진다. 어떤 객체가 다른 객체에 메시지를 보낼 수 있다면, 두 객체 사이에 연결이 있다고 말한다. 이 연결 위로 지나다니는 것이 바로 메시지다. 메시지는 작은 화살표로 그리며, 메시지 위에는 메시지 이름과 시퀀스 숫자[4], 그리고 이 메시지를 보낼 때 적용하는 모든 가드를 적는다.

호출의 계층 구조는 시퀀스 숫자에서 볼 수 있는 점(.)을 사용한 구조로 알 수 있다. TreeMap.add 함수(메시지 1번)는 TreeMapNode.add 함수(메시지 1.1번)를 호출하는 식인데, 여기서 메시지 1.1번은 메시지 1번이 호출한 함수에서 처음 보내는 메시지를 나타낸다.

상태 다이어그램

UML에는 유한 상태 기계(finite state machine)[5]를 나타내기 위한 상당히 방대한 표기법이 들어 있다. 그림 1.6은 이 표기법의 일부분에 지나지 않는다.

---

4 (옮긴이) 이 다이어그램에서 메시지가 호출되는 순서다.
5 (옮긴이) 유한 상태 기계는 어떤 상태를 다른 상태로 변환하는 방법으로 기술한다. 이 기계에는 유한한 상태가 있는데, 이중에 하나는 시작 상태(start state)이고, 또 끝 상태(final state)가 하나 이상 있다. 상태끼리 심벌로써 표시된 호로 연결되는데, 이 심벌은 입력의 한 문자에 해당된다. 입력 스트링에 대하여, 시작 상태에서 출발해서 각 입력 심벌에 따라 순서적으로 상태를 변환하여, 모든 입력 심벌이 끝났을 때 끝 상태에 놓이면, 이 입력은 정해진 언어에 속하는 것으로 간주된다. 다음 그림은 1의 개수가 홀수인, 0과 1로 구성된 스트링을 받아들이는 유한 상태 기계의 예다.

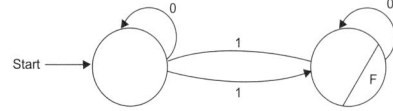

그림 1.6은 지하철 개찰구를 상태 기계로 표현한 것인데, 이 기계에는 Locked(잠김)와 Unlocked(풀림)라는 두 가지 '상태'가 있고, 두 가지 '이벤트'를 받을 수 있다. coin(표) 이벤트는 사용자가 개찰구에 표를 넣었음을 뜻하고, pass(지나감) 이벤트는 사용자가 개찰구를 통해 지나감을 뜻한다.

그림 1.6 지하철 개찰구 상태 기계

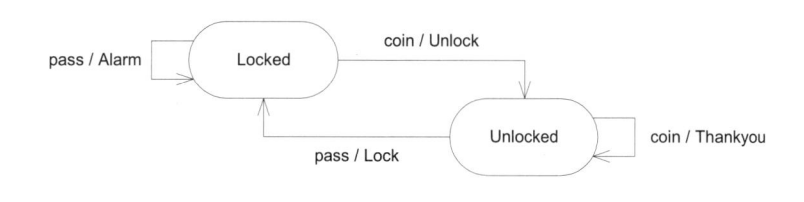

화살표는 '전이(transition)'라고 부른다. 이 전이 화살표에는 전이를 일으키는 이벤트와 전이가 수행하는 행동을 레이블로 단다. 전이가 일어나면 시스템의 상태가 바뀐다.

그림 1.6은 다음과 같은 우리말로 번역할 수 있다.
- Locked 상태에서 coin 이벤트를 받으면, Unlocked 상태로 가고 Unlock 함수를 호출한다.
- Unlocked 상태에서 pass 이벤트를 받으면, Locked 상태로 가고 Lock 함수를 호출한다.
- Unlocked 상태에서 coin 이벤트를 받으면, 그대로 Unlocked 상태에 남아 있으면서 Thankyou 함수를 호출한다.
- Locked 상태에서 pass 이벤트를 받으면, 그대로 Locked 상태에 남아 있으면서 Alarm 함수를 호출한다.

이런 다이어그램은 시스템의 행동 방식을 파악할 때 굉장히 유용하다. 어떤 사용자가 표를 넣은 다음 아무 이유 없이 '다시 표를 넣는 것처럼' 예상하지 못한 경우에 시스템이 어떻게 행동해야 하는지 탐색할 기회를 마련해 준다.

결론

이 장에서 본 다이어그램만으로도 UML을 그리는 대부분의 목적을 달성하는 데 충분하다. 대부분의 프로그래머는 이 장에서 본 UML 지식 정도만 가지고도 충분히 잘 살아갈 수 있다.

2장

UML for JAVA Programmers

다이어그램으로 작업하기

UML을 상세하게 다루기 전에 언제 UML을 써야 하며 왜 써야 하는지 먼저 알아보는 것이 현명할 것이다. 그동안 UML을 잘못 사용하거나 지나치게 사용해서 소프트웨어 프로젝트가 피해를 입는 일이 잦았다.

왜 모델을 만들어야 하는가

왜 엔지니어는 모델을 만들까? 항공우주 엔지니어는 어째서 비행기의 모델을 만들고, 토목 엔지니어는 왜 다리의 모델을 만드는가? 모델의 목적은 무엇인가?

  엔지니어는 자기 설계가 실제로 잘 작동할지 알아보려고 모델을 만든다. 항공우주 엔지니어는 비행기의 모델을 만들어 바람 터널(wind tunnel)에 넣어서 이 비행기가 실제로 날 수 있을지 확인한다. 토목 엔지니어는 다리의 모델을 만들어서 이 다리가 제대로 서 있을지 확인한다. 건축가는 빌딩의 모델을 만들어서 건축주가 그 빌딩의 모습을 좋아할지 알아본다. 즉, '어떤 것이 실제로도 잘 작동하는지 알아보려고 만드는 것이 모델이다.'

  여기에는 모델은 반드시 시험해 볼 수 있어야 한다는 의미가 함축되어 있다. 모델을 시험할 때 적용할 만한 기준이 하나도 없다면 그 모델은 만들 필요가 없다. 만약 여러분의 모델을 평가할 수 없다면, 그 모델은 가치가 없다.

  항공우주 엔지니어는 왜 바로 비행기를 만들어서 날려보지 않을까? 토목 엔지니어는 왜 그냥 다리를 만들어서 버틸지 안 버틸지 직접 알아보지 않을까? 그 이유는 실제 비행기나 다리가 모델보다 훨씬 비싸기 때문이다. '모델을 만드는 비용이 실제 물건을 만드는 비용보다 훨씬 적을 경우에 모델을 만들어서 설계를 검사해 본다.'

왜 소프트웨어 모델을 만드는가

UML 다이어그램을 시험해 볼 수 있을까? UML 다이어그램의 목적인 소프트웨어보다 다이어그램을 만들고 시험하는 데 비용이 훨씬 적게 들까? 이 두 질문에 대한 대답은 항공우주 엔지니어나 토목 엔지니어가 자기들 모델에 똑같은 질문을 받을 때 할 수 있는 대답보다 명확하지 못하다. UML 다이어그램에는 확고한 시험 기준이 없다. 우리가 UML 다이어그램을 살펴보고 평가하고 여러 원칙과 패턴을 적용할 수는 있지만 언제나 이 평가는 상당히 주관적일 수밖에 없다. UML 다이어그램을 그리는 일은 소프트웨어를 작성하는 일보다 비용이 적긴 하지만, 다른 분야의 모델처럼 훨씬 적게 드는 것은 아니다. 어쩔 때는 다이어그램보다 소스코드를 바꾸기가 쉬운 경우도 있다. 그렇다면 도대체 UML을 사용해야 하는 이유는 무엇일까?

만약 UML을 사용하는 것이 정말로 이치에 맞지 않는다면 내가 이 책을 쓸 리 없다. 하지만, 위를 보면 알 수 있듯 UML은 조심하지 않으면 잘못 사용하기 쉽다. '시험해 볼 구체적인 것이 있고, 그것을 코드로 시험해 보는 것보다 UML로 시험해 보는 쪽이 비용이 덜 들 때 UML을 사용한다.' 예를 들어서 설계 아이디어 하나가 떠올랐다고 해보자. 우리 팀의 다른 개발자들이 그 아이디어를 괜찮게 생각하는지 시험해 봐야 하지 않을까. 그럴 때 나는 칠판에 UML 다이어그램을 그려놓고 팀원들에게 어떻게 생각하냐고 물어본다.

반드시 코딩을 시작하기에 앞서 포괄적인 설계를 해야 하는가

건축가, 항공우주 엔지니어, 토목 엔지니어는 모두 청사진을 그린다. 왜 그럴까? 짓는 데 다섯 명 이상 필요한 집이라도 청사진은 혼자서 그릴 수 있고, 실제로 만드는 데 몇천 명이 필요한 비행기라도 청사진은 몇십 명의 항공우주 엔지니어만으로 그릴 수 있기 때문이다. 청사진은 실제로 땅을 파서 기초를 다지거나, 콘크리트를 붓거나, 창문을 달지 않고도 그릴 수 있다. 요약하자면, 계획 없이 어떤 빌딩을 짓는 것보다 미리 계획을 짜는 것이 비용이 '훨씬 적게' 든다. 잘못된 청사진을 던져 버리는 일에는 비용이 별로 들지 않지만, 잘못된 빌딩을 부수려면 비용이 '엄청나게' 든다.

아까 모델의 경우와 마찬가지로 다른 분야에 비해 소프트웨어 분야에서는 모든 것이 이렇게 분명하지 않다. 코드를 작성하는 것보다 UML 다이어그램을 그리는 것이 훨씬 비용이 적은지는 명확하지 않다. 사실 프로젝트 팀이 코드보다 다이어그램에 시간을 더 투자하는 경우도 허다하다. 코드를 파기하는 것보다 UML 다이어그램을 던져 버리는 편이 비용이 훨씬 적은지도 명확하지 않다. 그러므로 코드를 작성하기에 앞서 포괄적인 UML 설계를 만들면 드는 비용만큼 효과가 있는지 명확하게 알 수 없다.

UML을 효과적으로 사용하기

건축학이나 항공우주공학, 토목공학이 소프트웨어 개발에도 잘 맞는 메타포[1]를 제공하지 못함이 명백해 보인다. 다른 산업에서 청사진이나 모델을 사용하는 방법을 따라 무턱대고 UML을 사용하면 안 된다. 그러면 언제 UML을 사용해야 하며, 또 왜 사용해야 하는가?

다른 사람들과 의사 소통하기

UML은 소프트웨어 개발자끼리 설계 개념에 대한 의견을 주고받을 때 굉장히 편리하며, 몇몇 개발자가 칠판 주위에 모여서 상당히 많은 일을 할 수 있게 해준다. 만약 다른 사람에게 말해 줄 아이디어가 있다면, UML은 큰 도움이 될 수 있다.

UML은 설계 아이디어에 초점을 맞추어 의사 소통하기에 매우 좋다. 예를 들어, 그림 2.1의 다이어그램은 의미가 매우 명확하다. LoginServlet이 Servlet 인터페이스

그림 2.1 LoginServlet

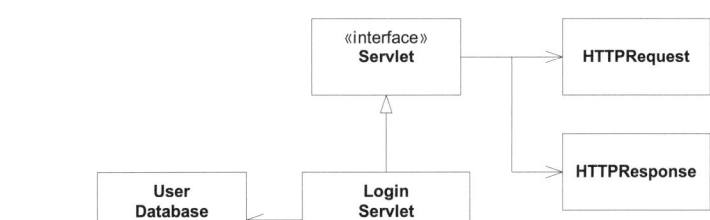

---

1 (옮긴이) 잘 모르거나 새로운 사물이나 개념을 이해하기 위해 잘 알고 친숙한 사물이나 개념에 빗대 표현하는 것을 메타포(metaphor)라고 한다. 컴퓨터 화면을 책상에 빗대 데스크탑이라 부르고 파일 삭제를 휴지통에 종이를 던지기에 빗대는 것이 그 예다.

를 구현하고 UserDatabase를 사용하는 것을 쉽게 알 수 있다.

LoginServlet에 HTTPRequest와 HTTPResponse 클래스가 필요한 것도 명백하다. 여러 개발자가 칠판 주변에 모여서 이런 다이어그램 하나를 둘러싸고 논의하는 모습을 쉽게 상상할 수 있을 것이다. 확실히, 다이어그램은 코드의 구조가 어떻게 생겼는지 매우 분명하게 보여 준다.

반면, 알고리즘의 세부 내용을 전달하는 목적에는 UML이 그다지 유용하지 않다. 코드 2.1에 나온 간단한 버블 소트 코드를 한번 보자. 하지만 이 간단한 모듈을 그림 2.2처럼 UML로 표현해 보면 그다지 만족스럽지 않다.

코드 2.1 BubbleSorter.java

```java
public class BubbleSorter {
  static int operations = 0;

  public static int sort(int[] array) {
    operations = 0;
    if (array.length <= 1)
      return operations;
    for (int nextToLast = array.length - 2; nextToLast >= 0; nextToLast--)
      for (int index = 0; index <= nextToLast; index++)
        compareAndSwap(array, index);
    return operations;
  }

  private static void swap(int[] array, int index) {
    int temp = array[index];
    array[index] = array[index + 1];
    array[index + 1] = temp;
  }

  private static void compareAndSwap(int[] array, int index) {
    if (array[index] > array[index + 1])
      swap(array, index);
    operations++;
  }
}
```

그림 2.2의 다이어그램은 구조를 대강 보여 주지만, 그다지 보기에 깔끔하지 못하며 또 흥미로운 세부사항을 하나도 반영하지 못한다. 그림 2.3의 다이어그램은 코드보다 절대로 읽기에 쉽지 않을뿐더러 만들기도 훨씬 어렵다. 이런 목적으로 UML을 사용하면 얻는 것보다 잃는 것이 많다.

그림 2.2 BubbleSorter 클래스

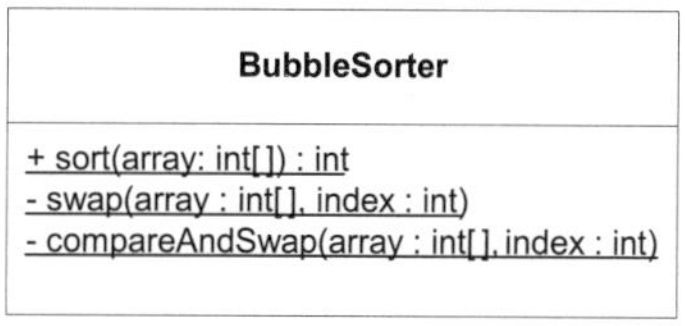

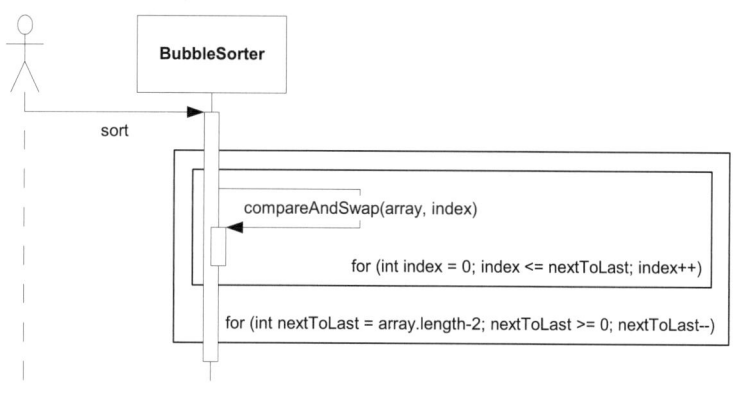

그림 2.3 BubbleSorter 시퀀스 다이어그램

로드맵

UML은 대규모 소프트웨어 구조의 로드맵(road map)을 만들 때 유용하다. 이런 로드맵은 어떤 클래스가 다른 클래스에 의존하는지 개발자가 빨리 파악할 수 있게 해 주고 전체 시스템의 구조에 대한 참조 도표로도 사용된다.

예를 들어, 다음 페이지에 있는 그림 2.4를 보면 Space 객체에 PolyLine 객체가 하나 있는데, 이 PolyLine 객체는 LinearObject에서 상속을 받는다. 그리고 이 LinearObject는 Point를 두 개 담는다. UML 다이어그램을 보면 이런 것을 쉽게 알 수 있다. 코드를 읽으면서 이런 구조를 파악하는 일은 지루한 작업이 될 것이다. 하지만 로드맵 다이어그램에서 찾아보는 것은 쉽다.

이런 로드맵은 교육용 도구로도 유용하다. 하지만, 모든 팀 구성원이 머뭇거리지 않고 칠판에 이런 다이어그램을 바로 그릴 수 있어야 한다. 실제로, 지금 언급한 다이어그램은 내가 5년 전 작업한 시스템에 대한 기억을 되살려 그린 것이다. 이런 다이어그램은 모든 개발자가 시스템 안에서 효과적으로 일하기 위해 반드시 머릿

그림 2.4 로드맵 다이어그램

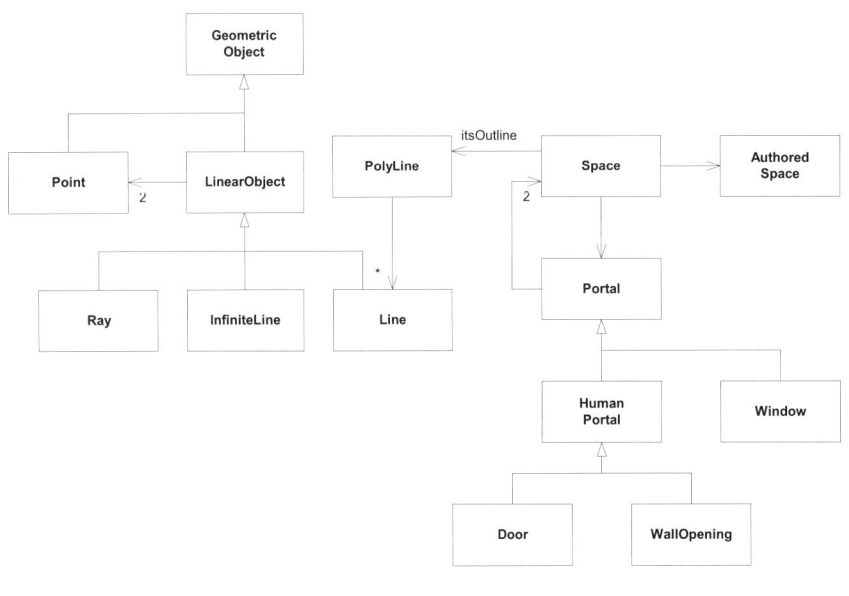

속에 담아두어야 하는 지식을 그대로 포착한 것이다. 그러므로 이것을 문서로 보관하기 위해 많은 노력을 들이는 것은 대개 별로 의미가 없다. 다시 한 번 말하지만 이런 다이어그램의 가장 좋은 사용법은 칠판에 그렸다가 지웠다가 하면서 사용하는 것이다.

백엔드(back-end) 문서

설계에 대한 문서를 작성하기에 가장 적당한 때는 언제인가? 문서 작성을 프로젝트 막바지에 팀의 마지막 작업으로 하는 것이 가장 좋다. 그러면 작성한 문서가 팀이 프로젝트를 떠나는 시점의 설계 상태를 정확하게 반영할 것이므로, 다음에 이 프로젝트를 맡을 팀에게도 분명히 유용할 것이다.

하지만, 여기에도 조심해야 할 함정이 있다. UML 다이어그램은 주의 깊게 생각한 끝에 그려야 한다. 아무도 몇천 장짜리 시퀀스 다이어그램을 원하지 않는다! 그 대신 우리가 원하는 것은 시스템의 핵심 내용을 짚어서 기술하는 핵심적인 다이어그램 몇 개다. 수많은 선과 상자가 어지럽게 널린 미로를 헤매다 길을 잃게 만드는 다이어그램이 최악의 UML 다이어그램이다(그림 2.5를 한번 보아라). '절대로 이렇게

그림 2.5 안 좋은 예다(하지만 너무나 자주 본다)

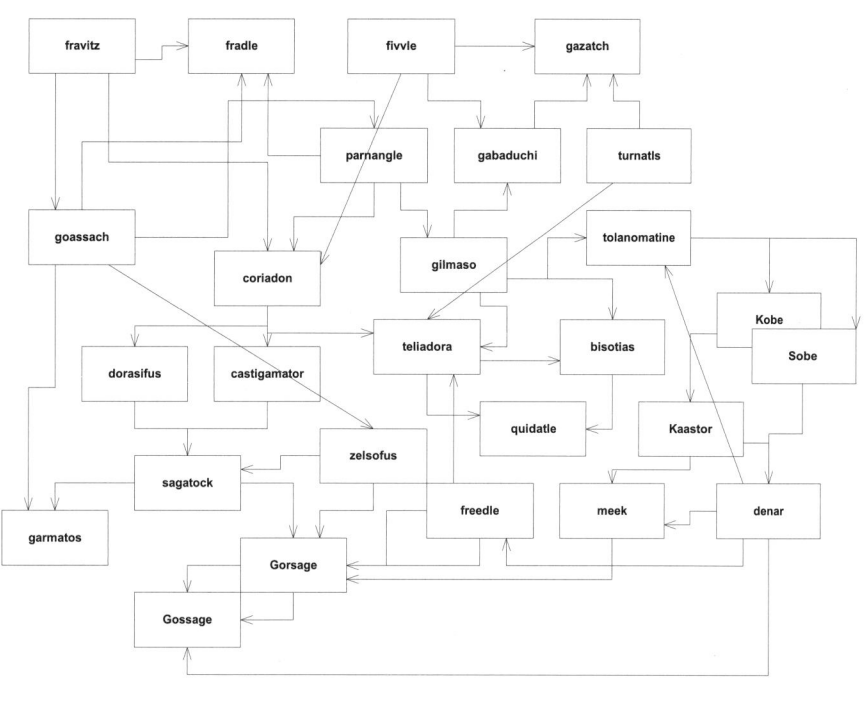

하지 마라.'

무엇을 보관하고 무엇을 버려야 하는가

UML 다이어그램을 던져 버리는 습관을 길러라. 더 좋은 방법은, 다이어그램을 오랫동안 기록되는 매체에 기록하지 않는 습관을 기르는 것이다. 칠판이나 종이 조각에 다이어그램을 그려라. 칠판을 자주 지워 버릇하고, 종이 조각은 던져 버려라. 일반적으로 CASE 도구나 그림을 그리는 프로그램을 사용하지 마라. 이런 도구가 필요한 때와 장소도 있지만, 여러분이 그리는 UML의 수명은 대부분 그렇게 길지 않을 것이다.

하지만, 저장해 두는 편이 좋은 다이어그램도 있다. 여러분의 시스템 안에서 자주 사용되는 설계상의 해결 방법을 표현하는 것이 여기에 포함된다. 코드에서 알아내기는 힘들지만 꼭 지켜야 하는 복잡한 절차(protocol)를 기록해 놓은 것도 그렇다. 그리고 시스템에서 자주 드나들지 않는 영역의 로드맵을 제공하는 것도 저장해 놓아도 괜찮다. 설계자의 의도를 코드보다 더 잘 표현할 수 있는 방식으로 기록해 놓은 것도 마찬가지다.

어떤 다이어그램이 여기에 포함되는지 찾는 것은 부질없다. 이런 다이어그램을 보면 바로 느낄 수 있다. 이런 다이어그램을 먼저 그리고자 노력하는 것도 의미 없다. 여러분은 추측할 수밖에 없으며, 추측은 대부분 틀릴 것이다. 정말로 유용한 다이어그램은 자꾸만 그리게 된다. 설계 모임마다 칠판이나 종이 조각에 같은 다이어그램이 거듭 나타날 것이다. 결국 누군가 귀찮게 다시 그릴 필요가 없게 이 다이어그램을 그려서 오래 지속되는 매체에 저장할 것이다. 이때가 이 다이어그램을 모든 사람이 볼 수 있는 곳에 붙여 놓을 시기다.

이 장소를 접근하기 편하게 하고 여러 다이어그램이나 물건이 어지럽게 흩어져 있지 않도록 유지하는 것이 중요하다. 유용한 다이어그램을 웹 서버나 네트워크의 지식 저장소(knowledge base)에 넣어 두는 것도 좋은 생각이다. 하지만, 몇백 개나 몇천 개를 그곳에 계속 쌓으면 안 된다. 어떤 다이어그램이 정말로 유용한지, 어떤 다이어그램이 팀 구성원 누구나 바로 다시 그릴 수 있는지 계속 판단해야 한다. 오래 보관할 가치가 있는 다이어그램들만 보관해야 한다.

반복을 통해 다듬기

우리는 어떤 방식으로 UML 다이어그램을 만드는가? 한순간 번뜩이는 통찰력으로 일필휘지로 그리는가? 클래스 다이어그램을 그린 다음 시퀀스 다이어그램을 그리는가? 구체적인 세부사항에 들어가기에 앞서 시스템 구조의 골격을 모두 짜놓아야 하는가?

이 모든 질문에 대해 큰 소리로 "아니다."라고 대답하겠다. 모든 사람들은 작은 단계를 하나씩 밟아가며 단계마다 무엇을 했는지 평가하는 방식으로 되는 일을 잘한다. 사람들은 단계마다 크게 도약하며 이루어지는 일을 잘하지 못한다. 우리는 쓸모 있는 UML 다이어그램을 만들고 싶다. 그러므로 작은 단계를 하나씩 밟아나가자.

행위를 제일 먼저

나는 행위(behavior)부터 시작하는 것을 좋아한다. 꼼꼼하게 끝까지 생각하는 일에 UML이 도움이 된다고 느끼는 문제들을 다룰 때, 나는 간단한 시퀀스 다이어그램으로 그리며 그 문제를 풀기 시작한다. 예를 들어 다음 문제를 생각해 보자. 휴대 전화를 제어하는 소프트웨어가 있다. 전화를 걸려면 이 소프트웨어가 어떻게 해야 하는가?

소프트웨어가 버튼이 눌릴 때마다 이를 감지해서 다이얼 돌리는 일을 제어하는 객체에 메시지를 보낼 것이라고 상상할 수 있다. 그러므로 버튼(Button) 객체와 다이얼러(Dialer) 객체를 그리고 Button이 Dialer에 번호 메시지를 여러 개 보내는 것도 그린다. 별표(*)는 '여러 개'를 의미한다.

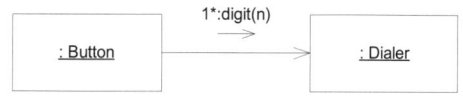

번호 메시지를 받으면 Dialer는 무엇을 해야 할까? 음, 화면에 번호를 표시해야 하니까 아마 화면(Screen) 객체에 displayDigit 메시지를 보낼 것이다.

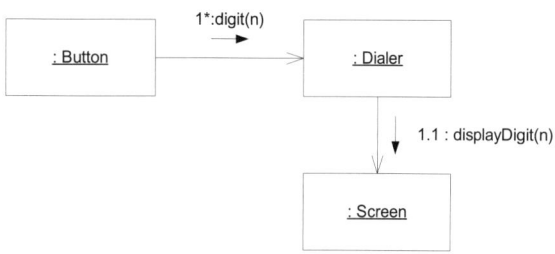

그리고 스피커를 통해 어떤 톤을 들려주는 것도 좋다. 그러므로 Button이 스피커(Speaker) 객체에도 tone 메시지를 보내게 한다.

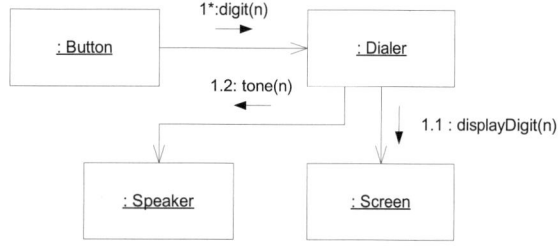

숫자를 누르다가 마지막으로 사용자는 전송(Send) 버튼을 눌러서 이 번호로 전

화를 걸고 싶다고 알려줄 것이다. 이 시점에서 우리는 셀 네트워크[2]에 접속해서 사용자가 누른 전화번호를 전달하라고 휴대전화의 무선 부분(Radio)에 말해야 한다.

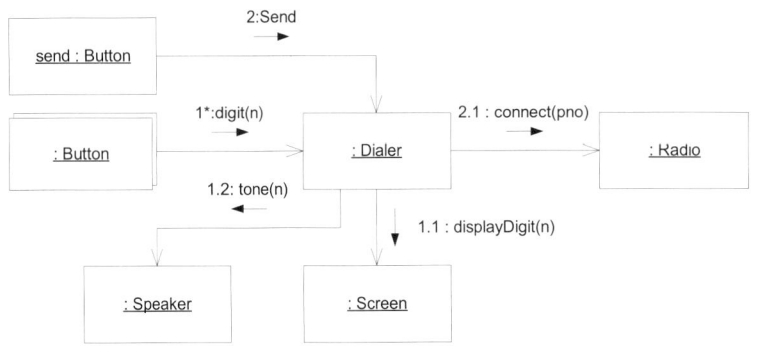

연결이 맺어지면, Radio은 화면 객체에 사용 중 지시자에 불을 켜라고 말할 수 있다. 그런데 이 메시지를 보낼 때는 다른 제어 스레드를 사용할 가능성이 굉장히 높다. 그럴 때는 시퀀스 번호 앞에 글자를 붙여서 이 사실을 표현한다. 마지막에 완성된 협력 다이어그램이 그림 2.6이다.

그림 2.6 휴대전화의 협력 다이어그램

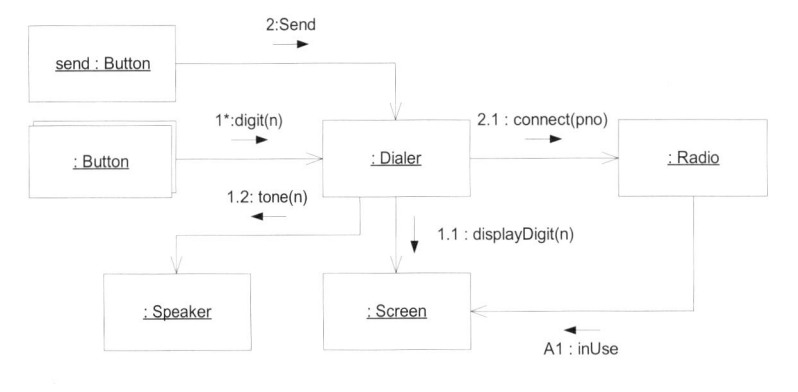

---

2 (옮긴이) 휴대전화를 사용할 수 있는 지역은 기지국을 중심으로 반경이 대개 3~5km 정도인 세포(셀, cell)들로 덮여 있다. 어떤 세포에 있는 사용자가 다른 세포의 사용자와 통화하려면 세포들이 서로 연결되어야 한다. 이것을 셀 네트워크(cellular network)라고 부른다.

구조를 점검하기

방금 작은 연습을 통해 아무것도 없는 상태에서 어떻게 협력(collaboration)을 만드는지 알게 되었다. 이 과정에서 여러 객체를 만들었다는 점에 주목해야 한다. 우리는 이 객체들이 생겨날 것을 짐작하지 못했다. 단지 어떤 일들이 일어나야 한다는 것만 생각하면서 그 필요한 일을 하게끔 객체들을 만들어 냈다.

하지만 더 진행하기 전에 이 협력이 코드 구조에서 어떤 의미인지 조사해야 한다. 그래서 이 협력을 만들 수 있는 클래스 다이어그램을 그려 볼 것이다. 이 클래스 다이어그램에서 협력에 참여하는 객체마다 클래스가 하나씩 생기며, 협력의 연결(link)마다 연관이 하나씩 생긴다.

그림 2.7 휴대폰 클래스 다이어그램

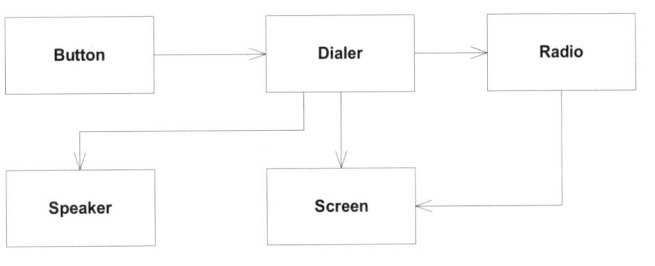

UML에 익숙한 사람은 내가 집합(aggregation)과 합성(composition)을 계속 무시하고 있음을 지금쯤 알아챘을 것이다. 나는 일부러 그렇게 하고 있다. 앞으로도 이 관계 중 어떤 것이 적합한지 고려할 시간은 충분하다.

당장 중요한 것은 의존 관계를 분석하는 일이다. 왜 Button이 Dialer에 의존해야 하는가? 이 질문을 곰곰이 생각해 보면, 이 의존 관계가 매우 나쁘다는 사실을 알 수 있다. 그림 2.7의 다이어그램에 함축된 다음 코드를 한번 보자.

```java
public class Button {
  private Dialer itsDialer;
  public Button(Dialer dialer) {
    itsDialer = dialer;
  }
  ...
}
```

나는 Button의 소스코드가 Dialer의 소스코드를 언급하도록 하고 싶지 않다. Button은 다른 맥락에서도 사용할 수 있는 클래스다. 예를 들어, 나는 전화기의 ON/OFF 스위치나 메뉴 버튼, 다른 제어 버튼을 제어할 때도 이 클래스를 쓰고 싶다. 만약 Button을 Dialer에 묶어 놓는다면, 다른 용도에 이 Button의 코드를 재사용하지 못한다.

이 문제는 그림 2.8처럼 Button과 Dialer 사이에 인터페이스를 하나 만들어 넣으면 해결할 수 있다. Button은 저마다 고유한 식별자 토큰을 하나씩 가진다. Button 클래스는 자기가 눌렸다는 사실을 감지하면, ButtonListener 인터페이스의 buttonPressed 메서드를 호출하면서 자기 식별자 토큰을 인자로 넘긴다. 이렇게 하면 Button이 Dialer에 의존하지 않게 할 수 있으며 버튼이 눌렸다는 사실을 알아야 하는 거의 모든 경우에 Button을 사용할 수 있다.

그림 2.8 Button을 Dialer에서 분리하기

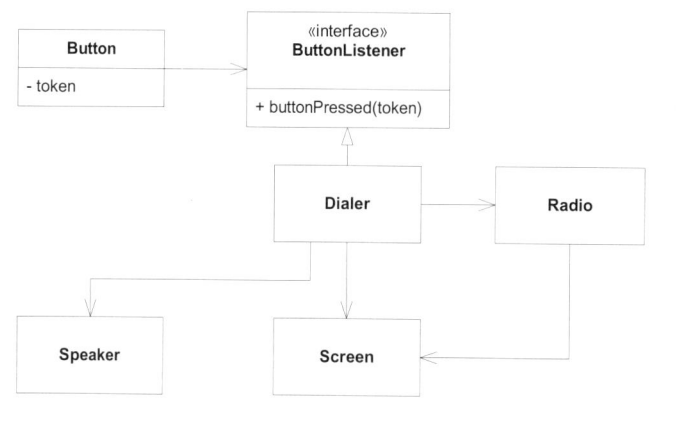

클래스 다이어그램에 생긴 변화가 그림 2.6의 동적 다이어그램에는 아무 영향도 주지 않음을 알 수 있다. 객체는 모두 그대로다. 변한 것은 오직 클래스들뿐이다.

불행하게도, 이번에는 Dialer가 Button에 대해 알아야 한다. 어째서 Dialer가 꼭 ButtonListener에서 입력이 들어올 것이라고 기대해야 하는가? 왜 Dialer 클래스 안에 buttonPressed라는 메서드가 들어 있어야 하는가? Dialer와 Button 사이에 무슨 관계가 있기에? 자그마한 어댑터를 몇 개 쓰면 이 문제를 풀 수 있으며, 덤으로 식별자 토큰 사용이라는 어설픈 아이디어도 없앨 수 있다. ButtonDialerAdapter는

ButtonListener 인터페이스를 구현한다. 이 어댑터의 buttonPressed 메서드가 호출될 때, 이 어댑터는 Dialer에 digit(n) 메시지를 보낸다. Dialer에 전달할 숫자(n)는 어댑터가 기억하고 있다.

코드를 마음속으로 그려보기

ButtonDialerAdapter의 코드를 쉽게 마음속으로 상상할 수 있을 것이다. 코드 2.2가 그것이다. 코드를 마음속에서 그려 볼 수 있는 힘은 다이어그램으로 작업할 때 매우 중요하다. 우리는 아이디어를 굳이 긴 코드로 작성하지 않고 간결한 그림으로 표현하기 위해 다이어그램을 사용하는 것이지, 다이어그램으로 코드를 대신하려는 것이 아니다. 다이어그램을 그려 놓고 그 다이어그램이 나타내는 코드를 마음속에서 그려 보지 못한다면, 공중에 누각을 짓는 것과 다를 바 없다. '지금 하는 작업을 당장 중단하고 어떻게 그 다이어그램을 코드로 바꿀 수 있는지 찾아내라.' 다이어그램 자체가 목적이 되어서는 안 된다. 언제나 지금 다이어그램으로 나타내는 코드가 어떤 것인지 여러분 스스로 확실히 알고 있어야 한다.

코드 2.2 ButtonDialerAdapter.java

```java
public class ButtonDialerAdapter implements ButtonListener {
  private int digit;
  private Dialer dialer;
  public ButtonDialerAdapter(int digit, Dialer dialer) {
    this.digit = digit;
    this.dialer = dialer;
  }
  public void buttonPressed() {
    dialer.digit(digit);
  }
}
```

다이어그램의 진화

우리가 다음 페이지에 있는 그림 2.9에 마지막으로 변경한 것 때문에 그림 2.6의 동적 모델이 못쓰게 되어버렸다. 이 동적 모델에는 어댑터가 전혀 고려되지 않았다. 이제 바꾸어 보자. 다음 페이지에 있는 그림 2.10을 보아라.

그림 2.9 Button과 Dialer를 이어 주는 어댑터를 만들기

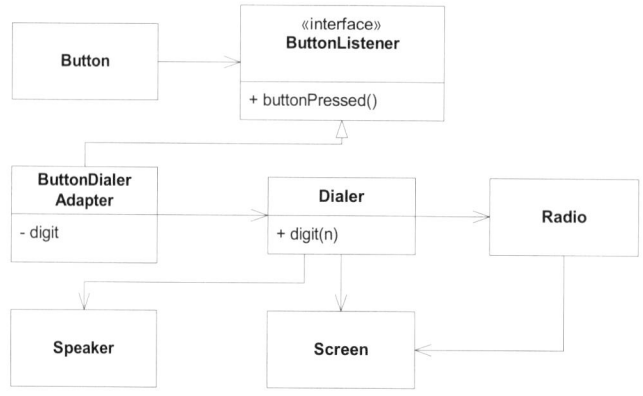

그림 2.10 동적 모델에 어댑터 추가하기

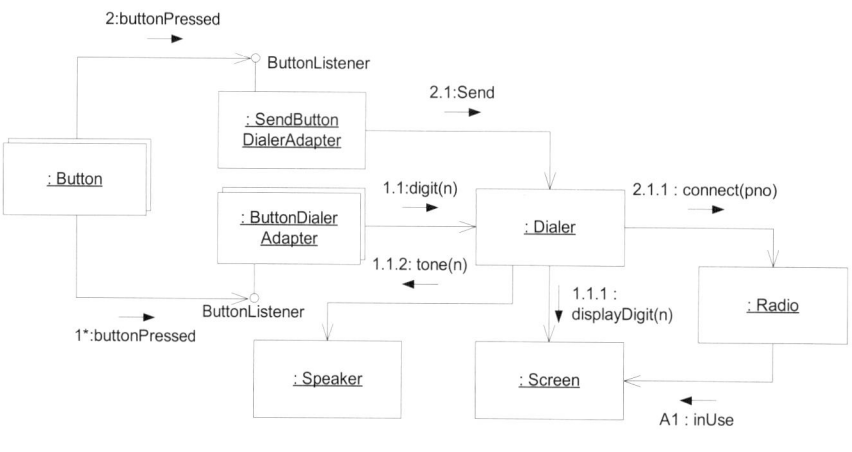

　지금까지 여러 다이어그램이 어떻게 반복적인 방식으로 함께 발전하는지 알아보았다. 처음에는 간단한 동적인 다이어그램부터 시작한다. 그 다음, 이런 동적인 것이 정적 관계에서는 어떤 의미인지 조사한다. 그리고 나서 이렇게 만든 정적 관계를 좋은 설계 원칙에 따르게끔 개선한다. 그런 다음 처음으로 돌아가서 동적 다이어그램을 개선한다.

　이 단계 하나하나는 '아주 작다'. 우리는 동적 다이어그램이 암시하는 정적인 구조를 만들기 전에 동적 다이어그램에 '5분' 이상 투자하지 않을 것이다. 동적인 행위

에 어떤 영향이 미치는지 고려하기 전에 정적인 구조를 다듬는 데 5분 이상 투자하지 않을 것이다. 그 대신 두 다이어그램을 아주 짧은 주기로 번갈아 보며 서로 상대를 발판 삼아 함께 발전시키려고 한다.

칠판과 UML과 기록에 대해 내가 한 말을 기억하라. 우리는 아마 칠판을 앞에 두고 이 과정을 진행하고 있을 것이며, 뒷날을 위해 지금 하는 일을 기록하지도 않고 있다는 점을 명심하라. 우리는 형식을 아주 잘 지키려고 하지도 않고 아주 정확하게 다이어그램을 만들려고 하지도 않는다. 사실 앞에서 본 그림은 여러분이 실제로 그릴 다이어그램보다 조금 더 정확하고 형식적이긴 하다. 여러분은 이렇게 정확하거나 형식을 잘 지켜서 그리면 안 된다. 칠판에서 하는 작업의 목표는 여러분 다이어그램의 시퀀스 번호에 점을 제대로 찍는 것 따위가 아니다. 목표는 칠판 앞에 서 있는 모든 사람이 지금 논의하는 내용을 다 이해하는 것이며, 칠판에서 그만 작업하고 빨리 사람들이 코드를 작성하기 시작하게 하는 것이다.

미니멀리즘[3]

이 책에는 UML 다이어그램을 예쁘게 꾸밀 수 있는 다양한 위젯이나 아이콘이 나온다. 이런 장식물은 다이어그램을 굉장히 복잡하게 보이도록 할 수 있다. 다이어그램 한 장에 정말 엄청나게 많은 세부사항을 그려 넣을 수도 있다. 하지만, 나는 이러지 말라고 권하고 싶다.

뒤에서 논의하겠지만, 다이어그램이 가장 유용한 때는 다른 사람과 의사 소통을 할 때와, 여러분이 설계에 관한 문제점을 푸는 일에 도움이 될 때다. 목적을 달성하기에 꼭 필요한 분량만큼 세부사항을 사용하는 것이 중요하다. 다이어그램에 장식물을 덕지덕지 붙일 수는 있지만 그렇게 하면 생산성에는 오히려 해가 된다. 다이어그램을 단순하고 깔끔하게 유지하라. UML 다이어그램은 소스코드가 아니며, 따라서 모든 메서드나 변수, 관계를 선언하는 장소로 취급해서는 안 된다.

---

[3] (옮긴이) '최소한도의, 최소의, 극미의'라는 minimal에 -ism을 덧붙인 미니멀리즘은 '최소한주의'라는 의미로 미술과 음악 분야에 처음으로 대두되어 사용되었다. 패션에서는 최소한도의 옷으로 훌륭한 옷차림을 연출하는 방법을 말한다. 티셔츠에 진을 입는 캐주얼 스타일이나 하의와 상의가 연결된 리어타드 같은 아이템이 이에 속한다.

언제, 어떻게 다이어그램을 그려야 하는가

다이어그램 그리기는 매우 유용한 작업일 수도 있고 완전히 시간낭비일 수도 있다. UML을 사용하기로 한 결정은 굉장히 좋을 수도 있고, 굉장히 나쁠 수도 있다. 이 모든 것은 여러분이 UML 다이어그램을 얼마나 많이, 그리고 어떻게 사용하기로 결정하느냐에 달렸다.

언제 다이어그램을 그려야 하며 언제 멈춰야 하는가

모든 것을 다이어그램으로 그려야 한다는 규칙을 만들지 마라. 이 규칙은 그냥 쓸모없는 정도가 아니라 해를 끼친다. 아무도 읽지 않을 다이어그램을 그리는 데 엄청난 프로젝트 시간과 에너지를 낭비할지도 모른다.

다이어그램을 그려야 할 경우

- 여러 사람이 동시에 작업하기 때문에 모두 설계에서 특정한 부분의 구조를 이해해야 할 때 그려라. 모든 사람이 다 이해했다고 동의하면 그때 멈춘다.
- 두 명 이상이 특정 요소를 어떻게 설계해야 할지 의견을 달리하고, 팀의 의견을 모을 필요가 있을 때 그려라. 논쟁에 시간 제한을 두고, 투표나 객관적인 심판 같이 결정을 내릴 수단을 준비해라. 제한된 시간이 되거나, 결정이 내려지면 그때 멈춘다. 그리고 다이어그램을 지운다.
- 어떤 설계 아이디어로 이것저것 시도해 보고 싶을 때 그린다. 다이어그램은 그 아이디어를 생각하는 일에 도움을 줄 것이다. 핵심을 깨닫게 되어서 여러분의 생각을 코드로 옮길 수 있을 정도로 만족스럽게 종결지을 수 있을 때 멈춘다. 그리고 다이어그램을 버린다.
- 누군가에게 또는 여러분 자신에게 코드 일부분의 구조를 설명할 때 그려라. 코드를 직접 보는 편이 더 잘 이해된다고 느끼는 시점에 다다르면 다이어그램을 그리는 작업을 멈춘다.
- 프로젝트 마지막에 가깝고 여러분의 고객이 다른 사람을 위한 문서에 포함하기 위해 다이어그램을 요구할 때 다이어그램을 그려라.

다이어그램을 그리지 말아야 할 경우

- 공정에서 다이어그램을 그려야 한다고 정해서 다이어그램을 그리지는 마라.
- 다이어그램을 안 그리면 죄책감을 느끼거나, 훌륭한 설계자는 누구나 다이어

그램을 그린다는 생각이 든다고 그리지 마라. 훌륭한 설계자는 코드를 작성하며 꼭 필요할 때에만 다이어그램을 그린다.
- 코딩을 시작하기에 앞서 설계 단계의 포괄적인 문서를 만들기 위해서 그리지 마라. 이런 문서는 거의 언제나 하등 쓸모가 없으며 시간만 엄청나게 잡아먹는다.
- 다른 사람에게 어떻게 코딩을 해야 할지 알려 주기 위해서 다이어그램을 그리지 마라. 진정한 소프트웨어 아키텍트는 자기가 만든 침대라면 믿고 누울 수 있음을 보이기 위해서 그 침대에서 자는 목수처럼 자신의 설계를 코딩할 때 참여한다.[4]

CASE 도구

UML CASE 도구[5]는 유용하게 쓰일 수도 있지만, 비싼 먼지 수집기로 전락할지도 모른다. UML CASE 도구를 구입하기로 결정할 때에는 주의 깊게 결정해야 한다.

- UML CASE 도구는 다이어그램을 더 쉽게 그리게 해주지 않는가?

    아니다. 오히려 훨씬 어렵게 한다. 어떤 도구를 능숙하게 사용하려면 긴 학습 곡선을 통과해야 하고, 능숙해진 다음에도 여전히 칠판보다는 쓰기 불편하다. 칠판은 정말 사용하기 쉽다. 개발자는 이미 칠판에 익숙하다. 그렇지 않더라도 칠판을 사용하기 위해서 배울 것은 거의 아무것도 없다.

- UML CASE 도구는 큰 규모의 팀이 다이어그램을 가지고 협력하는 일을 더 쉽게 해주지 않는가?

    때로는 그렇다. 하지만, 대부분의 개발자에게는, 또 대부분의 개발 프로젝트에서는 여러 사람의 활동을 조율할 수 있도록 자동화된 협력 시스템이 필요할 정도로 양 많고 복잡한 다이어그램이 필요 없다. 어떤 경우라도 수동 시스템을 먼저 사용한 다음, 수동 시스템의 한계가 보이기 시작해서 자동화 외에 다른

---

4 (옮긴이) 다른 사람에게 어떻게 코딩할지 지시할 목적으로 다이어그램을 그리지 마라. 진정한 소프트웨어 아키텍트는 자신이 설계한 자동차가 믿을 만함을 보장하려고 직접 그 차를 운전하는 자동차 설계자처럼 자신의 설계를 코딩할 때 참여한다. 즉, 설계만 하지 말고 실제로 일할 때도 참여하라는 뜻이다.
5 (옮긴이) 흔히 CASE라는 약자로 부르는 컴퓨터 이용 소프트웨어 공학(Computer Aided Software Engineering)은 소프트웨어 개발 과정에서 사용하는 요건 분석, 설계, 구현, 테스트 및 디버깅 과정에서 컴퓨터와 전용의 소프트웨어 도구를 사용하여 자동화하는 작업이다. 이러한 자동화 작업에서 사용되는 소프트웨어를 CASE 도구라고 한다.

방법이 없을 때가 UML 다이어그램의 준비를 조율하는 시스템을 구입할 가장 좋은 시기다.

- UML CASE 도구는 코드를 더 쉽게 생성하게 해주지 않는가?

  다이어그램을 만들고, 코드를 생성하고, 생성된 코드를 사용하는 데 드는 노력을 모두 합치면 그냥 처음부터 코드를 바로 작성하는 데 드는 것보다 결코 적지 않을 것이다. 만약 어느 정도 이득이 있다고 하더라도 몇 배나 되지는 않을 것이며, 심지어 두 배 정도도 안 될 수 있다. 개발자는 코드를 작성하기 위해 텍스트 파일을 편집하는 방법과 IDE를 사용하는 방법을 이미 잘 알고 있다. 다이어그램에서 자동 생성되는 코드가 매우 멋진 생각처럼 보일지도 모르겠다. 하지만, 나는 여러분이 많은 돈을 쓰기 전에 생산성이 얼마나 증가할지 먼저 측정해 볼 것을 강력하게 주장한다.

- IDE[6] 기능도 있고 코드와 다이어그램을 동시에 보여 주는 CASE 도구는 어떤가?

  이런 도구는 확실히 멋지다. 하지만, 나는 UML을 계속 보는 것이 그렇게 중요하다고 생각하지 않는다. 코드를 변경할 때 저절로 다이어그램이 변하거나 다이어그램을 변경할 때 자동으로 코드가 변한다고 해도 내게 그렇게 도움이 되지 않았다. 솔직히 나는 다이어그램보다는 프로그램 코드를 조작하는 일을 어떻게 도울지 알아내는 일에 노력을 기울이는 IDE를 살 것이다. 다시 한 번 말하지만, 큰 규모로 재정적인 투자를 하기 전에 생산성이 얼마나 증가할지 먼저 측정해 보아라.

요약하자면, 행동으로 옮기기 전에 생각을 해봐야 한다. 그것도 아주 잘 생각해 봐야 한다. 여러분의 팀을 값비싼 CASE 도구로 중무장하면 뭔가 좋아질지도 '모르지만' 선반에 올려 두고 잊어버릴 가능성이 높은 무엇인가를 사기 전에는 스스로 실험해 보아서 무엇이 얼마나 좋아질지 검증해 보는 일이 먼저다.

---

6 (옮긴이) 통합 개발 환경(Integrated Development Environment, IDE)란, 소프트웨어를 개발하는 전 과정에서 개발자가 사용하는 중요한 도구들을 하나로 통합해 놓은 소프트웨어 개발 환경, 또는 통합 개발 도구를 지칭하는 용어이다. 즉, 소프트웨어의 편집에서 사용하는 편집기부터 편집된 프로그램을 실행하기 위하여 사용하는 컴파일러와 링커, 로더 및 개발된 소프트웨어의 검사 및 오류 수정에 사용되는 디버깅 도구들까지 모두 모아 제품을 구성하고 있다. 일반적으로 개인용 컴퓨터 분야에서 이런 통합 개발 환경이 널리 사용하는데, 1980년대 중반 Borland 사의 Turbo Pascal 제품에서 이러한 통합 개발 환경을 사용해서 인기를 얻자 그 이후 많은 제품에 이 개념이 채택되고 있다.

하지만 문서화는 어떻게 합니까

어떤 프로젝트든 좋은 문서는 꼭 필요하다. 좋은 문서가 없다면 팀원들은 코드의 바다에서 헤맬 것이다. 반면, 많은 문서를 가지고 있지만 이것이 잘못된 종류라면 문서가 없는 것보다 더 나쁘다. 코드의 바다는 그대로인데 덤으로 수많은 종이가 주의를 분산하고 잘못된 길로 이끌기 때문이다.

문서는 반드시 작성해야 한다. 하지만 반드시 현명하게 작성해야 한다. '문서화 하지 않기'로 한 결정이 문서화하기로 한 결정만큼 중요한 때도 자주 있다. 복잡한 통신 프로토콜은 문서화해야 한다. 복잡한 관계형 데이터베이스의 스키마도 문서화해야 한다. 재사용 가능한 복잡한 프레임워크도 마찬가지다.

하지만, 이것들이 모두 UML을 몇백 쪽이나 요구하지는 않는다. 소프트웨어의 문서는 반드시 짧고 핵심을 찔러야 한다. 소프트웨어 문서의 가치는 그 분량에 반비례한다.

백만 줄의 자바 코드로 된 프로젝트에 12명이 일하는 팀이라면, 나는 모두 합쳐 25쪽에서 200쪽 사이의 영구 문서로 충분하다고 생각한다. 이 범위에서도 적을수록 좋다. 이 문서에는 중요한 모듈의 고차원 구조에 대한 UML 다이어그램, 관계형 스키마의 ER 다이어그램, 한 쪽이나 두 쪽 분량의 시스템을 빌드하는 방법, 테스트 방법 설명, 소스코드 컨트롤 방법 설명[7] 등이 포함될 것이다.

나는 팀원 누구라도 이 문서를 보고 검색할 수 있도록, 그리고 필요하면 누구든 변경할 수 있도록 이 문서를 아마 위키나 다른 공동 저작 도구에 올려놓을 것이다.

문서 분량을 적게 만들려면 많은 작업을 해야 한다. 하지만 그럴 만한 가치는 충분하다. 사람들은 짧은 문서는 읽는다. 하지만 1,000쪽짜리 베개만 한 책은 읽지 않는다.

그러면 Javadoc™은?

Javadoc은 훌륭한 도구다. 만들어라. 하지만 짧고 초점이 명확하게 만들어라. 다른 사람들이 사용할 함수를 설명하는 Javadoc은 반드시 조심스럽게 작성해야 하고, 사용자의 이해를 돕기에 충분한 정보를 담아야 한다. 널리 배포하지 않을 사적인 (private) 유틸리티 함수나 메서드를 설명하는 Javadoc은 훨씬 짧아도 괜찮다.

---

7 (옮긴이) 프로젝트 형상 관리다.

결론

몇몇 사람이 칠판 주위에 모여 어떤 설계 문제점을 생각할 때 UML은 좋은 도구가 되어 준다. 이때 UML로 만드는 다이어그램은 반드시 반복적 방식으로 만들어야 하며, 반복 주기도 무척 짧게 잡아야 한다. 동적 시나리오를 먼저 생각해 보고 이것들이 어떤 정적 구조를 함축하는지 결정하는 전략이 가장 좋다. 동적 다이어그램과 정석 다이어그램을 5분이나 더 짧은 주기로 반복하며, 서로 발판 삼아 동시에 발진시키는 것이 중요하다.

UML CASE 도구는 어떤 경우에는 도움이 되지만, 대부분의 개발팀에는 도움보다 방해가 되기 쉽다. 만약 UML CASE 도구, 심지어 IDE와 통합된 도구가 필요하다고 생각이 들면, 생산성에 정말 도움이 될지 먼저 실험해 보고 결정하라. 행동으로 옮기기 전에 먼저 생각하라.

UML은 도구일 뿐 그 자체가 목적이 되어서는 안 된다. 도구로써 UML은 여러분이 설계에 대해 생각하거나 다른 사람에게 설계 아이디어를 전달할 때 도움이 될 수 있다. UML을 남용하지 말고 아껴서 사용하면 그것은 큰 도움을 줄 것이다. 남용하면 상당히 많은 시간을 낭비하게 될 것이다. '늘 절제하는 마음가짐으로 사용하라.'

3장

U M L   f o r   J A V A   P r o g r a m m e r s

클래스 다이어그램

UML 클래스 다이어그램을 사용하면 클래스 내부의 정적인 내용이나 클래스 사이의 관계를 표기할 수 있다. 클래스 다이어그램으로 클래스의 멤버 변수(member variable)와 멤버 함수(member function)를 보여 줄 수 있다. 그리고 그 클래스가 다른 클래스에서 상속되었는지, 다른 클래스를 참조하는지도 알 수 있다. 한 마디로, 소스코드에 나타나는 클래스 사이의 의존 관계를 모두 표기할 수 있다.

이 클래스 다이어그램은 굉장히 유용하다. 소스코드를 보고 시스템 구성 요소들의 상호 의존 구조를 평가하기보다 다이어그램을 보고 평가하기가 훨씬 쉽다. 다이어그램은 의존 관계의 구조를 명확히 '보게' 해주며, 순환 의존이 발생하는 지점을 찾아내서 어떻게 이 순환 고리를 깨는 것이 가장 좋은지 결정할 수 있게 해준다. 그리고 추상 클래스가 컨크리트 클래스에 의존하는 경우도 찾아내서 이런 의존 관계를 재조정할 전략을 결정하게 해준다.

기본 개념

클래스

다음 페이지에 있는 그림 3.1은 클래스 다이어그램에서 가장 간단한 형태다. Dialer라는 클래스를 단순한 사각형으로 그렸다. 이 다이어그램은 그 왼쪽에 나온 코드 정도 외에는 별로 말해 주는 것이 없다.

그림 3.1 클래스 아이콘

```
                                    public class Dialer
         Dialer                     {
                                    }
```

여러분은 아마 클래스를 이 형태로 가장 많이 표현하게 될 것이다. 대부분의 다이어그램에서 클래스 이름만 가지고도 지금 일이 어떻게 돌아가는지 충분히 명확하게 보여 줄 수 있다.

하지만, 클래스 아이콘을 여러 구획으로 나눌 수도 있다. 첫째 구획에는 클래스의 이름이, 둘째 구획에는 클래스의 변수가, 셋째 구획에는 클래스의 메서드가 들어간다. 그림 3.2는 이 구획과 각각의 구획이 어떻게 코드로 바뀌는지 보여 준다. 클래스 아이콘 안의 변수와 함수 앞에 있는 글자를 주의 깊게 보아라. 대시(-)는 프라이비트(private)를, 해시(#)는 프로텍티드(protected)를, 더하기(+)는 퍼블릭(public)을 나타낸다.[1] 변수나 함수 인자의 타입은 저마다 자기 이름 뒤에 콜론을 찍고 적는다. 함수의 반환값도 비슷하게 함수 뒤에 콜론(:)을 찍고 적는다.

이렇게 세부사항을 상세하게 적는 것이 유용할 때도 있지만, 자주 이렇게 해서는 안 된다. UML 다이어그램은 변수나 함수를 선언하는 장소가 아니다. 이런 선언은 코드에서 하는 편이 낫다. 세부사항은 다이어그램을 그리는 목적에 꼭 필요한 것만 사용해야 한다.

그림 3.2 클래스 아이콘의 구획과 그 구획에 대응하는 코드

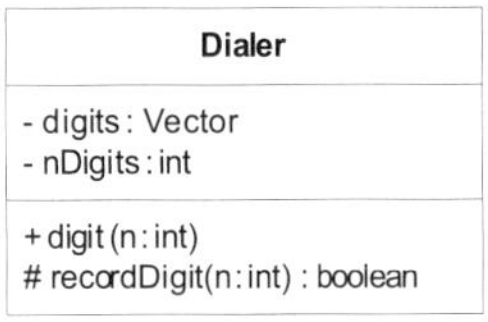

```
                                    public class Dialer
         Dialer                     {
 - digits : Vector                    private Vector digits;
 - nDigits : int                      int nDigits;
                                      public void digit(int n);
 + digit (n : int)                    protected boolean recordDigit(int n);
 # recordDigit(n : int) : boolean   }
```

---

1 (옮긴이) 각각 사용, 보호, 공용으로 번역할 수도 있지만, 이 용어들이 자바 언어의 키워드이기도 하고 프로그래머들도 실무에서 영어를 그대로 사용하는 일이 많기 때문에 음역했다.

연관

클래스 사이의 연관은 대개 다른 객체의 참조(reference)를 가지는 인스턴스 변수를 의미한다. 예를 들어, 그림 3.3을 보면 Phone과 Button 사이에 연관이 하나 있는데, 화살표 방향으로 미루어보아 Phone이 Button의 참조를 가짐 알 수 있다. 화살촉 근처의 이름은 인스턴스 변수의 이름이다. 그리고 화살촉 근처의 숫자는 이 인스턴스 변수가 참조를 몇 개나 가질지 알려준다.

그림 3.3 연관

그림 3.3을 보면 Phone 객체에 Button 객체가 15개 '연결'되어 있다. 그림 3.4에서 개수에 제한이 없는 경우를 볼 수 있다. 전화번호부(Phonebook)는 '여러 개의' 전화번호(PhoneNumber) 객체와 '연결된다'. 별표(*)는 '여러 개'를 뜻한다. 자바에서는 이런 연관을 벡터(Vector)나 리스트(List) 또는 다른 컨테이너 타입으로 구현하는 경우가 자주 있다.

그림 3.4

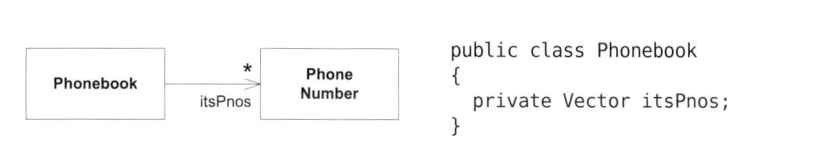

여러분이 내가 '가지다(has)'라는 말의 사용을 피하는 것을 눈치 챘을지도 모르겠다. "Phonebook은 PhoneNumber를 여러 개 가진다."라고 말할 수도 있지만 일부러 그리 하지 않았다. 자주 사용하는 객체지향(OO) 동사인 HASA(… 가지고 있다)와 ISA(…이다) 때문에 불행한 오해가 많았다. 6장에서 여기에 대해 자세히 탐구한다. 일단 자주 사용하는 이 용어를 내가 사용하지 않겠다는 것만 알아두라. 대신 나는 소프트웨어 안에서 실제로 일어나는 일을 정확히 설명하는 "…와 연결된다"와 같은 용어를 사용할 것이다.

상속

UML에서는 화살촉을 그릴 때 매우 주의해야 한다. 그림 3.5를 보면 그 이유를 알 수 있다. Employee를 가리키는 작은 화살촉은 상속(inheritance)[2]을 나타낸다. 화살촉을 조심해서 그리지 않으면 그 화살촉이 상속을 표현하는지 연관을 표현하는지 구분하기 힘들 수도 있다. 이 둘을 더 명확하게 구분하려고 나는 흔히 상속 관계는 세로로, 연관 관계는 가로로 그린다. UML에서 화살촉의 방향은 모두 소스코드 의존성의 방향이다. SalariedEmployee의 소스코드에서 Employee라는 이름을 언급하기 때문에[3], 화살촉은 Employee를 가리킨다. 따라서 UML에서 상속 화살표는 기반 클래스(base class)를 가리킨다.

그림 3.5 상속

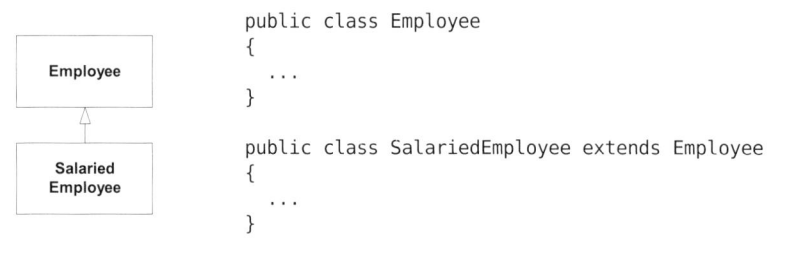

UML에는 자바 클래스와 자바 인터페이스 사이의 상속[4] 관계를 나타내기 위한 특별한 표기법도 있다. 이 관계는 그림 3.6처럼 점선과 화살표로 그린다.[5] 하지만 내가 인터페이스를 가리키는 화살표에 점선이 아니라 그냥 실선을 사용하는 것을 앞으로 여러 번 보게 될 것이다. 여러분도 칠판에 다이어그램을 그릴 때는 점선으로 그리는 것을 무시했으면 좋겠다. 화살표 선을 일일이 끊어 그리기에는 인생이 너무나 짧다.

---

2 사실, 정확하게 말하자면 일반화 관계를 표기한다. 하지만 상속과 일반화의 차이점은 자바 프로그래머가 신경 써야 할 정도는 아니다.
3 (옮긴이) 반면 Employee 클래스의 소스코드에서는 SalariedEmployee 클래스에 대한 아무것도 나오지 않는다.
4 (옮긴이) 자바 용어로는 보통 구현(implement)이라고 한다.
5 '실체화'하는 관계라고 부른다. 이 관계에는 단지 인터페이스를 상속하는 것뿐 아니라 더 많은 의미가 들어 있지만, 그 둘의 차이점을 설명하는 것은 이 책의 범위에서 벗어난다.

그림 3.6 '실체화' 관계

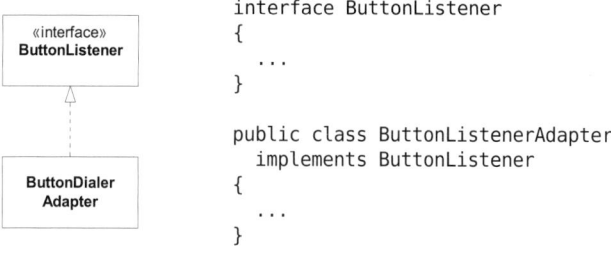

그림 3.7 막대 사탕 모양의 인터페이스 지시자

그림 3.7에는 같은 정보를 전달하는 다른 방법이 나온다. 인터페이스는 그 인터페이스를 구현하는 클래스에서 뻗어 나온 막대 사탕처럼 그린다. 이런 표기법은 COM 설계에서 자주 볼 수 있다.

예제 클래스 다이어그램

다음 페이지에 있는 그림 3.8은 어떤 ATM 시스템의 일부분을 간단하게 그린 클래스 다이어그램이다. 이 다이어그램이 무엇을 나타내는지, 무엇을 나타내지 않는지 모두 흥미롭다.

나는 모든 인터페이스에 인터페이스라는 표시를 다느라 고생했다. 내가 어떤 클래스를 인터페이스로 만들고 어떤 클래스를 구현 클래스로 만들려고 의도했는지 여러분이 확실히 아는 것이 중요하다고 생각하기 때문이다. 예를 들어, 그림 3.8을 보면 WithdrawalTransaction이 CashDispenser 인터페이스에 말한다는 것을 바로 알 수 있다. 따라서 이 시스템의 클래스 하나는 반드시 CashDispenser 인터페이스를 구현해야 한다. 하지만, 이 다이어그램에서는 어떤 클래스가 그 인터페이스를 구현하는지 신경 쓰지 않는다.

내가 다양한 UI 인터페이스들의 메서드를 모두 철저히 기록하지 않은 점도 주의해야 한다. 분명히 WithdrawlUI에는 메서드가 여기 보이는 두 개보다 더 많을 것이다. 예를 들어 promptForAccount라던가 informCashDispenserEmpty 같은 메서드도 있어야 할 것이다. 하지만 이런 메서드를 모두 기록한다면 다이어그램을 어지럽힐 뿐이다. 메서드들 가운데 중요한 것만 보여 줌으로써 나는 여러분에게 어떤 메서드가 필요한지 아이디어를 주었다.[6] 실제로는 이 정도면 충분하다.

그리고 연관은 가로로 표시하고 상속은 세로로 표시하기로 한 약속(convention)도 눈여겨보아라. 상속과 연관은 상당히 다르므로, 이렇게 하면 이 두 관계를 구분하는 데 크게 도움이 된다. 이런 약속 없이는 얽혀 있는 선에서 의미를 뽑아 내기가 쉽지 않

그림 3.8 ATM 클래스 다이어그램

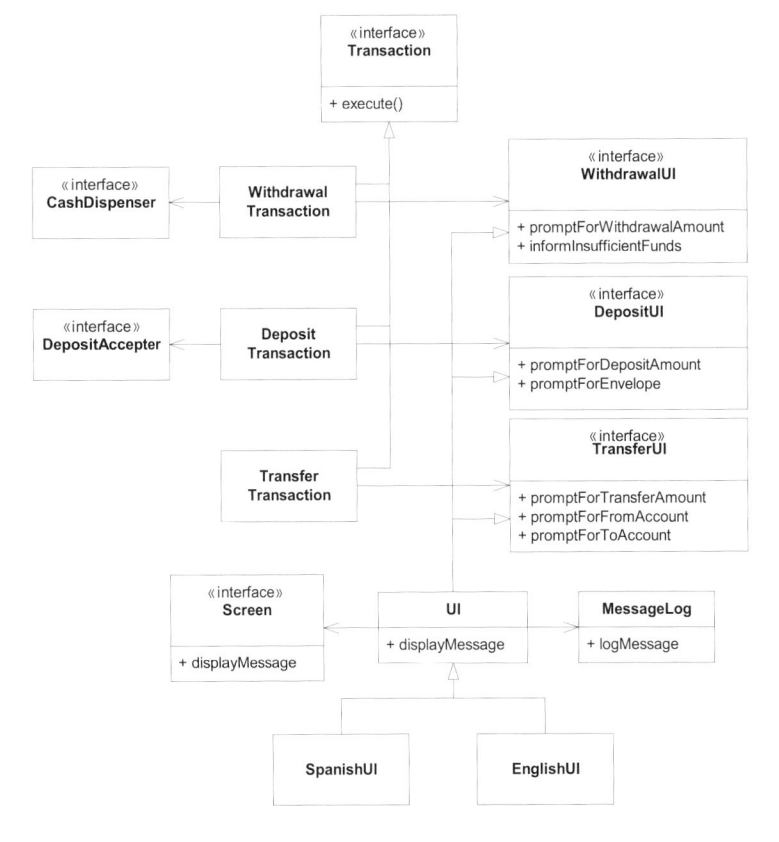

---

6 (옮긴이) 나머지는 이 중요한 메서드들에서 스스로 쉽게 미루어 짐작할 수 있도록 아이디어만 주었다.

을 것이다.

　다이어그램을 서로 구분되는 세 구역으로 나눈 것도 보인다. 트랜잭션과 이것들의 행동은 왼쪽에 있고, 여러 UI 인터페이스는 모두 오른쪽에 있고, UI 구현은 아래에 있다. 세 그룹 간의 연결은 개수가 최소한으로 한정되고 매우 규칙적이라는 점도 눈여겨보아라. 한 예로 모두 같은 방향을 가리키는 세 연관을 들 수 있다. 다른 예로 한 선으로 합쳐지는 상속 관계 세 개도 들 수 있다. 그룹 짓기와, 이 그룹들이 서로 연결된 방법은 이 다이어그램을 읽는 사람이 다이어그램을 각각 응집된 여러 조각으로 나누어 볼 수 있게 도와준다. 그리고 여러분은 다이어그램을 보면서 '코드도 같이 볼 수 있어야 한다.' 코드 3.1이 여러분이 짐작한 UI 클래스의 구현과 비슷한가?

코드 3.1 UI.java

```java
public class UI implements WithdrawalUI, DepositUI, TransferUI
{
  private Screen itsScreen;
  private MessageLog itsMessageLog;
  public void displayMessage(String message)
  {
    itsMessageLog.logMessage(message);
    itsScreen.displayMessage(message);
  }
}
```

세부사항

UML 클래스 다이어그램에는 상당한 수의 세부사항과 장식물을 덧붙일 수 있지만, 대부분 덧붙이지 않는 편이 낫다. 하지만 이것들이 도움이 되는 경우도 있긴 있다.

클래스 스테레오타입

클래스 스테레오타입은 보통 클래스의 이름 위에 놓인 길러멧(guillemet)[7] 사이에 적는데, 아마 본 적이 있을 것이다. 그림 3.8의 《interface》 표기가 바로 클래스 스테레

---

[7] 이중 꺾쇠처럼 생긴 인용 부호 《 》. 작다 부등호 두 개와 크다 부등호 두 개가 아니다. 만약 적절하고 정확한 길러멧 글자 대신 부등호 두 개를 사용한다면, UML 경찰이 여러분을 쫓아올 것이다.
　(옮긴이) 길러멧은 프랑스의 기욤이라는 사람이 만들었다고 해서 붙은 이름으로, 주로 프랑스나 러시아어에서 인용 부호로 사용된다. UML 경찰은 UML을 엄밀하게 사용해야 한다고 주장하는 순수론자를 비꼬는 저자의 농담이다.

그림 3.9 《interface》 클래스 스테레오타입

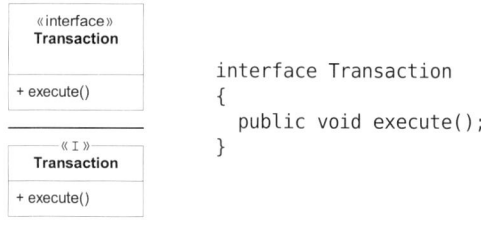

오타입이다. 자바 프로그래머가 사용할 만한 두 가지 스테레오타입이 《interface》
와 《utility》다.

《interface》 이 스테레오타입이 붙은 클래스의 메서드는 모두 추상 메서드이므
로, 어떤 메서드도 구현해서는 안 된다. 그리고 《interface》 클래스는 인스턴스 변
수를 가지지 못한다. 오직 정적(static) 변수만 가질 수 있다. 이것은 자바의 인터
페이스에 정확히 대응된다. 그림 3.9를 보아라.

나는 인터페이스를 자주 그리는데 스테레오타입의 모든 철자를 칠판에 다 쓰는
일은 상당히 귀찮다. 그래서 나는 그림을 더 쉽게 그리려고 그림 3.9의 아래 부분
처럼 축약형을 사용하는 일이 잦다. 표준 UML은 아니지만 이것이 훨씬 편하다.

《utility》 《utility》 클래스의 모든 메서드와 변수 들은 정적(static)이다. 그래디 부치
(Grady Booch)[8]는 이것을 흔히 클래스 유틸리티라고 불렀다. 그림 3.10을 보아라.

그림 3.10 《utility》 클래스 스테레오타입

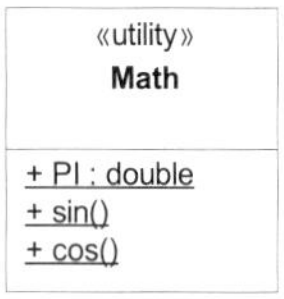

```
                        public class Math
    ┌─────────────┐     {
    │  «utility»  │         public static final double PI =
    │    Math     │                         3.14159265358979323;
    ├─────────────┤
    │ + PI : double│        public static double sin(double theta) {...}
    │ + sin()     │         public static double cos(double theta) {...}
    │ + cos()     │     }
    └─────────────┘
```

---

8 [Booch1994], p. 186.

자신만의 스테레오타입을 만들고 싶다면 그렇게 해도 된다. 나는 《persistent》, 《C-API》, 《struct》, 《function》같은 스테레오타입을 자주 사용한다. 오직 여러분의 다이어그램을 읽을 사람이 그것의 의미를 알기만 하면 된다.

추상 클래스

UML에서 추상 클래스나 추상 메서드를 표기하는 방법은 두 가지다. 이름을 이탤릭체로 적거나, {abstract} 프로퍼티를 사용하는 것이다. 두 경우 모두 그림 3.11에 나온다.

그림 3.11 추상 클래스

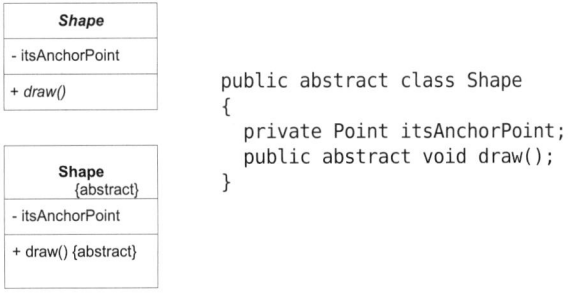

칠판에 이탤릭체로 적기는 어렵고, {abstract} 프로퍼티를 사용하는 것도 단어가 너무 길다. 그래서 칠판에 그릴 때 어떤 클래스나 메서드가 추상임을 표기하고 싶다면 그림 3.12처럼 약어를 사용한다. 이것도 표준 UML은 아니지만 칠판에 그릴 때는 이것이 훨씬 편하다.[9]

그림 3.12 비공식적인 추상 클래스 표기

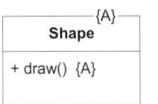

---

9 여러분 가운데 부치의 표기법을 떠올리는 사람이 있을지도 모르겠다. 부치의 표기법에는 좋은 점이 무척 많은데, 편리함도 그중 하나다. 그 표기법은 진정 칠판을 위한 표기법이었다.

프로퍼티

{abstract} 같은 프로퍼티는 어떤 클래스에도 붙일 수 있다. 프로퍼티는 보통 클래스에 속하지 않는 추가 정보를 나타낸다. 여러분은 언제든 자신만의 프로퍼티를 만들어 쓸 수 있다. 프로퍼티는 다음처럼 쉼표(,)로 분리된 이름-값 쌍으로 적는다.

{author=Martin, date=20020429, file=shape.java, private}

위 예제의 프로퍼티들은 UML에 들어 있는 것이 아니다. {abstract} 프로퍼티는 UML에서 미리 정의한 것 가운데 거의 유일하게 자바 프로그래머에게 유용할 만한 프로퍼티다. 만약 프로퍼티가 값을 가지지 않는다면, 불린 값 참(true)을 가지는 것으로 간주한다. 따라서 {abstract}와 {abstract = true}는 같은 뜻이다.

프로퍼티는 그림 3.13처럼 클래스 이름의 오른쪽 아래에 적는다.

{abstract} 프로퍼티 말고 다른 프로퍼티가 언제 유용할지 잘 모르겠다. 오랫동안 UML 다이어그램을 그려오면서 클래스 프로퍼티를 사용할 기회가 내게는 한 번도 없었다.

그림 3.13 프로퍼티

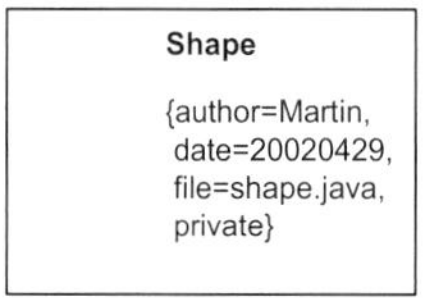

집합

집합(aggregation)은 '부분/전체' 관계를 내포하는 연관의 특별한 형태다. 그림 3.14는 집합을 그리는 방법과 구현하는 방법을 보여 준다. 그림 3.14의 구현이 연관과

그림 3.14 집합

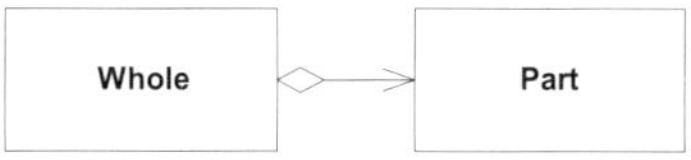

```
public class Whole
{
    private Part itsPart;
}
```

차이가 없다는 점을 눈여겨보아라. 이게 힌트다.

불행하게도, UML은 명확한 집합의 정의를 제공하지 않는다. 그래서 여러 프로그래머와 분석가가 집합 관계에 대해 자기 나름의 정의를 내렸기 때문에 혼란이 생겼다. 이런 이유로 나는 집합 관계를 전혀 사용하지 않으며, 여러분도 피했으면 좋겠다. 사실, 집합 관계는 UML 2.0에서 빠져버렸다.

UML이 집합에 유일하게 제공하는 명확한 규칙은 다음 몇 가지뿐이다. 전체는 자신의 부분이 될 수 없다. 따라서 '인스턴스들'이 집합을 통한 순환 고리를 만들 수는 없다. 어떤 객체가 자기 자신의 부분이 될 수 없고, 두 객체가 서로 상대 객체의 부분이 될 수도 없고, 세 객체가 전체/부분 관계의 고리를 만들 수도 없다 등등. 그림 3.15를 보아라.

그림 3.15 인스턴스 사이의 순환 집합 관계. 모두 잘못되었다.

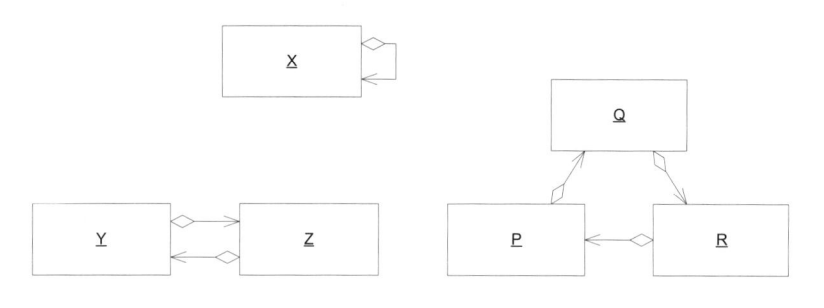

나는 이런 정의가 그렇게 쓸모 있는지 잘 모르겠다. 인스턴스가 순환이 없는 유향 그래프[10]를 이루는지 확실히 해두어야 할 경우가 얼마나 자주 생길까? 아마 별로 없을 것이다. 따라서 내가 주로 그리는 다이어그램에서는 집합 관계가 쓸모없다고 생각한다.

합성

합성(composition)은 다음 페이지의 그림 3.16에서 보다시피 집합의 특별한 형태다. 다시 한 번 합성의 구현도 연관의 구현과 구분하지 못한다는 것을 눈여겨보아라.

---

10 (옮긴이) 순환이 없는 유향 그래프(directed acyclic graph)란, 그래프의 일종으로 가지가 방향을 가지며 가지를 통해 자기 자신에게 돌아갈 수 없는 그래프다.

하지만, 이번에는 집합처럼 뚜렷한 정의가 없어서 그런 것이 아니다. 자바 프로그램에서는 이 관계가 그다지 유용하지 않기 때문이다. 반면 C++ 프로그래머에게는 합성 관계가 '매우' 유용하다.

그림 3.16 합성

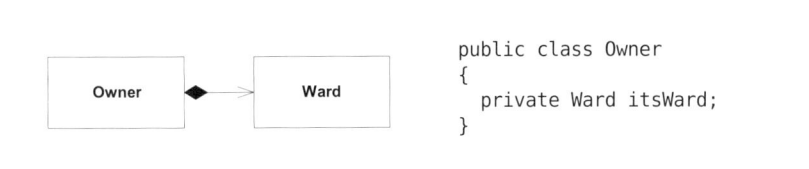

집합과 똑같은 규칙이 합성에도 적용된다. 인스턴스의 순환 고리를 만들지 못한다. 주인(Owner)이 자신의 피보호자(Ward)가 될 수는 없다 등등. 하지만, UML에서 합성에 대한 정의에는 집합과 공통된 규칙 말고도 많은 항목이 들어 있다.

- 피보호자의 한 인스턴스를 두 주인이 동시에 소유하지 못한다. 그림 3.17의 객체 다이어그램은 잘못되었다. 하지만, 이 객체 다이어그램과 대응하는 클래스 다이어그램은 문제없다. 주인이 피보호자의 소유권을 다른 주인에게 이전하면 된다.[11]
- 주인은 피보호자의 수명 전체에 책임을 진다. 만약 주인이 소멸되면, 피보호자도 함께 소멸되어야 한다. 주인이 복사되면, 피보호자도 복사되어야 한다.

그림 3.17 잘못된 합성

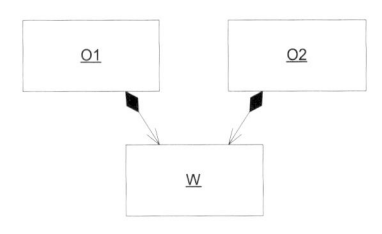

11 (옮긴이) 소유권이 이전되면 새 주인만 그 피보호자 객체를 소유하므로 '하나의 소유권' 규칙을 지킬 수 있다.

자바에서 객체 소멸은 보이지 않는 곳에서 가비지 컬렉터가 수행하므로 어떤 객체의 수명을 관리할 필요는 거의 없다. 딥 카피[12]는 흔히 사용되지만, 딥 카피를 해야 한다고 다이어그램에 표시해야 할 경우는 드물다. 그러므로 내 경험에 따르면 몇몇 자바 프로그램을 기술할 때 합성 관계를 사용한 일이 있긴 해도 매우 드문 경우였다.

그림 3.18은 딥 카피를 해야 한다는 것을 표기하기 위해 합성을 사용하는 방법을 보여 준다. 여기에 여러 문자열(String)을 가진 주소(Address)라는 클래스가 있다. 이 클래스는 문자열마다 주소를 한 줄씩 담는다. 주소를 복사한 다음에 복사한 주소를 변경하는 경우, 원래 주소는 변경되지 말아야 하므로 반드시 딥 카피를 수행해야 한다. 주소와 문자열 사이의 합성 관계는 딥 카피를 해야 한다는 것을 나타낸다.[13]

그림 3.18 합성 관계에는 딥 카피를 하라는 의미가 내포된다

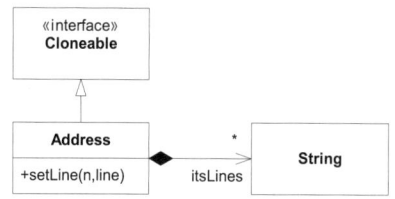

```
import java.util.Vector;

public class Address implements Cloneable {
  private Vector itsLine = new Vector();

  public void setLine(int n, String line)  {
    if (n >= itsLines.size())
      itsLines.setSize(n+1);
    itsLines.setElementAt(line, n);
  }

  public Object clone() throws CloneNotSupportedException
  {
    Address clone = (Address)super.clone();
    clone.itsLines = (Vector)itsLines.clone();
    return clone;
  }
}
```

---

12 (옮긴이) deep copy, 어떤 객체를 복사할 때 단지 그 객체의 인스턴스 변수의 참조만 복사하지 않고, 인스턴스 변수도 같이 복사하는 것이다.
13 연습문제 : itsLines 벡터를 복사하는 것만으로 충분한 이유가 무엇인가? 실제 문자열(String) 객체를 복사할 필요가 없는 까닭은 무엇일까? (옮긴이 : immutable이 힌트다.)

다수성

객체는 다른 객체들의 배열이나 벡터를 가질 수 있으며, 같은 종류의 객체라도 배열이 아니라 여러 인스턴스 변수에 따로 가질 수도 있다. UML에서는 이런 상황을 연관의 먼 쪽 끝에 다수성(multiplicity) 표현식을 적어서 표현한다. 다수성 표현식은 단순한 숫자나 숫자 범위를 사용하거나, 또는 이 둘을 같이 사용할 수도 있다. 예를 들어, 그림 3.19는 2라는 다수성을 사용하는 BinaryTreeNode다.

그림 3.19 단순한 다수성

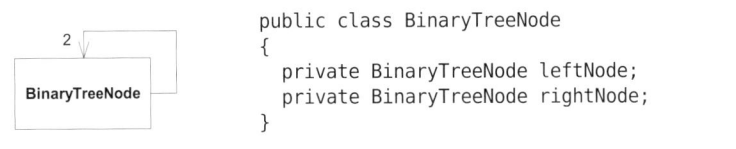

```
public class BinaryTreeNode
{
  private BinaryTreeNode leftNode;
  private BinaryTreeNode rightNode;
}
```

다음 형식들을 사용할 수 있다.

- 숫자.   원소의 정확한 숫자
- * 또는 0..*   0개 또는 그 이상
- 0..1   0개 또는 1개. 자바에서는 흔히 null 값을 가질 수도 있는 참조로 구현된다.
- 1..*   1개 또는 그 이상
- 3..5   3개에서 5개까지
- 0, 2..5, 9..* 바보 같지만, 올바른 형식이다.

연관 스테레오타입

연관에 스테레오타입을 붙여서 의미를 바꿀 수 있다. 그림 3.20에 내가 자주 사용하는 스테레오타입이 나와 있다.

《create》 스테레오타입은 연관의 원본이 연관의 대상을 생성함을 나타낸다.[14] 이 스테레오타입에는 원본이 대상을 생성해서 이 대상을 시스템의 다른 부분에 넘긴다는 뜻이 들어 있다. 이 예제에서 나는 전형적인 팩터리(Factory)를 보이고 있다.

《local》 스테레오타입은 원본 클래스가 대상 클래스의 인스턴스를 만들고 그 인

---

14 (옮긴이) 연관의 원본은 화살표가 생기는 쪽이고, 연관의 대상은 화살표가 가리키는 쪽이다.

스턴스의 참조가 지역 변수에 담길 때 사용한다. 이 스테레오타입에는 생성한 인스턴스의 수명이 그 인스턴스를 만드는 멤버 함수 안에 한정된다는 뜻이 들어 있다. 그러므로 이 객체는 멤버 변수에 할당되지 않으며 시스템의 다른 부분에 전달되지도 않는다.

《parameter》 스테레오타입은 원본 클래스의 멤버 함수가 호출될 때 대상 인스턴스가 인자로 넘어옴으로써 원본 클래스가 대상 클래스에 접근할 수 있게 됨을 보여 준다. 이 스테레오타입에도 원본은 그 멤버 함수가 리턴한 이후에 그 객체에 대해 모두 잊는다는 뜻이 들어 있다. 대상은 원본 클래스의 인스턴스 변수에 저장되지 않는다.

그림 3.20에서 보듯 의존성 화살표를 점선으로 그리는 것이 인자를 나타내는 약속으로 널리 편리하게 쓰인다. 나는 《parameter》 스테레오타입보다 이쪽을 더 좋아한다.

《delegate》 스테레오타입은 원본 클래스의 멤버 함수가 호출될 때 이 호출을 대상 클래스에 그대로 전달해서 대상 클래스의 멤버 함수를 호출하는 경우 등에 사용된다. 프

그림 3.20 연관 스테레오타입

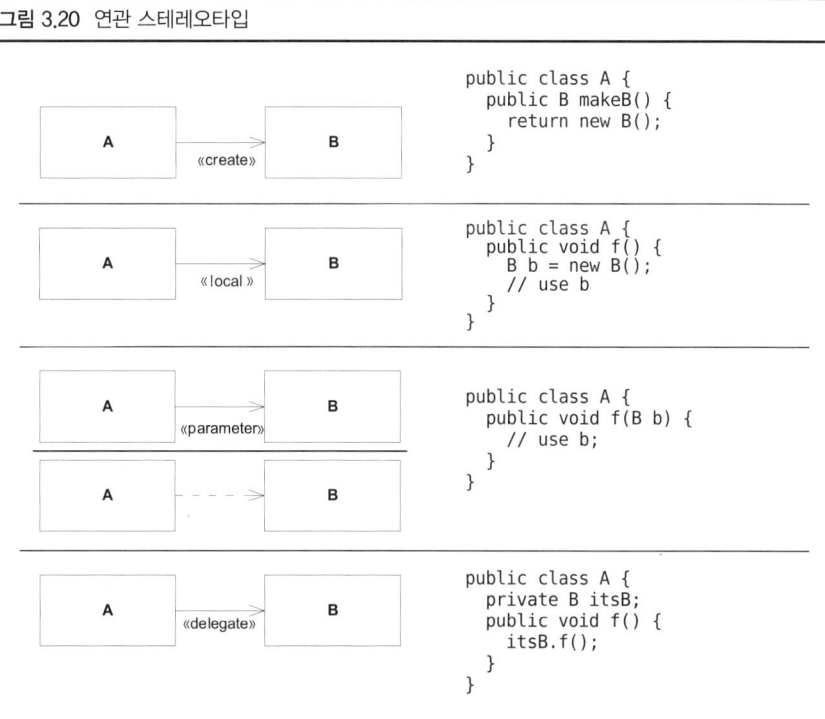

록시(Proxy), 데코레이터(Decorator), 컴포지트(Composite)[15]처럼 이 기법을 사용하는 디자인 패턴이 꽤 있다. 나는 이 패턴을 자주 쓰는데 이 표기법이 꽤 유용하다.

내부 클래스

내부 클래스는 그림 3.21처럼 연관의 가까운 쪽 끝에다가 내부에 십자 표시를 한 원을 덧붙여서 표현한다.

그림 3.21 내부 클래스

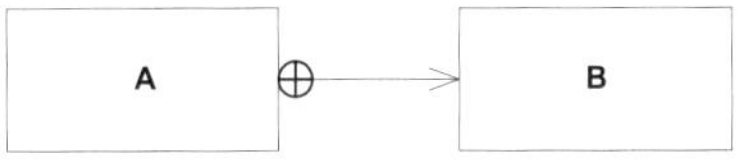

```
public class A {
  private class B {
    ...
  }
}
```

익명 내부 클래스

익명 내부 클래스는 자바의 흥미로운 기능이다. 익명 내부 클래스에 대한 UML의 공식 입장은 없지만, 나는 그림 3.22의 표기법을 문제없이 쓰고 있다. 이 표기법은 간결한 데다 필요한 것도 모두 설명한다. 익명 내부 클래스는 《anonymous》 스테레오타입과, 자신이 구현하는 인터페이스의 이름을 가지는 중첩된 클래스로 표현한다.

그림 3.22 익명 내부 클래스

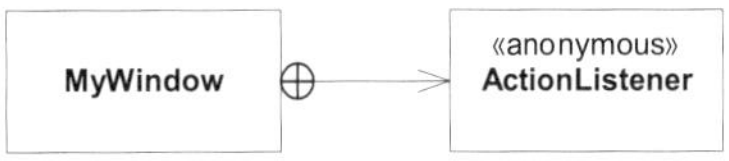

```
public class Window {
  public void f() {
    ActionListener l =
      new ActionListener() {
        // implementation
      };
  }
}
```

연관 클래스

다수성을 표기한 연관을 보면 연관의 원본이 연관 대상의 여러 인스턴스와 연결된

---

15 [Gamma1995]

다는 것을 알 수 있다. 다이어그램만 보고 어떤 종류의 컨테이너 클래스가 사용되는지 알아낼 수는 없지만 그림 3.23처럼 연관 클래스를 사용하면 이 정보도 나타낼 수 있다.

그림 3.23 연관 클래스

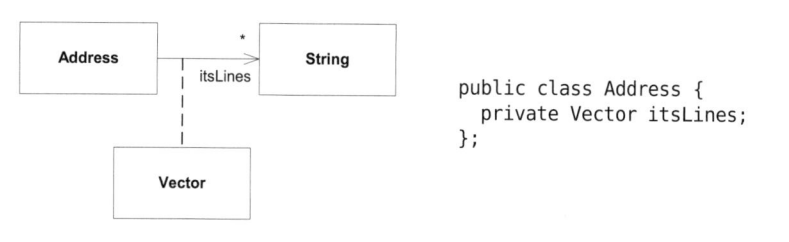

연관 클래스는 특정한 연관을 어떻게 구현하는지 보여 준다. 다이어그램에서 연관 클래스는 연관과 점선으로 연결된 보통 클래스로 그린다. 우리 자바 프로그래머는 이것을, 원본 클래스가 사실 연관 클래스의 참조만 가지고 있고, 연관 클래스가 모든 대상의 참조를 가진다는 의미로 받아들인다.

그림 3.24 연관 클래스로 약한 참조를 나타내기

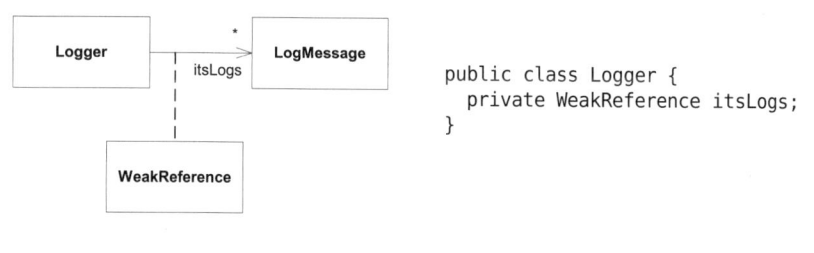

연관 클래스는 약한(weak), 부드러운(soft), 유령(phantom) 참조처럼 특별한 형태의 참조를 나타내려고 사용하기도 한다.[16] 그림 3.24를 보아라. 하지만 이 표기법

---

16 (옮긴이) 일반적으로 어떤 객체가 참조되면 그 객체는 가비지 컬렉터가 수집해 가지 않는다. 하지만 성능상의 이유나 다른 이유로 가비지 컬렉터가 무시할 수 있는 참조를 사용하는 경우도 있다. 어떤 객체가 약한 참조를 통해 참조되고 다른 일반 참조가 하나도 없다면 가비지 컬렉터는 그 객체를 수집해 간다. 자바의 참조에 대해 더 자세히 알고 싶다면 http://developer.java.sun.com/developer/technicalArticles/ALT/RefObj/를 참조하기 바란다.

을 이런 목적으로 사용하는 것은 그다지 깔끔하지 못하며, 아마 그림 3.25처럼 스테레오타입을 사용하는 편이 나을 것이다.

그림 3.25 스테레오타입으로 약한 참조 나타내기

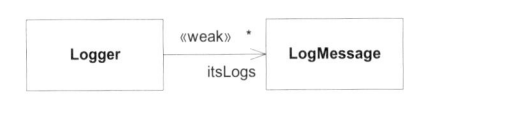

연관 한정사

일반적인 자바 참조가 아니라 어떤 종류의 키나 토큰을 통해 연관을 구현할 경우, 연관 한정사(association qualifier)를 사용한다. 그림 3.26은 직원(Employee)과 연관된 로그인 서블릿(LoginServlet) 예제다. 로그인 서블릿과 직원 사이의 연관은 대상 직원에 대한 데이터베이스 키를 담은 멤버 변수 empid를 통해 맺어진다.

나는 이 표기법이 유용한 경우가 드물다고 생각한다. 가끔 어떤 객체가 데이터베이스나 사전(dictionary)의 키를 통해 다른 객체와 연관됨을 보이는 것이 편리할 때도 있다. 하지만 이럴 경우 중요한 것은 다이어그램을 읽는 모든 사람이 한정사로 어떻게 실제 객체에 접근할 수 있는지 알아야 한다는 점이다. 이 정보는 이 표기법을 통해 바로 알지 못한다.

그림 3.26 연관 한정사

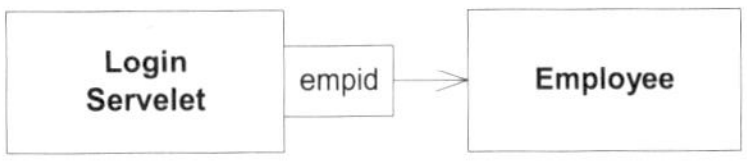

```
public class LoginServlet {
  private String empid;
  public String getName() {
    Employee e = DB.getEmp(empid);
    return e.getName();
  }
}
```

결론

UML에는 수많은 위젯과 장식물 그리고 온갖 것이 다 들어 있다. 여러분이 긴 시간을 투자해서 UML 언어 법률가가 된 다음, 모든 법률가가 그렇듯 다른 사람은 아무도 이해하지 못하는 문서를 작성할 수 있을 정도다.

이 장에서 UML의 난해하고 복잡한 기능은 거의 언급을 피했다. 그 대신 '내가 사용하는' UML의 부분집합을 여러분에게 보였다. 나는 이런 지식 말고도 미니멀리즘의 가치도 여러분이 배웠기를 바란다. UML을 너무 적게 사용하는 편이 UML을 너무 많이 사용하는 것보다 대개 낫다.

4장

UML for JAVA Programmers

시퀀스 다이어그램

시퀀스 다이어그램은 동적 모델 가운데 UML 사용자가 가장 많이 그리는 다이어그램이다. 예상대로, 이번에도 어김없이 UML이 아낌없이 제공해 주는 좋다는 것들을 다 쓰다 보면 절대 이해하지 못할 다이어그램을 그리게 된다. 이 장에서는 어떤 것들이 있는지 공부하면서, 여러분에게 그런 것을 최대한 자제해서 사용해야 한다고 설득하고자 한다.

내가 한때 컨설팅한 팀 중에 모든 클래스의 모든 메서드를 시퀀스 다이어그램으로 그리기로 작정한 팀이 하나 있었다. 제발 부탁이니 절대 그러지 마라. 시간 낭비다. 어떤 객체 그룹 안의 객체들이 어떻게 협력하는지 누군가에게 지금 바로 설명해야 할 때, 또는 여러분이 그 협력을 시각화해서 보고 싶을 때 시퀀스 다이어그램을 사용하라. 시퀀스 다이어그램을 반드시 필요한 문서라고 생각하지 말고 여러분의 분석 기술을 연마하기 위해 이따금 쓰는 도구로 삼아라.

기본 개념

나는 1978년에 처음 시퀀스 다이어그램을 그리는 법을 배웠다. 모뎀으로 연결한 컴퓨터 사이의 복잡한 통신 프로토콜과 관련된 프로젝트를 진행할 때 오랜 친구이자 동료인 제임스 그레닝(James Grenning)이 내게 시퀀스 다이어그램을 보여 주었다. 이 장에서 가르칠 것은 그가 그때 가르쳐 준 단순한 표기법과 매우 비슷하다. 여러분에게 필요한 시퀀스 다이어그램은 대부분 그 정도로도 충분히 그릴 수 있다.

객체, 생명선, 메시지 등

그림 4.1은 전형적인 시퀀스 다이어그램이다. 협력에 참여하는 객체와 클래스는 맨 위에 그린다. 객체는 이름 아래 밑줄이 있기 때문에 클래스와 구별된다. 왼쪽의 허수아비(액터)는 익명의 객체다. 이 객체는 협력 과정에 들어오고 나가는 모든 메시지의 시작점이자 마지막점이다. 모든 시퀀스 다이어그램이 이런 익명 액터를 갖지는 않지만, 가지는 시퀀스 다이어그램이 많다.

그림 4.1 전형적인 시퀀스 다이어그램

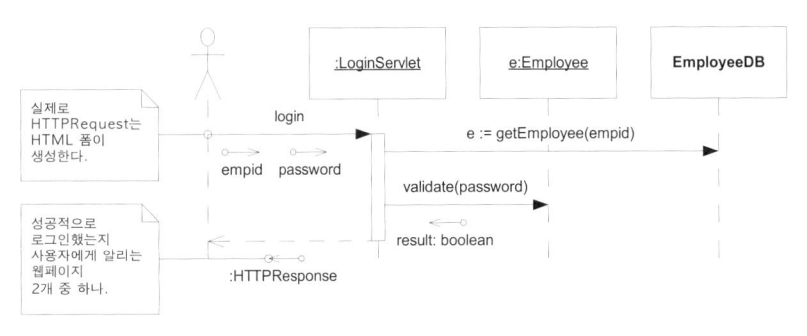

객체와 액터 아래로 늘어뜨린 점선은 생명선(lifeline)이라고 부른다. 한 객체에서 다른 객체로 보내는 메시지는 두 생명선 사이의 화살표로 그린다. 메시지마다 이름이 붙어 있다. 인자는 이름 뒤 괄호 안에 적거나, 데이터 토큰(반대쪽 끝에 원이 그려진 작은 화살표) 아래에 적는다. 시간이 아래쪽으로 흐르니까 메시지는 아래쪽에 있을수록 나중에 보낸 것이다.

LoginServlet 객체의 생명선에 있는 얇은 사각형은 활성 상자(activation)라고 부른다. 활성 상자는 꼭 그리지 않아도 되는 선택 사항이며, 대부분의 다이어그램에서 꼭 필요한 것은 아니다. 이 상자는 어떤 함수가 실행되는 시간을 나타낸다. 이 그림의 경우 login 함수가 수행되는 시간이 얼마나 걸리는지 보여 준다. 활성 상자에서 오른쪽으로 나가는 두 메시지는 login 메서드가 보내는 메시지다. 이름이 붙지 않은 점선 화살표는 login 함수가 액터에 반환하면서 반환값을 전달하는 것을 보여 준다.

getEmployee 메시지에서 e 변수를 어떻게 사용하는지 눈여겨보아라. 이 변수는

getEmployee의 반환값을 나타낸다. Employee 객체의 이름도 e임을 눈여겨보아라. 여러분도 짐작하겠지만, 둘은 똑같다. getEmployee가 반환하는 값은 이 시퀀스 다이어그램의 Employee 객체에 대한 참조다.

마지막으로, EmployeeDB가 객체가 아니라 클래스라는 것에도 주목하라. 클래스는 객체와 비슷하지만 이름에 밑줄이 없다. 그러므로 getEmployee는 정적 메서드일 수밖에 없다. 그래서 EmployeeDB는 코드 4.1처럼 코딩될 것이라고 예상된다.

코드 4.1 EmployeeDB.java

```
public class EmployeeDB
{
  public static Employee getEmployee(String empid)
  {
    ...
  }
  ...
}
```

생성과 소멸

그림 4.2에 나온 관용적 표현을 사용하면 시퀀스 다이어그램에 어떤 객체의 생성을 표현할 수 있다. 그림을 보면 이름이 붙지 않은 메시지 화살표의 끝이 객체의 생명선이 아니라 생성될 객체를 가리킨다. ShapeFactory는 코드 4.2처럼 구현될 것이라고 예상할 수 있다.

그림 4.2 객체를 생성하기

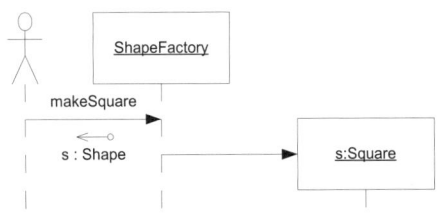

코드 4.2 ShapeFactory.java
```java
public class ShapeFactory
{
  public Shape makeSquare()
  {
    return new Square();
  }
}
```

자바에서 객체는 명시적으로 소멸되지 않으며, 가비지 컬렉터가 우리 대신 객체를 소멸시킨다. 하지만, 어떤 객체가 더는 필요 없으면, 이제 다 됐으니 가비지 컬렉터에 그 객체를 처리해도 된다고 확실하게 말하고 싶은 경우도 있기 마련이다. 그림 4.3은 UML에서 이것을 표현하는 방법이다. 우리가 해제하려고 하는 객체의 생명선이 X자로 일찌감치 끊겨 있다. 이 X자를 가리키는 메시지 화살표는 객체를 해제해서 가비지 컬렉터에 넘기는 행동을 뜻한다.

코드 4.3은 그림 4.3의 다이어그램에서 예상되는 구현이다. clear 메서드가 topNode 변수의 값을 nil로 설정하는 것을 눈여겨보자. TreeMap이 TreeNode 인스턴스를 참조하는 유일한 객체이기 때문에, 이 객체는 가비지 컬렉터에 넘어가게 된다.

그림 4.3 객체를 해제해서 가비지 컬렉터에게 넘겨 주기

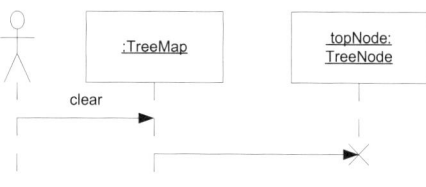

코드 4.3 TreeMap.java
```java
public class TreeMap
{
  private TreeNode topNode;
  public void clear()
  {
    topNode = null;
  }
}
```

단순한 반복

단순한 반복은 반복할 메시지 주위에 상자를 그려서 UML 다이어그램에 표현할 수 있다. 반복 조건은 대괄호로 둘러싸서 상자 안쪽에 적는데, 보통 상자의 오른쪽 아래에 적는다. 그림 4.4를 보아라.

그림 4.4 단순한 반복

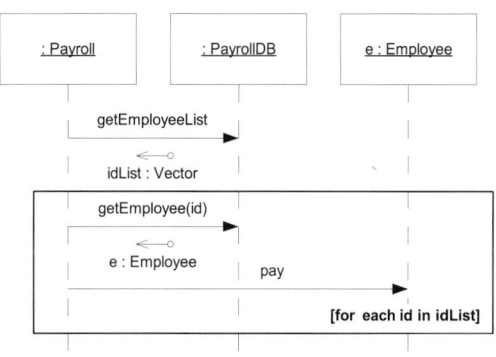

유용한 표기 관습이기는 하지만, 사실 알고리즘을 시퀀스 다이어그램으로 나타내려고 노력하는 것은 그다지 현명하지 않다. 시퀀스 다이어그램은 객체 사이의 연결을 드러내기 위해 사용해야지, 알고리즘의 세부사항을 자세하게 보여 주기 위해 사용해서는 안 된다.

사례와 시나리오

규칙 : 그림 4.5같이 수많은 객체와 메시지로 가득 찬 시퀀스 다이어그램을 그리지 마라. 아무도 읽지 못하고 아무도 읽으려고 하지 않는다. 시간 낭비다. 대신 여러분이 하려는 일의 핵심만 집어서 더 작은 시퀀스 다이어그램을 여러 개 그리는 법을 익혀라. 시퀀스 다이어그램은 다이어그램을 설명하는 글을 위한 충분한 공간까지 포함해서 한 장에 다 들어가야 한다. 그렇다고 한 장에 다 들어가게 하려고 객체나 클래스 아이콘의 크기를 줄일 필요는 없다.

그림 4.5 이 시퀀스 다이어그램은 너무 복잡하다

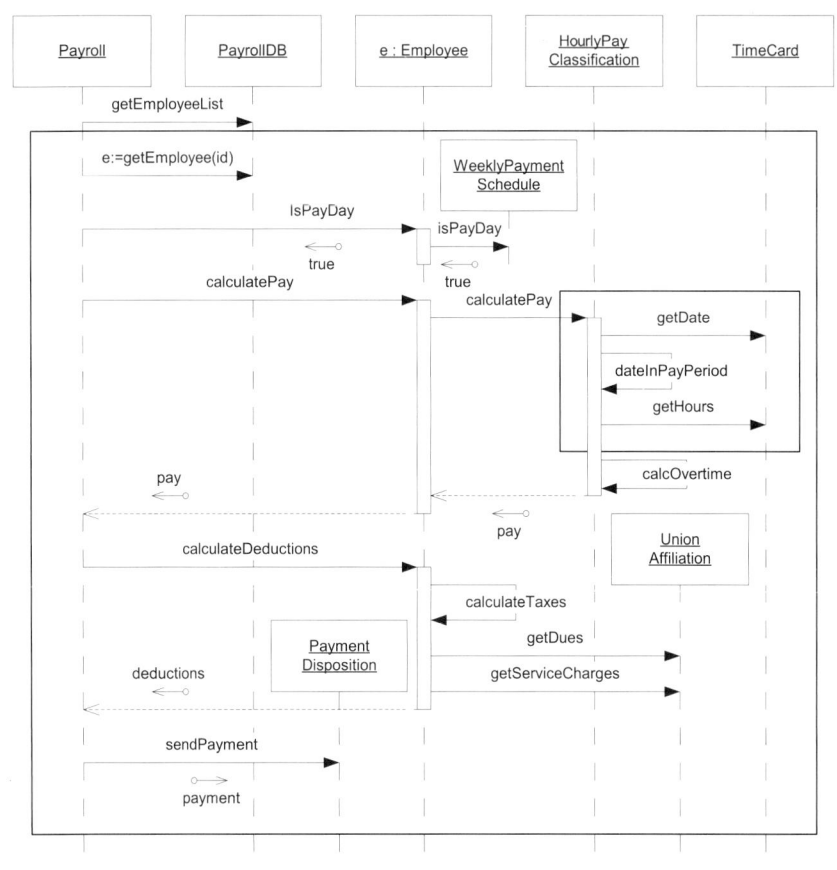

그리고 시퀀스 다이어그램을 몇십 장 몇백 장 그려도 안 된다. 시퀀스 다이어그램이 너무 많아도 사람들은 읽지 않는다. 모든 시나리오에서 공통으로 나오는 것을 찾아서 그것에 초점을 맞추어라. 'UML 다이어그램의 세계에서는 차이점보다 공통점이 훨씬 중요하다.' 공통된 주제와 공통된 실천 방법을 보이기 위해 다이어그램을 사용하라. 사소한 차이점까지 모두 문서로 만들려고 다이어그램을 사용하지 마라. 메시지 흐름을 설명하기 위해 시퀀스 다이어그램을 꼭 그려야 한다면, 간결하고 절제해서 그려라. 다이어그램을 되도록 적게 그려라.

첫째, 무엇보다 자신에게 시퀀스 다이어그램이 정말 필요한지 물어보아라. 코드를 직접 보여 주는 것이 의사 전달하기에 더 쉽고 경제적인 경우가 많다. 예를 들어 코드 4.4는 Payroll 클래스의 코드가 어떻게 보여야 할지 보여 준다. 이 코드는 표현력이 매우 강하며 이것만으로 모든 것을 이해할 수 있다. 이것을 이해하는 데 시퀀스 다이어그램이 필요하지 않으므로, 시퀀스 다이어그램을 그릴 필요도 없다. 만약 코드만으로도 이해할 수 있다면, 다이어그램은 군더더기에다 시간과 자원의 낭비다.

코드 4.4 Payroll.Java

```java
public class Payroll
{
  private PayrollDB itsPayrollDB;
  private PayrollDisposition itsDisposition;
  public void doPayroll()
  {
    List employeeList = itsPayrollDB.getEmployeeList();

    for (Iterator iterator = employeeList.iterator();
      iterator.hasNext();)
    {
      String id = (String) iterator.next();
      Employee e = itsPayrollDB.getEmployee(id);
      if (e.isPayDay())
      {
        double pay = e.calculatePay();
        double deductions = e.calculateDeductions();
        itsDisposition.sendPayment(pay - deductions);
      }
    }
  }
}
```

정말 코드만으로 어떤 시스템의 일부분을 설명할 수 있을까? 사실 '그것이 개발자와 설계자의 목표여야 한다.' 개발팀은 표현력이 강하고 가독성이 좋은 코드를 작성하기 위해 노력해야 한다. 코드만으로 설명하기 쉬울수록 필요한 다이어그램의 수도 줄어들고, 전체 프로젝트도 나아질 것이다.

둘째, 만약 시퀀스 다이어그램이 필요하다는 생각이 들면, 그것을 여러 시나리오로 쪼갤 수 있는지 자신에게 물어보아라. 예를 들어, 그림 4.5의 거대한 시퀀스 다이어그램은 훨씬 읽기 쉬운 작은 시퀀스 다이어그램 여러 개로 나눌 수 있다. 다음 페이지의 그림 4.6과 같은 작은 시나리오가 얼마나 더 읽기 쉬운지 한번 생각해 보아라.

셋째, 여러분이 무엇을 그리려고 하는지 생각해 보아라. 그림 4.6처럼 시간당 임금을 계산하는 방법 같은 저차원 연산에 대한 세부사항인가? 아니면 그림 4.7처럼

그림 4.6 작은 시나리오 하나

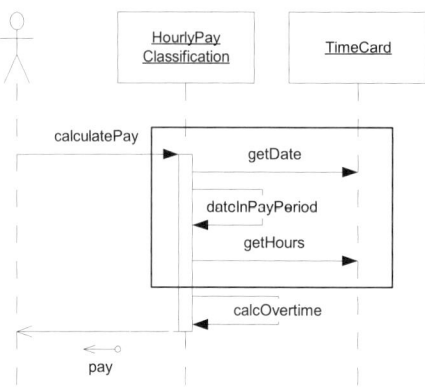

그림 4.7 고차원의 개괄

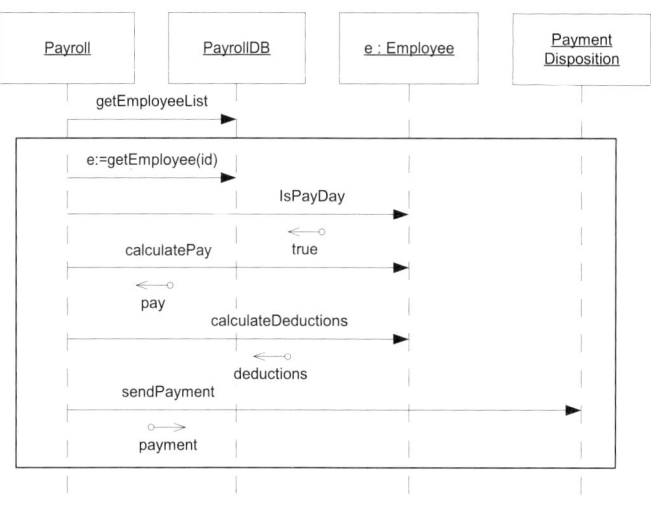

시스템의 전체 흐름에 대한 고차원의 개괄인가? 대개 고차원 다이어그램이 저차원 다이어그램보다 더 쓸모 있다. 고차원 다이어그램은 다이어그램을 읽는 사람이 마음속에서 시스템의 여러 요소를 하나로 연결해 볼 수 있게 해준다. 고차원 다이어그램은 차이점보다 공통점을 더 드러낸다.

그림 4.8 반복과 조건을 가지는 시퀀스 다이어그램

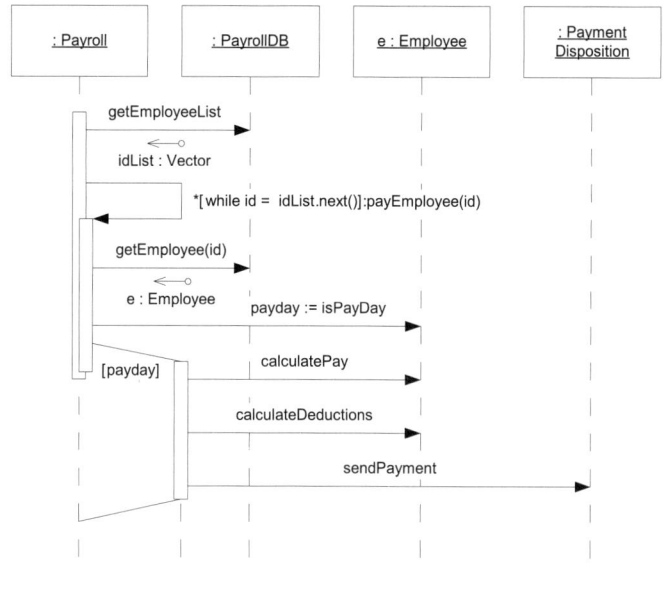

고급 개념

반복과 조건

비록 권하지는 않지만, 어떤 알고리즘을 완전히 명시하는 시퀀스 다이어그램을 그리려면 그릴 수는 있다. 그 예로, 잘 명시된 반복문과 if 문장까지 완전히 갖춘 임금 지급 알고리즘을 그림 4.8에서 볼 수 있다.

payEmployee 메시지는 그 앞에 다음과 같은 모양의 '반복' 표현문(recurrence expression)이 붙어 있다.

```
*[while id = idList.next()]
```

별표(*)가 이것이 반복임을 가르쳐 준다. 이 표현은 대괄호 안 경계 표현식(guard expression)이 거짓인 동안 반복해서 이 메시지를 보내라는 뜻이다. UML에 경계 표현식을 위한 고유의 문법이 있기는 하지만, 나는 이터레이터(iterator)를 사용하는 점을 상기시키는, 자바와 비슷한 의사 코드(pseudo code)를 사용하는 편이 낫다고 생각한다.

payEmployee 메시지 화살표는 첫째 활성 상자에 붙어 있지만 이 화살표가 가리키는 것은 첫째 상자 위에 겹쳐 놓은 작은 둘째 활성 상자의 시작 지점이다. 이것은 같은 객체 안에서 함수 두 개가 실행 중임을 의미한다. payEmployee 메시지를 반복해서 보내기 때문에, 둘째 활성 상자도 생기고 사라지기를 반복하며, 이 활성 상자에 들어가고 나오는 모든 메시지도 보내고 받기를 반복한다.

[payday] 경계에 가까이 있는 활성 상자를 주의해서 보아라. [payday]는 if 문장이다. 둘째 활성 상자는 이 경계 조건[1]이 참일 경우에만 제어 흐름을 넘겨받는다. 따라서 isPayDay가 참일 경우에만 calculatePay, calculateDeductions, sendPayment가 실행될 것이다. 그렇지 않다면 이것들은 실행되지 않는다.

시퀀스 다이어그램 안에 어떤 알고리즘을 통째로 '담을 수 있다'고 해서 여러분의 알고리즘을 전부 시퀀스 다이어그램으로 그려도 된다고 생각해서는 안 된다. 알고리즘을 UML로 그리는 것은 아무리 잘한다고 해도 거추장스럽기만 하다. 57쪽의 코드 4.4에 나왔듯이 '어떤 알고리즘을 표현할 때는 코드 자체가 훨씬 좋다.'

시간이 걸리는 메시지들

보통 한 객체에서 다른 객체로 메시지를 보내는 데 걸리는 시간은 고려하지 않는다. 대부분의 객체지향 언어에서 이 시간은 0이나 마찬가지다. 그러므로 우리는 메시지의 선을 수평으로 그린다. 시간을 잡아먹지 않기 때문이다.[2] 하지만, 메시지를 보내는 데 '시간이 걸리는 경우도 있다.' 네트워크 경계 너머로 메시지를 보낼 수도 있고, 메시지를 전송하고 수신하는 사이 제어 흐름이 끊길 가능성이 있는 시스템일 수도 있다. 이런 가능성이 있다면 그림 4.9처럼 각도가 있는 선을 그려서 표현한다.

이 시퀀스 다이어그램은 전화를 거는 상황인데, 객체가 세 개 등장한다. caller(거는 이)는 전화를 거는 사람이고 callee(받는 이)는 전화를 받는 사람이다. 그리고 telco(회사)는 전화 회사다.

거는 이가 전화기를 들면 전화기는 전화기가 들렸다는 메시지(off hook)를 회사로 보낸다. 회사는 전화기에 발신음을 보내 응답한다. 발신음을 들으면 거는 이는 받는 이의 전화번호를 누른다. 회사는 받는 이의 전화기에서 벨을 울리고, 거는 이의 전화기에도 벨 소리를 들려준다. 받는 이는 벨을 듣고 전화기를 집어 든다. 회사

---

1 (옮긴이) [payday]가 경계조건이다.
2 (옮긴이) 시퀀스 다이어그램의 Y축이 시간이므로, 메시지 선이 수평이라는 의미는 걸리는 시간이 0이라는 의미다.

그림 4.9 일반적인 전화 걸기

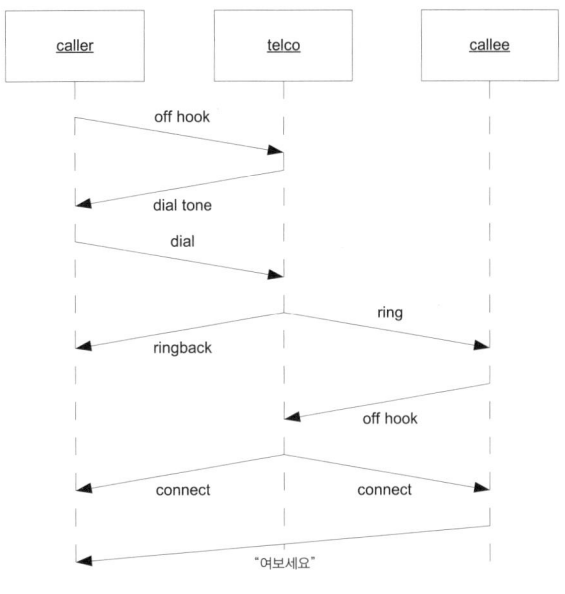

는 연결을 맺는다. 받는 이가 "여보세요."라고 말하면 전화 걸기는 성공한 것이다.

이런 종류의 다이어그램이 얼마나 유용한지 보여 주는 다른 상황도 살펴보자. 다음 페이지의 그림 4.10을 주의 깊게 보아라. 처음에는 똑같이 시작한다. 하지만, 이번에는 받는 이의 전화벨이 울리기 직전에 받는 이가 전화를 걸기 위해 전화기를 든다. 거는 이는 받는 이와 연결되지만, 둘 다 그 사실을 알지 못한다. 거는 이는 "여보세요."를 기다리고 받는 이는 발신음을 기다린다. 결국 받는 이가 짜증이 나서 전화기를 내려놓고 거는 이는 발신음을 듣게 된다.

그림 4.10에서 보이는 두 화살표의 교차는 '경쟁 조건(race condition)'이라고 부른다. 비동기적으로 작동하는 두 존재가 동시에 실행할 수 없는 함수를 호출할 때 경쟁 조건이 생긴다. 그림 4.10은 회사가 벨 울리기(ring) 함수를 호출하고, 받는 이가 전화기 들기(off hook) 함수를 호출한 경우다. 이 시점에서 시퀀스 다이어그램의 모든 참여자는 시스템의 현재 상태에 대한 생각이 제각기 다르다. 거는 이는 자신이 "여보세요."를 기다린다고 생각하고, 회사는 자기 할 일을 끝냈다고 생각하고, 받는 이는 자신이 발신음을 기다린다고 생각한다.

소프트웨어 시스템에서 경쟁 조건을 찾아내고 디버깅하는 일은 무척 어려울 수

그림 4.10 실패한 전화 걸기

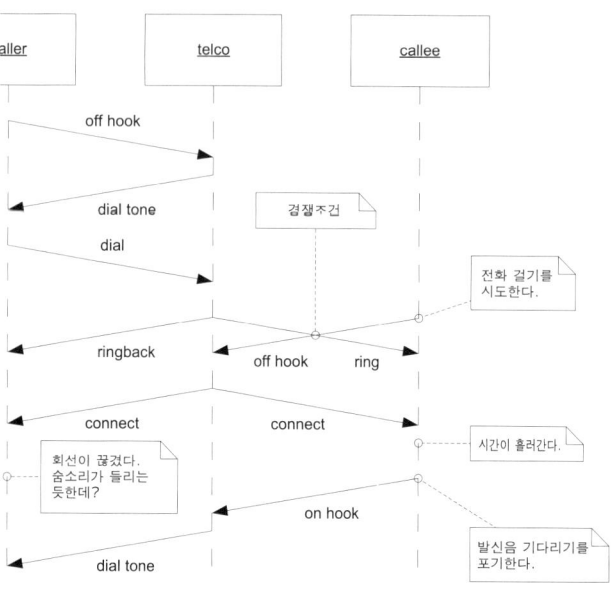

도 있다. 이런 종류의 다이어그램이 경쟁 조건을 찾거나 진단하는 데 도움이 될 수 있다. 대개 일단 경쟁 조건을 찾아낸 다음 다른 사람들에게 설명할 때 유용하다.

비동기 메시지

보통 어떤 객체에 메시지를 보낼 때 메시지를 받은 객체가 수행을 마칠 때까지는 제어를 되찾지 못하는 경우가 많다. 이런 방식으로 작동하는 메시지를 '동기 메시지(synchronous message)'라고 부른다. 하지만 분산 시스템이나 멀티스레드 시스템에서는 메시지를 보내는 객체가 메시지를 보낸 후 즉시 제어를 다시 받고, 메시지를 받는 객체가 다른 스레드의 제어 흐름에서 실행될 수도 있다. 이런 메시지는 '비동기 메시지(asynchronous message)'라고 부른다.

그림 4.11은 비동기 메시지다. 화살표의 촉 안이 칠해져 있지 않고, 또 열렸음을 눈여겨보라. 이 장에서 지금까지 나온 시퀀스 다이어그램을 다시 한 번 보아라. 모두 (화살촉 속이 채워져 있는) 동기 메시지가 보일 것이다. 이렇게 화살촉의 미묘한 변화만으로 다이어그램이 나타내는 행동에 커다란 차이가 생길 수 있다는 점이 UML의 우아함이다. 하지만 생각하기에 따라서는 괴팍함일 수 있다.

그림 4.11 비동기 메시지

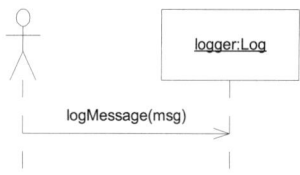

그림 4.12 비동기 메시지를 나타내기에 더 좋은 옛날 방법

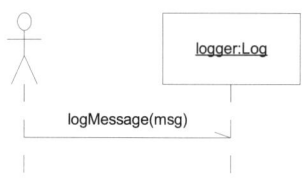

이전 판의 UML에서는 비동기 메시지를 표시하려고 그림 4.12처럼 절반짜리 화살촉을 사용했다. 이쪽이 훨씬 시각적으로 구분하기 쉬운데, 비대칭 화살촉이 다이어그램을 읽는 사람의 눈에 바로 띄기 때문이다. 그러므로 UML 2.0에서 열린 화살촉으로 바뀌었지만 나는 절반짜리 화살표를 그대로 사용할 것이다.

다음 페이지의 코드 4.5와 코드 4.6은 그림 4.11과 대응하는 코드인데, 이 가운데 코드 4.5는 코드 4.6의 AsynchronousLogger(비동기 로그 기록자) 클래스의 단위 테스트 코드다. logMessage 함수가 메시지를 큐에 올려놓은 다음 바로 반환하는 것을 눈여겨보아라. 그리고 실제 메시지 처리는 생성자에서 시작된 완전히 다른 스레드에서 일어난다는 것도 눈여겨보아라. TestLog 클래스는 먼저 메시지가 큐에 올려져 있긴 하지만 아직 처리되지 않았는지 검사한다. 그 다음, 다른 스레드에 프로세서 시간을 양보하고, 마지막으로 메시지가 처리되어 큐에서 제거되었는지 검증함으로써 logMessage 메서드가 비동기적으로 작동했는지 확인한다.

이것은 비동기 메시지를 구현하는 방법 가운데 하나일 뿐이다. 다르게 구현할 수도 있다. 일반적으로, 자신이 호출해서 이루려는 작업이 완전히 수행되기 전에 호출한 함수가 먼저 반환할 것이라고 예상할 수 있을 때 그 메시지를 비동기적이라고 표현한다.

코드 4.5 TestLog.java

```java
import junit.framework.TestCase;
import junit.swingui.TestRunner;

public class TestLog extends TestCase {
  private AsynchronousLogger logger;
  private int messagesLogged;
  public static void main(String[] args) {
    TestRunner.main(new String[]{"TestLog"});
  }

  public TestLog(String name) {
    super(name);
  }

  protected void setUp() throws Exception {
    logger = new AsynchronousLogger(System.out);
    pause();
  }

  protected void tearDown() throws Exception {
    logger.stop();
  }

  public void testOneMessage() throws Exception {
    logger.logMessage("the message");
    checkMessagesFlowToLog(1);
  }

  public void testTwoConsecutiveMessages() throws Exception {
    logger.logMessage("another");
    logger.logMessage("and another");
    checkMessagesFlowToLog(2);
  }

  public void testManyMessages() throws Exception {
    for (int i = 0; i < 10; i++) {
      logger.logMessage("message:" + i);
      checkMessagesFlowToLog(1);
    }
  }

  private void checkMessagesFlowToLog(int queued) throws Exception {
    checkQueuedAndLogged(queued, messagesLogged);
    pause();
    messagesLogged += queued;
    checkQueuedAndLogged(0, messagesLogged);
  }

  private void checkQueuedAndLogged(int queued, int logged) {
    assertEquals(queued, logger.messagesInQueue());
    assertEquals(logged, logger.messagesLogged());
```

```java
  }

  private void pause() throws Exception {
    Thread.sleep(50);
  }
}
```

코드 4.6 AsynchronousLogger.java

```java
import java.util.ArrayList;
import java.util.List;
import java.util.Collections;
import java.io.PrintStream;

public class AsynchronousLogger {
  private List messages =
    Collections.synchronizedList(new ArrayList());
  private Thread t;
  private boolean running = false;
  private int logged = 0;
  private PrintStream logStream;

  public AsynchronousLogger(PrintStream stream) {
    logStream = stream;
    running = true;
    t = new Thread(new LoggerThread());
    t.setPriority(Thread.NORM_PRIORITY - 3);
    t.start();
  }

  private void mainLoggerLoop() {
    while (running) {
      logQueuedMessages();
      sleepTillMoreMessagesQueued();
    }
  }

  private void logQueuedMessages() {
    while (messagesInQueue() > 0)
      logOneMessage();
  }

  private void logOneMessage() {
    String msg;
    msg = (String) messages.remove(0);
    logStream.println(msg);
    logged++;
  }

  private void sleepTillMoreMessagesQueued() {
    try {
      synchronized (messages) {
        messages.wait();
```

```
      }
    } catch (InterruptedException e) {
    }
  }

  public void logMessage(String msg) {
    messages.add(msg);
    wakeLoggerThread();
  }

  public int messagesInQueue() {
    return messages.size();
  }

  public int messagesLogged() {
    return logged;
  }

  public void stop() throws InterruptedException {
    running = false;
    wakeLoggerThread();
    t.join();
  }

  private void wakeLoggerThread() {
    synchronized (messages) {
      messages.notifyAll();
    }
  }

  private class LoggerThread implements Runnable {
    public void run() {
      mainLoggerLoop();
    }
  }
}
```

다중 스레드

비동기 메시지를 쓴다는 말은 곧 제어 흐름에서 다중 스레드를 사용한다는 뜻이다. 그림 4.13처럼 메시지 이름 앞에 스레드 식별자를 붙여서 다른 스레드를 UML 다이어그램에서 나타낼 수 있다.

그림 4.13을 보면 메시지 이름 앞에 T1 같은 식별자를 쓰고 콜론(:)을 찍어 놓은 것을 볼 수 있다. 이 식별자는 메시지를 보내는 스레드의 이름이다. 이 다이어그램에서 AsynchronousLogger 객체는 T1 스레드가 생성하고 조작한다. Log 객체 안에서 돌아가는, 실제로 메시지 로그를 수행하는 스레드는 T2라고 이름 붙어 있다.

그림 4.13 다중 스레드

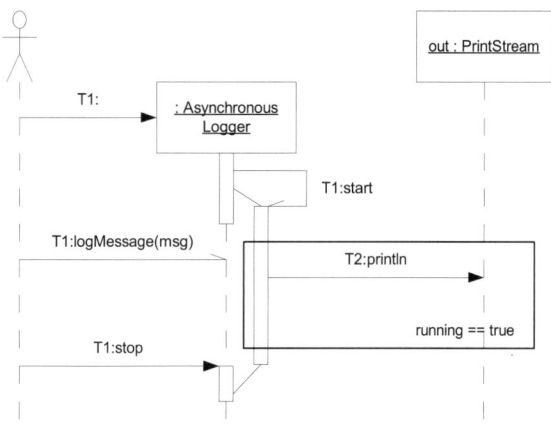

여기서 보듯이 스레드 식별자가 반드시 코드에서 쓰이는 이름과 대응할 필요는 없다. 65쪽의 코드 4.6에서 로그를 수행하는 스레드의 이름은 T2가 아니다. 스레드 식별자는 다이어그램을 위해서 붙이는 것이다.

활동적인 객체

독립된 내부 스레드를 가진 객체를 표현하고 싶은 경우도 있다. 이런 객체는 활동적인 객체(active object)로 알려져 있는데, 다이어그램에서는 이것은 그림 4.14처럼 두꺼운 외각선으로 그린다.

그림 4.14 활동적인 객체

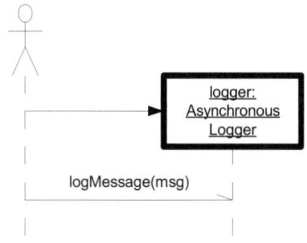

자신만의 스레드를 만들고 제어하는 객체는 모두 활동적인 객체다. 그 객체의 메서드에 대해서는 특별한 제한이 없다. 활동적인 객체의 메서드는 그 객체의 스레드에서 돌아가도 되고, 그 메서드를 호출하는 스레드에서 돌아가도 된다.

인터페이스에 메시지 보내기

우리가 만든 AsynchronousLogger 클래스는 메시지를 로깅하기 위한 방법 가운데 하나일 뿐이다. 애플리케이션에서 여러 가지 로깅을 사용하려면 어떻게 해야 할까? 아마도 logMessage 메서드 선언이 포함된 Logger 인터페이스를 하나 만들고, AsynchronousLogger 클래스를 비롯해서 모든 종류의 로깅 클래스가 이 인터페이스를 구현하게 할 것이다. 그림 4.15를 보아라.

이 애플리케이션은 Logger 인터페이스에 메시지를 보내는데, 객체의 실제 타입이 AsynchronousLogger라는 것은 모른다. 이것을 어떻게 시퀀스 다이어그램으로 표현할 수 있을까?

그림 4.16이 바로 생각할 수 있는 접근 방법이다. 그냥 객체 이름 뒤에 인터페이스 이름을 쓰면 끝이다. 인터페이스의 인스턴스를 만들지 못하기 때문에 이렇게 하면

그림 4.15 단순한 로거(logger) 설계

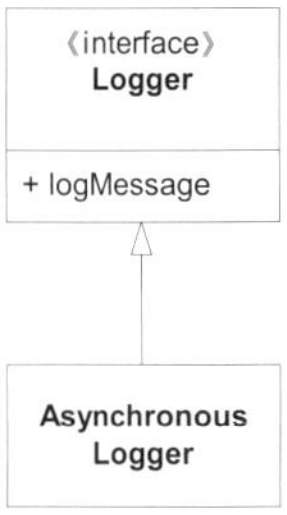

```
interface Logger {
    void logMessage(String msg);
}
public class AsynchronousLogger
    implement Logger {
    ...
}
```

그림 4.16 인터페이스에 메시지 보내기

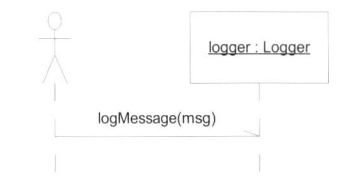

규칙을 어기는 것처럼 보일 수도 있다. 하지만, 여기서 우리는 이 객체가 Logger 타입으로 쓸 수 있는 logger 객체라고 말하는 것일 뿐, 어떻게 했든 인터페이스의 인스턴스를 만들었다고 말하는 것은 아니다.

하지만 이미 객체의 구체적인 타입을 알아도 그 구체적인 타입이 아니라 그 타입이 구현한 인터페이스로 메시지를 보낸다고 명확히 말하고 싶을 경우도 있다. 예를 들어, 우리는 이 객체가 AsynchronousLogger 타입이라는 것은 이미 알지만, 애플리케이션은 언제나 Logger 인터페이스만 사용한다고 명확히 말하고 싶은 경우다. 그림 4.17은 이런 경우를 어떻게 그리는지 보여 준다. 여기를 보면 객체의 생명선 위에 인터페이스 막대 사탕을 그려서 이 경우를 표현한다.

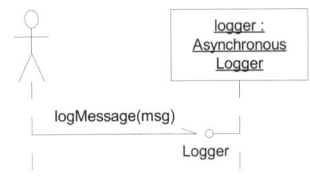

그림 4.17 인터페이스를 통해 그 인터페이스에서 파생된 타입에 메시지 보내기

결론

지금까지 보았듯이, 시퀀스 다이어그램은 객체지향 애플리케이션에서 메시지 흐름에 대해 다른 사람과 의사 소통하기 위한 강력한 방법이다. 그렇지만 시퀀스 다이어그램을 남용하거나 과용하기 쉽다는 조언도 함께 받았다.

꼭 필요할 때 칠판에 그린 시퀀스 다이어그램의 가치는 헤아릴 수 없다. 아주 작은 종이에 어떤 하위 시스템에서 자주 보이는 상호 작용을 묘사하기 위해 시퀀스 다이어그램 대여섯 개를 그렸다면, 그 종이는 그 무게만 한 금만큼 가치가 있다. 반면 다이어그램 천 개가 가득 그려진 문서라면 그 문서가 찍힌 종이만큼의 가치도 가지지 못하기 쉽다.

개발자가 '코드를 작성하기 전에' 모든 메서드의 시퀀스 다이어그램을 그려야 한다는 생각은 1990년대의 소프트웨어 개발 방법론에서 가장 큰 오류다. 이 방법은 언제나 귀중한 시간을 무척 낭비하는 것으로 드러났다. 이렇게 하지 마라.

그 대신 시퀀스 다이어그램을 만든 의도대로 그것을 도구로써 사용하라. 칠판에 그릴 때는 실시간으로 의사 소통하기 위한 도구로 사용하라. 문서에 그릴 때는 시스템에서 두드러지게 나타나는 핵심적인 협력을 포착하기 위해서 사용하라.

시퀀스 다이어그램은 너무 많은 것보다 너무 적은 것이 좋다. 나중에 필요하다면 언제든지 그때 가서 그릴 수 있다.

5장

UML for JAVA Programmers

유스케이스

유스케이스는 훌륭한 아이디어로 시작했지만 나중에 괜히 엄청나게 복잡해진 경우다. 나는 유스케이스를 작성하려고 자리에 앉아 시간만 질질 끄는 팀을 정말 많이 보았다. 대개 이런 팀은 본질보다는 형식에 관한 문제 때문에 계속 부딪힌다. 이들은 '실제로는 정말 아무것도 아닌' 선행조건(precondition), 후행조건(post-condition), 액터(actor), 2차 액터(secondary actor), 그 밖의 작은 문제를 놓고 계속 논쟁한다.

   유스케이스를 '단순하게 유지하는 것'이 유스케이스를 사용하는 진짜 비결이다. 정해진 형식을 맞춰야 하나 걱정하지 말고 그냥 '빈 종이'에 쓰거나, 단순한 워드프로세서로 '빈 페이지'에 작성하거나, '텅 빈 인덱스 카드'에 적어라. 모든 세부사항을 채워야 하는지 걱정할 필요도 없다. 세부사항은 훨씬 나중에야 중요해진다. 모든 유스케이스를 포착할 수 있는지 걱정하지도 마라. 애초에 불가능한 일이다.

   유스케이스에서 유일하게 기억해야 할 점은 이것이다. '내일이면 다 바뀐다.' 여러분이 얼마나 부지런히 유스케이스를 다 포착해 내든, 얼마나 세심하게 세부사항을 기록하든, 얼마나 완벽하게 유스케이스를 검토하든, 요구사항을 조사하고 분석하는 데 얼마나 많은 노력을 기울이든 '내일'이면 다 변한다.

   내일 무엇인가 변경될 것이라면, 오늘 세부사항을 포착할 필요가 전혀 없다. 오히려 되도록 마지막까지 세부사항을 포착하는 일을 미루고 싶을 것이다.

   유스케이스를 '그때그때 작성하는 요구사항'이라고 생각하라.

유스케이스 적기

이 항목의 제목을 눈여겨보아라. 우리는 유스케이스를 그리지 않고 글로 적는다. 유스케이스는 다이어그램이 아니다. 유스케이스는 특정 관점에서 보는 시스템의 동작을 글로 기술한 것이다.

여러분이 "잠깐! UML에 유스케이스 다이어그램이 있잖아. 나 본 적 있어."라고 말할 수도 있다. 물론 UML에는 유스케이스 다이어그램이 들어 있고 몇 쪽 뒤에 그것을 공부할 것이다. 하지만 이 다이어그램들은 유스케이스의 '내용'은 하나도 말해주지 않는다. 이 다이어그램에는 유스케이스가 포착해야 하는 동작상의 요구사항에 관련된 정보는 하나도 없다. 즉, UML의 유스케이스 다이어그램은 완전히 다른 무엇을 포착하기 위한 다이어그램이다. 그것도 조금 있다가 다룰 것이다.

유스케이스란 무엇인가

유스케이스는 시스템의 동작 하나를 기술한 것이다. 유스케이스는 방금 시스템에 특정한 일을 시킨 사용자의 관점에서 작성하며, 사용자가 보낸 자극 '하나'에 대한 반응으로 시스템이 진행하는 '눈에 보이는' 이벤트들의 흐름을 포착한다.

눈에 보이는 이벤트란, 사용자가 볼 수 있는 이벤트를 뜻한다. 유스케이스는 사용자의 눈에 보이지 않는 동작을 전혀 기술하지 않고 시스템 안에 숨겨진 메커니즘도 다루지 않는다. 오직 사용자가 직접 볼 수 있는 것을 적어 놓을 뿐이다.

기본 흐름

유스케이스를 구성하는 항목은 보통 두 개다. 첫째 항목은 기본 흐름(primary course)이다. 이 항목에서는 사용자의 자극에 시스템이 어떻게 반응하는지 기술하는데 이때 아무것도 잘못되지 않는다고 가정한다.

예로 판매시점관리(point of sale, POS) 시스템의 전형적인 유스케이스를 보자.

상품을 구입하기

1. 점원은 상품을 스캐너 위로 통과시킨다. 스캐너가 UPC[1] 코드를 읽는다.
2. 상품 가격과 설명이 지금까지 통과시킨 상품 가격의 합계와 함께 고객 쪽 화면

---

1 (옮긴이) 만국 제품 코드(Universal Product Code, UPC)는 짧은 검은 줄을 모아 상품 포장에 인쇄한 무늬로써, 전자식으로 판독하는 것이다.

에 표시된다. 가격과 설명은 점원의 화면에도 표시된다.

3. 가격과 설명이 영수증에 출력된다.

4. UPC 코드가 올바르게 읽혔는지 점원이 확인할 수 있도록 시스템이 잘 들리는 "승인" 소리를 낸다.

유스케이스의 기본 흐름은 이것뿐이다! 이보다 복잡할 필요가 없다. 사실 이 유스케이스를 당분간 구현할 일이 없다면 이런 단순한 항목 네 개조차 너무 자세하다고 생각할 수도 있다. 유스케이스를 며칠 또는 몇 주 안에 구현하지 않는다면 이런 세부사항을 기록하지 않을 것이다.

만약 세부사항을 하나도 기록하지 않는다면 어떻게 유스케이스를 추정해 볼 수 있을까? 프로젝트의 이해관계자(stakeholder)와 이야기해 보면 대강 추정하기에 충분한 정보를 얻을 수 있는데, 이때 그 내용을 꼭 기록할 필요는 없다. 이해관계자와 이야기할 것이라면 왜 그것을 기록하지 않는가? 내일이면 세부사항들이 또 바뀔 것이기 때문이다. 이런 변화가 추정에도 영향을 미치지 않을까? 물론 그렇지만, 많은 유스케이스가 있기 때문에 각각의 변화를 한데 모으면 애초 추정치와 비슷하게 된다. 세부사항을 너무 일찍 기록하는 작업은 비용 대비 효율이 너무 낮다.

유스케이스의 세부사항을 기록하지 않는다면 '무엇을' 기록해야 할까? 우리가 아무것도 기록하지 않는다면 유스케이스가 있는지조차 알지 못할 텐데? 유스케이스의 이름을 기록하라. 스프레드시트나 워드프로세서로 유스케이스 이름의 목록을 만들고 유지하라. 유스케이스의 이름을 인덱스 카드에 적고 인덱스 카드 더미를 유지하는 것이 더 좋다. 구현할 때가 가까워지면 세부사항을 채워 넣는다.

대체 흐름

유스케이스의 세부사항 가운데 일부는 일이 잘못되는 경우를 고려해야 한다. 이해관계자와 대화할 때 여러분은 실패 시나리오를 이야기해 봐야 한다. 그리고 그 유스케이스를 구현할 시간이 다가올수록 이런 대체 흐름을 더 깊게 생각해야 한다. 대체 흐름은 기본 흐름에 부록처럼 붙게 되며, 다음처럼 작성한다.

UPC 코드를 읽지 못할 경우

만약 스캐너가 UPC 코드를 읽는 데 실패하면, 시스템은 점원이 다시 시도하도록 "다시 통과시키시오." 소리를 낸다. 만약 세 번 시도했는데도 스캐너가 UPC 코드를 인식하지 못하면, 점원은 직접 코드를 입력해야 한다.

UPC 코드가 없을 경우

상품에 UPC 코드가 없다면, 점원은 가격을 직접 입력해야 한다.

이런 대체 흐름은 프로젝트 이해관계자가 미처 인식하지 못한 다른 유스케이스에 대한 힌트를 주기 때문에 매우 흥미롭다. 이 간단한 경우에도 UPC 코드나 가격을 수동으로 입력할 수 있어야 한다는 점이 새로이 드러났다.

나머지는?

액터나 2차 액터, 선행조건, 후행조건 등은? 이런 것은 왜 이야기하지 않는가?

신경 쓰지 마라. 여러분이 작업할 대부분의 시스템에서 이것들을 거의 알 필요가 없다. 여러분이 유스케이스를 더 자세히 알아야 할 때가 오면, 이 주제에 대한 정석인 알리스테어 코번(Alistair Cockburn)의 『Writing Effective Use Cases[2]』를 읽으면 된다. 일단 지금은 달리기를 배우기 전에 걷기부터 배워라. 위와 같이 간단한 유스케이스를 쓰는 일에 익숙해져라. 어떤 프로젝트에서 훌륭하게 유스케이스를 사용해 보았다면 익숙해졌다고 볼 수 있는데, 그때 더 복잡한 기법을 조금씩 조심스럽게 채택하면 된다. 하지만 늘 명심하라. 절대로 유스케이스를 적는 것 자체를 목적으로 삼고 자리에 앉아 시간을 허비하지 마라.

유스케이스 다이어그램

유스케이스 다이어그램은 UML의 많은 다이어그램에서 가장 혼란스럽고 쓸모없다. 나는 잠시 후 설명할 시스템 경계 다이어그램을 제외한 다른 유스케이스 다이어그램들을 여러분이 전혀 사용하지 않으면 좋겠다.

시스템 경계 다이어그램

그림 5.1은 시스템 경계 다이어그램이다. 커다란 사각형이 시스템 경계다. 사각형 안에 들어 있는 것은 모두 개발 중인 시스템의 일부다. 사각형 바깥을 보면 시스템을 상대로 행동하는 액터를 볼 수 있다. 액터란, 시스템에 자극을 가하며 시스템 바깥

---

2 [Cockburn2001]

그림 5.1 시스템 경계 다이어그램

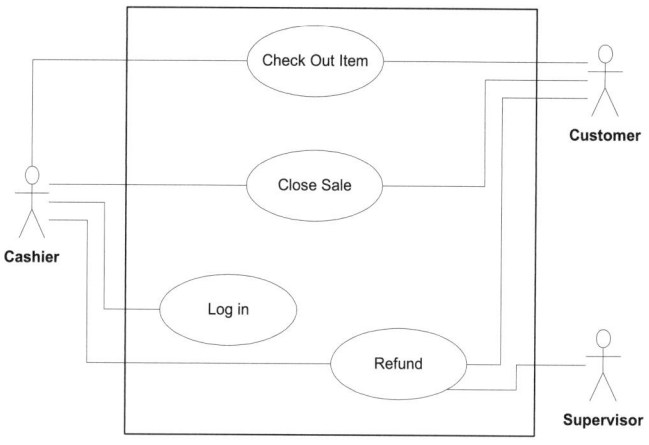

에 있는 존재다. 액터는 사용자인데 대개 사람이다. 하지만 다른 시스템이나 심지어 실시간 클럭(realtime clock) 같은 장치가 액터가 될 수도 있다.

경계 사각형 안을 보면 유스케이스들이 들어 있는데, 유스케이스는 타원 안에 그 유스케이스의 이름을 써서 나타낸다. 액터와 그 액터가 자극하는 유스케이스는 선으로 잇는다. 화살표는 그리지 마라. 화살표 방향이 정말로 무엇을 의미하는지 제대로 아는 사람은 아무도 없다.

이 다이어그램은 아예 쓸모없지는 않지만 쓸모없는 것과 마찬가지다. 자바 프로그래머에게 도움이 될 정보는 거의 없지만, 프로젝트 이해관계자에게 프레젠테이션 할 때 멋진 표지로는 좋다.

유스케이스 관계

유스케이스 관계(use case relationship)는 '그때는 참 좋은 생각으로 보였는데' 범주에 들어가는 아이디어다. 적극 무시하기 바란다. 이것은 여러분의 유스케이스에도, 전체 시스템을 이해하는 데도 하등 도움이 되지 않으면서 《extends》와 《generalization》 가운데 어느 것을 쓸지 끊임없이 논쟁하는 원천이 될 것이다.

결론

이 장은 짧다. 주제가 단순하기 때문에 짧은 것이 당연하다. 여러분이 유스케이스를 대할 때도 이렇게 단순하게 사용하려는 마음가짐을 가져야 한다. 자칫 복잡한 유스케이스라는 암흑의 길에 발을 들여놓는다면, 그것이 영원히 여러분의 운명을 지배할 것이다. 포스를 사용하라.[3]

그리고 유스케이스를 단순하게 유지하라.

---

3 (옮긴이) 암흑의 길, 포스 모두 스타워즈 세계관에서 빌려온 저자의 유머다.

6장
UML for JAVA Programmers

객체지향 개발의 원칙

표기법에 관한 장을 읽는 것은 고깃집에 가서 어떤 고기가 있는지 보고 냄새만 맡는 것과 비슷하다. 조금 있으면 고기를 직접 먹고 싶기 마련이다. 그러니 이제 어떤 기호를 어떻게 써야 한다는 것만 가르치는 표기법은 잠시 미뤄 두고 그 대신 표기법을 사용해서 이루려는 정말 중요한 것에 대해서 배워 보자. 우리는 무엇을 발견하려고 UML 다이어그램을 읽는 것일까? 좋은 다이어그램인지 아닌지 평가하는 기준은 무엇일까?

코드 또는 다이어그램을 작성할 때 어떤 설계 원칙을 적용해야 할까? 이 장에서는 UML 다이어그램이나 코드가 잘 설계되었는지 평가하는 데 도움이 될 다섯 가지 설계 원칙을 논의하고자 한다.

설계의 품질

잘 설계되었다는 말은 무슨 뜻일까? 잘 설계한 시스템은 이해하기 쉽고, 바꾸기도 쉽고, 재사용하기도 쉽다. 개발하는 데 특별히 어렵지도 않고, 단순하고 간결하며 경제적이다. 잘 설계한 시스템을 개발하는 일은 즐겁다. 반면, 잘못된 설계에서는 마치 썩는 고기처럼 역한 냄새가 난다.

나쁜 설계의 냄새

코드를 보는 프로그래머에게서 12일 정도 묵은 음식물 쓰레기 봉지를 방금 연 표정이 떠오른다면, 그 사람은 나쁜 설계를 바탕으로 작업하고 있는 것이다. 가끔은 나쁜 설계의 냄새가 너무나 지독하기도 하다. 그런데 이 냄새에는 여러 가지 요소가 섞여 있다.

1. **경직성** : 무엇이든 하나를 바꿀 때마다 반드시 다른 것도 바꿔야 하며, 그러고 나면 또 다른 것도 바꿔야 하는 변화의 사슬이 끊이지 않기 때문에 시스템을 변경하기 힘들다.
2. **부서지기 쉬움** : 시스템에서 한 부분을 변경하면 그것과 전혀 상관없는 다른 부분이 작동을 멈춘다.
3. **부동성** : 시스템을 여러 컴포넌트로 분해해서 다른 시스템에 재사용하기 힘들다.
4. **끈끈함** : 개발 환경이 배관용 테이프나 풀로 붙인 것처럼 꽉 달라붙은 상태다. 편집 - 컴파일 - 테스트 순환을 한 번 도는 시간이 엄청나게 길다.
5. **쓸데없이 복잡함** : 괜히 머리를 굴려서 짠 코드 구조가 굉장히 많다. 이것들은 대개 지금 당장 하나도 필요 없지만 언젠가는 굉장히 유용할지도 모른다고 기대하며 만든 것이다.
6. **필요 없는 반복** : 코드를 작성한 프로그래머 이름이 마치 '복사'와 '붙여넣기'같다.
7. **불투명함** : 코드를 만든 의도에 대한 설명을 볼 때 그 설명에 '표현이 꼬인다'라는 말이 잘 어울린다.

코드에서 이런 냄새를 없애는 것이 우리의 바람이다. 다이어그램의 의존 관계를 조사하면 많은 냄새를 발견할 수 있기 때문에, UML 다이어그램은 냄새를 없애는 데 도움이 되는 경우가 많다.

의존 관계 관리하기

잘못 관리한 의존 관계가 많은 냄새의 원인이다. 잘못 관리한 의존 관계는 서로 단단하게 결합(coupling)하여 얽히고설킨 코드로 나타난다. 사실 이렇게 얽히고설킨 모양에서 바로 '스파게티 코드'라는 표현이 나왔다.

객체지향 언어(Object Oriented Programming Language, OOPL)는 의존 관계를 관리하는 데 도움이 되는 도구를 제공한다. 인터페이스를 만들어 의존 관계를 끊거나 의존의 방향을 바꿀 수도 있다. 다형성을 사용하면 어떤 함수를 포함한 모듈에 의존하지 않고도 그 함수를 호출할 수 있다. 정말로 객체지향 언어는 의존 관계를 우리가 원하는 모양대로 만들 수 있는 강력한 힘을 준다.

자, 그렇다면 어떤 모양의 의존 관계 구조가 바람직할까? 이 시점에서 다음의 원칙들이 등장한다. 나는 이 원칙들에 대해 많은 글을 써왔다. 이 주제를 다룬 가장 확실한 정석은 『Agile Software Development : Principles, Patterns, and Practices』[1]지만, 이것은 확실히 가장 지루하기도 하다. 그리고 www.objectmentor.com에 이 원칙들을 설명하는 글도 많이 있다. 이 장의 나머지 부분은 단지 이것들을 매우 간략하게 요약할 뿐이다.

단 하나의 책임 원칙(The Single Responsibility Principle, SRP)

어떤 클래스를 변경해야 하는 이유는 오직 하나뿐이어야 한다.

객체에 대한 허튼 소리를 들어본 적 있을 것이다. 객체가 스스로 GUI에 그리는 법을 알아야 한다거나 디스크에 저장하는 법을 알아야 한다거나 XML로 변환하는 법을 알아야 한다는 등. 안 그런가? 초보자용 객체지향 책은 이런 것을 얘기하기 좋아한다. 내 생각은 좀 다르다. 클래스는 오직 하나만 알아야 한다. 오직 하나의 책임만 져야 한다. 더 핵심적인 말로 바꿔 보면, 어떤 클래스를 변경해야 하는 이유는 오직 하나뿐이어야 한다.

그림 6.1을 보자. 이 클래스는 너무 많은 것을 안다. 임금과 세금을 계산하는 방법도 알고, 자신을 디스크에 저장하거나 읽어 오는 방법도 안다. 그리고 자신을 XML로 변환하거나 XML에서 읽어 오는 방법도 알고, 다양한 보고서 형식으로 출력하는 방법도 안다. 여기서 '부서지기 쉬움' 냄새를 맡은 사람 없는가? 여러분이 만약

그림 6.1 너무 많은 것을 아는 클래스

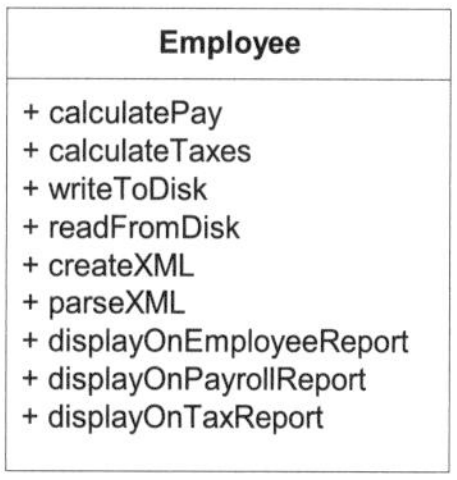

Employee

+ calculatePay
+ calculateTaxes
+ writeToDisk
+ readFromDisk
+ createXML
+ parseXML
+ displayOnEmployeeReport
+ displayOnPayrollReport
+ displayOnTaxReport

```
public class Employee {
    public double calculatePay();
    public double calculateTaxes();
    public void writeToDisk();
    public void readFromDisk();
    public String createXML();
    public void parseXML(String xml);
    public void displayOnEmployeeReport(
                PrintStream stream);
    public void displayOnPayrollReport(
                PrintStream stream);
    public void displayOnTaxReport(
                PrintStream stream);
}
```

---

1 [Martin2002]

그림 6.2 걱정거리를 나누어 놓기(separation of concerns)

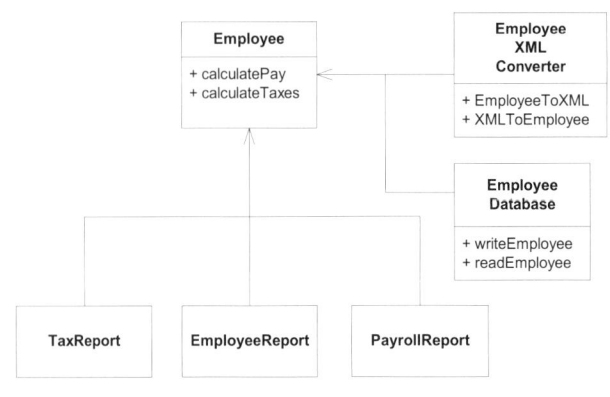

XML API를 SAX에서 JDOM으로 바꾼다면 Employee도 변경해야 한다. 마이크로소프트 Access에서 Oracle로 데이터베이스를 바꿀 때도 Employee를 변경해야 한다. 세금 보고서의 형식을 바꾸어도 Employee를 변경해야 한다. 이 설계는 결합도가 너무 높다.

    실제로는 이 모든 개념을 각기 다른 클래스로 분리하여 클래스마다 변경해야 하는 이유가 오직 하나만 있도록 만드는 것이 바람직하다. Employee 클래스는 세금과 임금만 다루고, XML 관련 클래스는 Employee 인스턴스를 XML로 바꾸거나 XML에서 읽어 들인다. 또 EmployeeDatabase 클래스는 Employee 인스턴스를 데이터베이스에 저장하거나 읽어 들이는 역할을 담당하고, 보고서 종류마다 클래스를 하나씩 만들면 좋을 것이다. 간단히 말해서, 우리는 걱정거리를 나누고 싶다(separation of concerns). 그림 6.2가 설계 후보 가운데 하나다.

    UML 다이어그램을 보면 이 원칙을 지키지 않는 예를 무척 발견하기 쉽다. 둘 이상의 주제 영역에 의존 관계인 클래스를 찾아보면 된다. 가장 쉽게 찾을 수 있는 것이 특정 속성을 부여하는 인터페이스를 하나 또는 그 이상으로 구현하는 클래스다. 예를 들어 디스크에 저장하는 능력처럼 어떤 객체에 특정 능력을 부가하는 인터페이스를 생각해 보자. 비즈니스 로직 객체가 조심성 없이 이런 인터페이스까지 구현하면 영속성 문제와 비즈니스 규칙 사이에 필요 없는 결합을 만들기 쉽다.

    그림 6.3에 있는 두 다이어그램을 한번 보자. 왼쪽 다이어그램은 Persistable과 Employee 사이를 단단하게 결합한다. Employee의 모든 사용자는 이 결합 때문

그림 6.3 Persistable을 사용하는 두 가지 방법

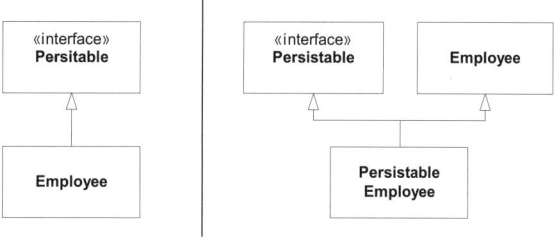

에 Persistable에도 의존하게 된다. 이 의존성의 영향이 그렇게 크지 않을지도 모르지만, 그래도 의존성이 생기긴 한다. Persistable 인터페이스를 변경하면 모든 Employee 사용자에게 영향을 미칠지도 모른다.

그림 6.3의 오른쪽 다이어그램이라면 Employee는 Persistable에게서 독립되면서도 왼쪽 다이어그램과 마찬가지로 영속성을 사용할 수 있다. PersistableEmployee의 인스턴스는 시스템 안에서 Employee로써 돌아다닐 수 있다. 시스템의 나머지 부분은 이 결합을 알지 못한다. 즉, Persistable과 Employee의 결합이 있긴 하지만, 이 결합은 시스템 영역의 대부분이 알지 못한다.

개방 – 폐쇄 원칙(The Open – Closed Principle, OCP)

소프트웨어 엔티티(클래스, 모듈, 함수 등)는 확장에 대해서는 개방되어야 하지만, 변경에 대해서는 폐쇄되어야 한다.

이 원칙의 정의는 거창하지만, 의미는 간단하다. 모듈 자체를 변경하지 않고도 그 모듈을 둘러싼 환경을 바꿀 수 있어야 한다.

다음 페이지의 그림 6.4를 예로 들어 보자. 이 그림에는 EmployeeDB라는 데이터베이스 퍼사드(façade)를 통해 Employee 객체를 다루는 간단한 애플리케이션이 있다. 이 퍼사드는 데이터베이스 API를 직접 다룬다. 바로 이것이 OCP를 위반하는 경우인데, EmployeeDB 클래스의 구현이 변경되면 Employee 클래스도 다시 빌드해야 할지도 모르기 때문이다. Employee는 EmployeeDB를 통해 데이터베이스 API에도 묶인 셈이다. Employee 클래스를 포함하는 시스템은 반드시 TheDatabase API까지 포함해야 한다.

그림 6.4 OCP의 위반

단위 테스트를 할 때는 환경에 생기는 변화를 제어하고 싶은 경우가 자주 생긴다. 예를 들어 Employee를 어떻게 테스트할지 생각해 보자. Employee 객체는 데이터베이스를 변경한다. 하지만 테스트 환경에서 실제 데이터베이스를 바꾸고 싶지 않다. 그렇다고 해서 단위 테스트를 하기 위해 테스트용 더미 데이터베이스를 만들고 싶지도 않다. 그렇다면, 테스트 환경으로 환경을 변경해서 테스트할 때 Employee가 데이터베이스에 하는 모든 호출을 가로챈 다음 이 호출들이 올바른지 검증하면 좋을 것이다.

그림 6.5처럼 EmployeeDB를 인터페이스로 바꾸면 호출이 올바른지 검증할 수 있다. 이 인터페이스에서 파생한 두 가지 구현을 만들되, 하나는 진짜 데이터베이스를 호출하도록 하고 다른 하나는 우리 테스트를 지원하도록 하면 된다. 이렇게 인터페이스를 만들면 데이터베이스 API와 Employee를 분리할 수 있고, Employee를 손대지 않고도 Employee를 둘러싼 데이터베이스 환경을 변경할 수 있다.

시스템의 GUI 부분도 OCP를 지키지 않는 사례가 자주 발생한다. 모델-뷰-컨트롤러(Model-View-Controller, MVC)가 알려진 지 30년이 다 되어가지만 아직도 GUI 시스템을 제대로 설계하지 못하는 경우가 흔하다. 보여 줄 데이터를 관리하고 다루

그림 6.5 OCP 지키기

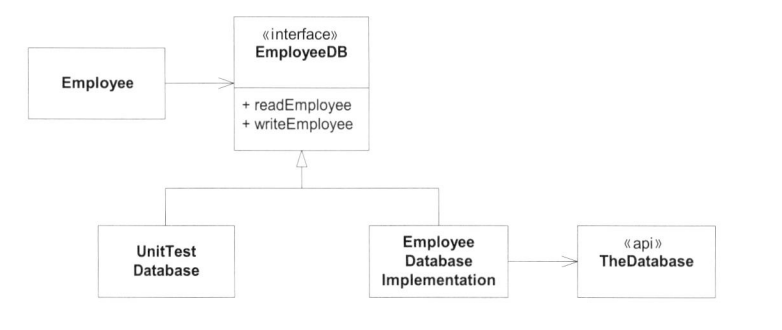

는 코드와 GUI API를 다루는 코드가 단단하게 결합한 경우를 너무 많이 본다.

직원 목록을 보여 주는 간단한 대화상자를 예로 들어 보자. 사용자는 목록에서 어떤 직원을 골라 Terminate(해고) 버튼을 누른다. 이때 직원이 아무도 선택되지 않는다면 버튼이 활성화되지 않아야 한다. 목록에서 직원을 한 명 선택하면 그때 버튼이 다시 활성화되어야 한다. 사용자가 Terminate 버튼을 누르면 해고된 직원은 목록에서 사라지고, 목록은 아무도 선택되지 않는 상태로 되돌아가야 하며 버튼도 다시 비활성화 상태로 돌아가야 한다.

OCP를 지키지 않고 구현하면 이 모든 행동을 GUI API를 호출하는 클래스에 넣어 놓을 것이다. 반면 OCP를 지키는 시스템이라면 GUI를 조작하는 부분과 데이터를 조작하는 부분을 구분해 놓는다.

그림 6.6은 OCP를 지키는 시스템의 구조다. EmployeeTerminatorModel(직원 해고 모델)은 직원 목록을 관리하며, 사용자가 직원을 선택하거나 해고할 때 통지받는다. EmployeeTerminatorDialog(직원 해고 대화상자)는 GUI를 관리한다. 이 클래스는 표시할 직원 목록을 받아서, 선택된 항목이 바뀌거나 Terminate 버튼이 눌렸을 때 컨트롤러에 통지한다.

그림 6.6 데이터 조작과 GUI를 분리하기

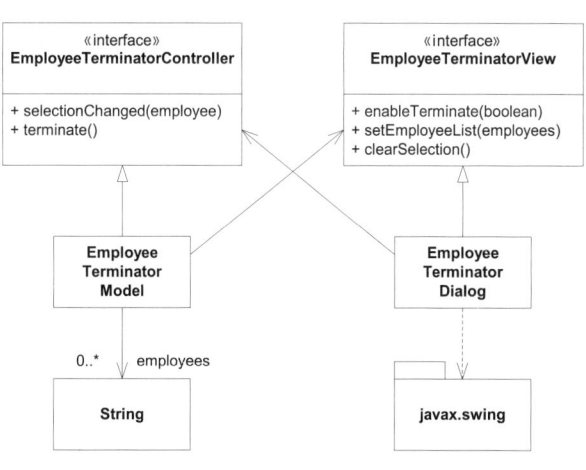

EmployeeTerminatorModel은 선택된 직원을 실제로 목록에서 제거하는 책임을 맡는다. 그리고 해고 컨트롤을 활성화할지 활성화하지 않을지 결정하는 책임도 맡

는다. 이 모델은 이 컨트롤이 버튼으로 구현될지 다른 것으로 구현될지 알지 못하며, 단지 자신과 연결된 뷰에 사용자가 해고 행동을 할 수 있는지 없는지만 말해 줄 뿐이다. 마찬가지로, 뷰에서 리스트 박스가 사용된다는 것을 모델이 몰라도, 지금 아무도 선택되지 않도록 하라고 뷰에 말할 수는 있다.

EmployeeTerminatorDialog는 모델이 시키는 대로만 한다. 스스로 아무 결정도 내리지 않고 어떤 데이터도 관리하지 않는다. EmployeeTerminatorModel이 인형을 조작하듯 줄을 당겼다 놓았다 하면 이 대화상자는 그에 따라 움직인다. 사용자가 대화상자와 상호 작용하면 이 대화상자는 EmployeeTerminatorController(직원 해고 컨트롤러) 인터페이스의 메서드를 호출하는 방법으로 자신의 컨트롤러에 어떤 일이 벌어지는지 알리기만 한다. 이 메시지는 모델에 전달되고, 모델은 이 메시지를 해석해서 그에 따라 행동한다.[2]

코드 6.1부터 6.4까지 이 구조를 자바로 구현해 보았다. 두 인터페이스는 예상과 크게 다르지 않다. 혹시 왜 EmployeeTerminatorController에서 terminate와 selectionChanged가 별개의 함수인지 궁금해할 독자가 있을지도 모르겠다. terminate가 그냥 employee 인자를 받아도 되지 않는가? 그렇지만 나는 EmployeeTerminatorDialog가 사용자가 Terminate 버튼을 누른다는 행동이 어떤 의미인지 가정하지 못하도록 일부러 terminate 함수를 단순하게 만들었다.

코드 6.1 EmployeeTerminatorView.java

```java
import java.util.Vector;

public interface EmployeeTerminatorView {
  void enableTerminate(boolean enable);
  void setEmployeeList(Vector employees);
  void clearSelection();
}
```

코드 6.2 EmployeeTerminatorController.java

```java
public interface EmployeeTerminatorController {
  public void selectionChanged(String employee);
  public void terminate();
}
```

---

2 MVC를 이미 아는 독자는 이것이 MVC의 변형임을 알아챌 것이다. 이보다 복잡한 애플리케이션에서는 컨트롤러가 단순히 모델의 인터페이스가 아니라 진짜 객체다. 하지만 이 예시에서는 애플리케이션이 너무 단순하기 때문에 컨트롤러가 스스로 아무 일도 수행하지 않고 그냥 모델에 전달만 한다.

EmployeeTerminatorModel은 생각한 대로 작성하면 된다. 생성자에서 뷰에 직원 목록을 보내고, 아무도 선택되지 않도록 하며, 해고 명령을 비활성화한다. 대화상자가 selectionChanged를 호출해서 사용자가 직원 선택을 변경했다고 알리면, 모델은 이에 따라 적절하게 반응하여 Terminate 버튼을 활성화하고 사용자가 어떤 직원을 선택했는지 기억한다. 대화상자가 terminate를 호출하면 기억해 둔 직원을 목록에서 제거하고, 변경된 목록을 다시 뷰에 보내고, 아무도 선택되지 않도록 하며, 다시 Terminate 버튼을 비활성화한다.

코드 6.3 EmployeeTerminatorModel.java

```java
import java.util.Vector;

public class EmployeeTerminatorModel
            implements EmployeeTerminatorController {
  private EmployeeTerminatorView view;
  private Vector employees;
  private String selectedEmployee;

  public void initialize(Vector employees,
                         EmployeeTerminatorView view) {
    this.employees = employees;
    this.view = view;
    view.setEmployeeList(employees);
    view.clearSelection();
    view.enableTerminate(false);
  }

  // EmployeeTerminatorController 인터페이스
  public void selectionChanged(String employee) {
    view.enableTerminate(employee != null);
    selectedEmployee = employee;
  }

  public void terminate() {
    if (selectedEmployee != null)
        employees.remove(selectedEmployee);
    view.setEmployeeList(employees);
    view.clearSelection();
    view.enableTerminate(false);
  }
}
```

EmployeeTerminatorDialog는 이 애플리케이션의 클래스에서 가장 복잡하다. 다행히도 이 복잡함은 시스템의 비즈니스 규칙과는 아무 상관 없고 단지 GUI 위젯

관리 때문이다. 이 클래스는 단순히 Terminate 버튼과 리스트 박스를 만들어 적절하게 연결하고 화면에 표시하게 준비시킨다. EmployeeTerminatorView(직원 해고 뷰)의 구현인 이 클래스는 간단하며 별로 새로울 것이 없다.

코드 6.4 EmployeeTerminatorDialog.java

```java
import java.awt.Container;
import java.awt.FlowLayout;
import java.awt.event.ActionEvent;
import java.awt.event.ActionListener;
import java.util.Vector;

import javax.swing.JButton;
import javax.swing.JFrame;
import javax.swing.JList;
import javax.swing.event.ListSelectionEvent;
import javax.swing.event.ListSelectionListener;

public class EmployeeTerminatorDialog
            implements EmployeeTerminatorView {
  private JFrame frame;
  private JList listBox;
  private JButton terminateButton;
  private EmployeeTerminatorController controller;
  private Vector employees;

  public static final String EMPLOYEE_LIST_NAME = "Employee List";
  public static final String TERMINATE_BUTTON_NAME = "Terminate";

  public void initialize(EmployeeTerminatorController controller) {
    this.controller = controller;
    initializeEmployeeListBox();
    initializeTerminateButton();
    initializeContentPane();
  }

  private void initializeEmployeeListBox() {
    listBox = new JList();
    listBox.setName(EMPLOYEE_LIST_NAME);
    listBox.addListSelectionListener(new ListSelectionListener() {
      public void valueChanged(ListSelectionEvent e) {
        if (!e.getValueIsAdjusting())
          controller.selectionChanged(
            (String) listBox.getSelectedValue());
      }
    });
  }

  private void initializeTerminateButton() {
    terminateButton = new JButton(TERMINATE_BUTTON_NAME);
```

```java
      terminateButton.disable();
      terminateButton.setName(TERMINATE_BUTTON_NAME);
      terminateButton.addActionListener(new ActionListener() {
        public void actionPerformed(ActionEvent e) {
          controller.terminate();
        }
      });
    }

    private void initializeContentPane() {
      frame = new JFrame("Employee List");
      frame.getContentPane().setLayout(new FlowLayout());
      frame.getContentPane().add(listBox);
      frame.getContentPane().add(terminateButton);
      frame.getContentPane().setSize(300, 600);
      frame.pack();
    }

    public Container getContentPane() {
      return frame.getContentPane();
    }

    public JFrame getFrame() {
      return frame;
    }

    // EmployeeTerminatorView 인터페이스를 위한 함수 구현

    public void enableTerminate(boolean enable) {
      terminateButton.setEnabled(enable);
    }

    public void setEmployeeList(Vector employees) {
      this.employees = employees;
      listBox.setListData(employees);
      frame.pack();
    }

    public void clearSelection() {
      listBox.clearSelection();
    }
  }
```

직원을 선택할 때 모델과 대화상자 객체가 흥미로운 방법으로 상호 작용한다. 대화상자는 선택에 따르는 모든 변화를 컨트롤러 인터페이스를 통해 모델에 보고한다. 모델이 clearSelection을 호출해서 생기는 변화도 예외가 아니다. 다음 페이지의 그림 6.7에서 보듯, 모델이 대화상자의 clearSelection을 호출하면, 대화상자는 반응으로 모델의 setSelection을 호출한다.

그림 6.7 모델과 대화상자 사이의 상호 작용

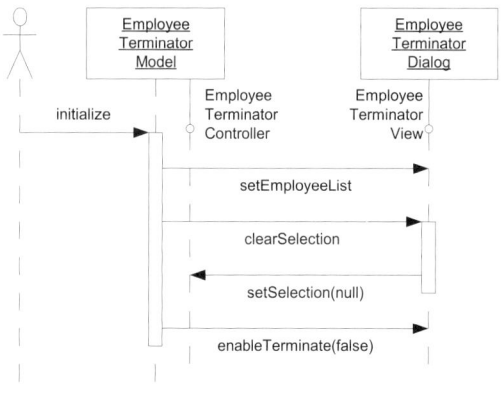

모델의 단위 테스트(코드 6.5)와 대화상자의 단위 테스트(코드 6.6)에서 OCP를 지킨다는 것이 무엇인지 가장 분명하게 볼 수 있다. 테스트되는 모듈은 이 단위 테스트가 있는지도 모른다. 테스트 클래스는 자신을 EmployeeTerminatorView(직원 해고 뷰)로 위장해서 모델이 뷰에 보내는 모든 메시지를 잡아내고 메시지가 적절한 정보를 담고 있으며 정확한 때에 호출되는지 검사한다. 이것은 단위 테스트의 SELF SHUNT 패턴[3]이다.

코드 6.5 TestEmployeeTerminatorModel.java

```java
import junit.framework.TestCase;
import junit.swingui.TestRunners;
import java.util.Vector;

public class TestEmployeeTerminatorModel
        extends TestCase
        implements EmployeeTerminatorView {
    private boolean terminateEnabled = true;
    private String selectedEmployee;
    private Vector noEmployees = new Vector();
    private Vector threeEmployees = new Vector();
    private Vector employees = null;
    private EmployeeTerminatorModel m;

    public static void main(String[] args) {
```

---

3 [Feathers2001].
(옮긴이) 이 논문을 부록 1「분로 단위 테스팅 패턴」으로 제공하였다.

```java
    TestRunner.main(new String[] { "TestEmployeeTerminatorModel" });
}

public TestEmployeeTerminatorModel(String name) {
  super(name);
}

public void setUp() throws Exception {
  m = new EmployeeTerminatorModel();

  threeEmployees.add("Bob");
  threeEmployees.add("Bill");
  threeEmployees.add("Robert");
}

public void tearDown() throws Exception {
}

public void testNoEmployees() throws Exception {
  m.initialize(noEmployees, this);
  assertEquals(0, employees.size());
  assertEquals(false, terminateEnabled);
  assertEquals(null, selectedEmployee);
}

public void testThreeEmployees() throws Exception {
  m.initialize(threeEmployees, this);
  assertEquals(3, employees.size());
  assertEquals(false, terminateEnabled);
  assertEquals(null, selectedEmployee);
}

public void testSelection() throws Exception {
  m.initialize(threeEmployees, this);
  m.selectionChanged("Bob");
  assertEquals(true, terminateEnabled);
  m.selectionChanged(null);
  assertEquals(false, terminateEnabled);
}

public void testTerminate() throws Exception {
  m.initialize(threeEmployees, this);
  assertEquals(3, employees.size());
  selectedEmployee = "Bob";
  m.selectionChanged("Bob");
  m.terminate();
  assertEquals(2, employees.size());
  assertEquals(null, selectedEmployee);
  assertEquals(false, terminateEnabled);
  assert(employees.contains("Bill"));
  assert(employees.contains("Robert"));
  assert(!employees.contains("Bob"));
}
```

```java
    // EmployeeTerminatorView 인터페이스
    public void enableTerminate(boolean enable) {
      terminateEnabled = enable;
    }

    public void setEmployeeList(Vector employees) {
      this.employees = (Vector) employees.clone();
    }

    public void clearSelection() {
      selectedEmployee = null;
    }
  }
```

TestEmployeeTerminatorDialog(직원 해고 대화상자 테스트) 클래스 역시 SELF SHUNT 패턴을 사용해서 자신을 EmployeeTerminatorController로 위장한다. 이 단위 테스트 클래스는 대화상자가 컨트롤러에 보내는 메시지를 잡아내서 정확한 때에 메시지가 호출되는지, 메시지에 적절한 정보를 담겼는지 검증한다. 이 테스트는 대부분 단지 대화상자의 위젯들이 적절히 연결되었는지 검사하는 코드다. 이 테스트는 리스트 박스와 버튼이 올바르게 생성되었는지 그리고 이것들이 원래 의도대로 작동하는지 확인한다.

코드 6.6 TestEmployeeTerminatorDialog.java

```java
  import junit.framework.TestCase;
  import junit.swingui.TestRunners;
  import java.awt.Component;
  import java.awt.Container;
  import java.util.HashMap;
  import java.util.Vector;

  import javax.swing.JButton;
  import javax.swing.JList;
  import javax.swing.ListModel;

  public class TestEmployeeTerminatorDialog
            extends TestCase
            implements EmployeeTerminatorController {
    private EmployeeTerminatorDialog terminator;
    private JList list;
    private JButton button;
    private Container contentPane;
    private String selectedValue = null;
    private int selectionCount = 0;
    private int terminations = 0;
```

```java
public static void main(String[] args) {
    TestRunner.main(new String[] { "TestEmployeeTerminatorDialog" });
}

public TestEmployeeTerminatorDialog(String name) {
  super(name);
}

public void setUp() throws Exception {
  terminator = new EmployeeTerminatorDialog();
  terminator.initialize(this);
  putComponentsIntoMemberVariables();
}

private void putComponentsIntoMemberVariables() {
  contentPane = terminator.getContentPane();
  HashMap map = new HashMap();
  for (int i = 0; i < contentPane.getComponentCount(); i++) {
    Component c = contentPane.getComponent(i);
    map.put(c.getName(), c);
  }
    list = (JList) map.get(EmployeeTerminatorDialog.EMPLOYEE_LIST_NAME);
    button =
        (JButton) map.get(EmployeeTerminatorDialog.TERMINATE_BUTTON_NAME);
}

private void putThreeEmployeesIntoTerminator() {
  Vector v = new Vector();
  v.add("Bob");
  v.add("Bill");
  v.add("Boris");
  terminator.setEmployeeList(v);
}

public void testCreate() throws Exception {
  assertNotNull(contentPane);
  assertEquals(2, contentPane.getComponentCount());
  assertNotNull(list);
  assertNotNull(button);
  assertEquals(false, button.isEnabled());
}

public void testAddOneName() throws Exception {
  Vector v = new Vector();
  v.add("Bob");
  terminator.setEmployeeList(v);
  ListModel m = list.getModel();
  assertEquals(1, m.getSize());
  assertEquals("Bob", m.getElementAt(0));
}

public void testAddManyNames() throws Exception {
  putThreeEmployeesIntoTerminator();
```

```
    ListModel m = list.getModel();
    assertEquals(3, m.getSize());
    assertEquals("Bob", m.getElementAt(0));
    assertEquals("Bill", m.getElementAt(1));
    assertEquals("Boris", m.getElementAt(2));
  }

  public void testEnableTerminate() throws Exception {
    terminator.enableTerminate(true);
    assertEquals(true, button.isEnabled());
    terminator.enableTerminate(false);
    assertEquals(false, button.isEnabled());
  }

  public void testClearSelection() throws Exception {
    putThreeEmployeesIntoTerminator();
    list.setSelectedIndex(1);
    assertNotNull(list.getSelectedValue());
    terminator.clearSelection();
    assertEquals(null, list.getSelectedValue());
  }

  public void testSelectionChangedCallback() throws Exception {
    putThreeEmployeesIntoTerminator();
    list.setSelectedIndex(1);
    assertEquals("Bill", selectedValue);
    assertEquals(1, selectionCount);
    list.setSelectedIndex(2);
    assertEquals("Boris", selectedValue);
    assertEquals(2, selectionCount);
  }

  public void testTerminateButtonCallback() throws Exception {
    button.doClick();
    assertEquals(1, terminations);
  }

  // EmployeeTerminatorController 구현
  public void selectionChanged(String employee) {
    selectedValue = employee;
    selectionCount++;
  }

  public void terminate() {
    terminations++;
  }
}
```

대화상자나 모델 몰래 대화상자와 모델을 둘러싼 환경을 '테스트 환경'으로 바꿔 치기 할 수 있기 때문에, 이 여러 가지 테스트들은 OCP를 지키면 무엇이 좋은지 시

범을 보여 주는 셈이다. 모듈의 유연성에서 이것이 어떤 의미인지 한번 생각해 보아라. 대화상자를 쉽게 명령행 UI나 텍스트로 된 메뉴 UI로 교체할 수도 있다. 모델은 그 차이점을 절대 알지 못한다. RMI를 사용해서 모델과 대화상자를 각각 다른 컴퓨터에 둘 수도 있고, 다른 모듈에 영향을 주지 않고도 각 모듈의 환경을 변경할 수도 있다.

OCP를 지키는 메커니즘은 쉽게 볼 수 있다. 83쪽의 그림 6.6을 다시 한 번 보자. 모듈이 두 인터페이스 가운데 하나를 구현하고 다른 인터페이스와 통신하는 친숙한 FLIP-FLOP 패턴[4]을 볼 수 있다. 이것들이 추상적인 인터페이스를 사용하기 때문에 모듈을 둘러싼 환경을 분명히 우리 마음대로 바꿀 수 있다. 정말 추상화야말로 OCP를 지키기 위한 열쇠다.

어떻게 추상화를 해야 OCP를 지키는 데 도움이 될까? 나는 실제 코드를 작성하기 전에 단위 테스트를 먼저 작성함으로써 OCP를 지키는 경우가 가장 많다. 앞에서 보인 단위 테스트 모두 이 '테스트-먼저(test-first)' 방법을 써서 작성했다. 각각 테스트 함수를 작성한 다음, 실제 모듈에는 이 테스트 함수를 통과할 수 있을 정도로만 코드를 작성한다.

관련된 소스를 모두 보여 주기 위해, 마지막으로 대화상자와 모델을 연결한 다음 대화상자를 표시하는 코드를 코드 6.7에 실어 놓았다. 나는 이 모듈을 내가 직접 실행해야 하는 최종 테스트로 사용한다.[5] 대화상자가 엉성한 것은 인정하지만, 이 모듈은 내가 대화상자의 룩 앤 필(look and feel)을 검증하도록 해준다. 이 코드는 내가 작성한 코드 가운데 유일하게 실제로 대화상자를 보여 준다. 코드 6.6의 대화상자 단위 테스트는 단지 대화상자 내부 객체들의 연결과 함수를 검사할 뿐이지, 실제로 대화상자를 표시하지는 않는다.

코드 6.7 ShowEmployeeTerminator.java

```java
import java.awt.event.WindowAdapter;
import java.awt.event.WindowEvent;
import java.util.Vector;

public class ShowEmployeeTerminator {
```

---

4 Eccles-Jordan flip-flop 회로 다이어그램과 비슷하기 때문에 이런 이름이 붙었다. 이 패턴을 정식으로 문서로 만들어 설명한 것은 보지 못했지만, 이 패턴 자체는 어딜 가나 계속 마주친다.
5 (옮긴이) 자동화된 테스트 가운데 하나로써 실행하는 게 아니라 프로그래머가 직접 실행한다.

```java
    static Vector employees = new Vector();
    static EmployeeTerminatorDialog dialog;

    public static void main(String[] args) {
      initializeEmployeeVector();
      initializeDialog();
      runDialog();
    }

    private static void initializeEmployeeVector() {
      employees.add("Bob");
      employees.add("Bill");
      employees.add("Robert");
    }

    private static void initializeDialog() {
      EmployeeTerminatorModel model = new EmployeeTerminatorModel();
      dialog = new EmployeeTerminatorDialog();
      dialog.initialize(model);
      model.initialize(employees, dialog);
    }

    private static void runDialog() {
      dialog.getFrame().addWindowListener(new WindowAdapter() {
        public void windowClosing(WindowEvent e) {
          for (int i = 0; i < employees.size(); i++) {
            String s = (String) employees.elementAt(i);
            System.out.println(s);
          }
          System.exit(0);
        }
      });
      dialog.getFrame().setVisible(true);
    }
  }
```

리스코프 교체 원칙(Liskov Substitution Principle, LSP)

서브타입은 언제나 자신의 기반 타입(base type)으로 교체할 수 있어야 한다.

if 문상과 instanceof 표현식이 수없이 많은 코드를 본 적 있는가? 이런 표현식을 사용하는 것이 올바른 경우도 있지만, 아주 드물다. 보통 이런 코드는 LSP를 지키지 않아서 생기는데, 이는 곧 OCP도 지키지 않았다는 말이다.

LSP에 따르면, 기반 클래스(base class)의 사용자는 그 기반 클래스에서 유도된 클래스를 기반 클래스로써 사용할 때, 특별한 것을 할 필요 없이 마치 원래 기반 클래스를 사용하는 양 그대로 사용할 수 있어야 한다. 더 자세히 말하자면, instanceof

나 다운캐스트(downcast)[6]를 할 필요가 없어야 한다. 다시 한 번 강조한다. 사용자는 파생 클래스에 대해서 아무것도 알 필요가 없어야 한다. 파생 클래스가 있다는 사실조차도.

그림 6.8에 나온 임금 지급 애플리케이션을 한번 보자. Employee(직원) 클래스는 추상 클래스이며 calcPay라는 추상 메서드를 가진다. SalariedEmployee(월급을 받는 직원) 클래스는 분명히 월급을 리턴하도록 이 메서드를 분명히 구현할 것이다. HourlyEmployee(시급을 받는 직원)는 분명히 이 메서드를 이번 주 출퇴근 카드에서 알아낸 근무 시간 수 곱하기 시간당 임금을 리턴하도록 구현할 것이다.

그림 6.8 간단한 임금 지급 예제

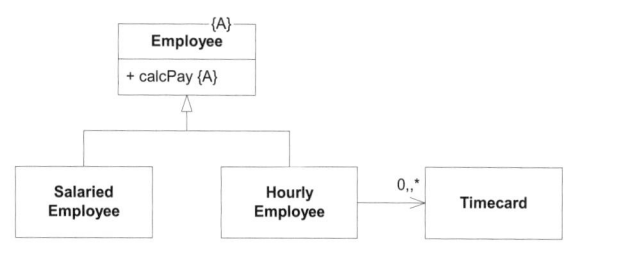

VolunteerEmployee(자원 봉사 직원)를 추가하기로 결정하면 어떤 일이 생길까? 어떻게 calcPay를 구현해야 할까? 언뜻 보면 너무나 명백해 보인다. 다음처럼 calcPay가 0을 반환하게 구현하면 된다.

```
public class VolunteerEmployee extends Employee {
  public double calcPay() {
    return 0;
  }
}
```

하지만 이것이 정말로 옳을까? VolunteerEmployee의 calcPay 메서드를 호출하는 것부터 이치에 어긋나는 것 아닐까? 사실 calcPay가 0을 돌려주게 구현하는 것에는 우리가 calcPay를 호출하는 것이 이치에 맞으며, 자원 봉사 직원에게 임금을 줄 수 있다는 의미가 내포된다. 0원이라는 월급 총계가 나온 임금 명세서를 출력하

---

6 (옮긴이) 타입 캐스팅을 할 때 기반 클래스에서 유도된 클래스로 타입 캐스팅하는 것이다.

고 메일로 발송하거나 이와 비슷한 말도 안 되는 일이 벌어지는 당황스러운 상황에 처할 수도 있다.

그렇다면 이 함수를 애초에 호출해서는 안 된다고 나타내기 위해 예외를 던지는 것이 가장 좋은 방법일지도 모른다.

```
public class VolunteerEmployee extends Employee {
  public double calcPay() {
    throw new UnpayableEmployeeException();
  }
}
```

처음에는 이것도 이치에 맞는 듯 보인다. 사실 VolunteerEmployee의 calcPay 메서드를 부른다는 것부터 잘못된 것 아닌가. 예외란 이렇게 잘못된 상황에서 던지라고 있는 것이다.

안타깝게도 이제 calcPay를 부르기만 하면 UnpayableEmployeeException 예외가 던져질 수 있으므로, 호출하는 쪽에서 이 예외를 잡거나 자신도 이 예외를 던질지도 모른다고 선언해야 한다. 따라서 파생 클래스의 제약이 기반 클래스의 사용자에게도 영향을 미치는 상황이 되어버린다.

설상가상으로 다음 코드는 이제 올바르지 않다.

```
for (int i = 0; i < employees.size(); i++) {
  Employee e = (Employee) employees.elementAt(i);
  totalPay += e.calcPay();
}
```

이 코드를 올바르게 고치려면 calcPay 호출을 try/catch 블록 안에 넣어야 한다.

```
for (int i = 0; i < employees.size(); i++) {
  Employee e = (Employee) employees.elementAt(i);
  try {
    totalPay += e.calcPay();
  }
  catch (UnpayableEmployeeException e1) {
  }
}
  return totalPay;
}
```

이 코드는 보기 흉하고, 복잡하고, 핵심에서 주의를 분산시킨다. 그래서 다음처럼 바꾸고 싶은 유혹이 들 수도 있다.

```
for (int i = 0; i < employees.size(); i++) {
  Employee e = (Employee) employees.elementAt(i);
  if (!(e instanceof VolunteerEmployee))
    totalPay += e.calcPay();
}
```

하지만 이것은 더 나쁘다. 원래는 Employee라는 기반 클래스로 작업하던 코드에서 이제는 이 기반 클래스에서 유도된 클래스까지 '명시해야 하기 때문'이다.

이 모든 혼란은 우리가 LSP를 어겼기 때문이다. VolunteerEmployee는 Employee 대신 들어가지 못한다. Employee의 사용자는 VolunteerEmployee가 있다는 사실만으로도 영향을 받는다. 그 결과 이상한 예외와 if 문장 안의 어색한 instanceof 구절이 생겼으며, 이 모든 것이 OCP를 어긴다.

유도된 클래스의 어떤 함수를 호출하는 행위를 불법으로 만들려고 할 때마다 여러분은 자신이 LSP를 어기는 것을 깨달을 수 있다. 유도된 메서드를 '퇴화시키는 것', 즉 아무것도 안 하는 메서드로 구현하는 것도 LSP를 어긴다. 두 경우 모두 여러분은 이 파생 클래스에서 이 함수가 이치에 맞지 않는다고 말하는 것이다. 바로 이것이 결국 지저분한 예외를 사용하거나 instanceof 검사를 할 수밖에 없도록 만들지도 모르는 LSP의 위반이다.

그렇다면 이 VolunteerEmployee 문제는 어떻게 해결할 수 있을까? 자원 봉사자는 직원이 아니다. 자원 봉사자의 calcPay를 호출하는 것은 이치에 어긋나므로, 애초에 Employee 클래스에서 파생해서는 안 되고, 함수 내부에서 calcPay를 호출하는 함수에 전달해서도 안 된다.

의존 관계 역전 원칙(Dependency Inversion Principle, DIP)

A. 고차원 모듈은 저차원 모듈에 의존하면 안 된다. 이 두 모듈 모두 다른 추상화된 것에 의존해야 한다.

B. 추상화된 것은 구체적인 것에 의존하면 안 된다. 구체적인 것이 추상화된 것에 의존해야 한다.

더 쉽게 말할 수도 있다. '자주 변경되는 컨크리트 클래스(concrete class)에 의존하지 마라.' 만약 어떤 클래스에서 상속받아야 한다면, 기반 클래스를 추상 클래스로 만들어라. 어떤 클래스의 참조(reference)를 가져야 한다면, 참조 대상이 되는 클래스를 추상 클래스로 만들어라. 만약 어떤 함수를 호출해야 한다면, 호출되는 함수를 추상 함수로 만들어라.

추상 클래스와 인터페이스는 보통 자신에게서 유도된 구체적인 클래스보다 훨씬 덜 변한다. 그러므로 구체적인 것보다는 이런 추상적인 것에 의존하는 편이 낫다. 이 원칙을 지키면 변화가 일어났을 때 시스템에 미치는 영향을 줄일 수 있다.

그렇다면 Vector나 String을 사용하면 안 된다는 말인가? 이것 모두 컨크리트 클래스 아닌가. 이것을 사용하면 DIP를 어기게 되는가? 그렇지 않다. 앞으로 변하지 않을 컨크리트 클래스에 의존하는 것은 완벽하게 안전하다. Vector나 String은 다음 10년 동안에도 (그다지) 변하지 않을 가능성이 높다. 그러므로 상대적으로 이것들은 안전하게 느껴진다.

우리가 의존하면 안 되는 것은 '자주 변경되는' 컨크리트 클래스다. 활발히 개발 중인 컨크리트 클래스나 변할 가능성이 높은 비즈니스 규칙을 담은 클래스가 여기에 속한다. 이런 클래스의 인터페이스를 만든 다음, 이 인터페이스에 의존하는 것이 바람직하다.

UML을 사용하면 이 원칙을 지키는지 매우 쉽게 검사할 수 있다. UML 다이어그램의 화살표마다 따라가서 모두 인터페이스나 추상 클래스를 가리키는지 확인하면 된다. 만약 컨크리트 클래스에 의존하는데 그 클래스가 자주 변경된다면 DIP를 어기는 것이며, 따라서 시스템도 변화에 민감하게 되어 버릴 것이다.

인터페이스 격리 원칙(Interface Segregation Principle, ISP)

클라이언트는 자신이 사용하지 않는 메서드에 의존 관계를 맺으면 안 된다.

비대한 클래스(fat class)를 본 적이 있는가? 비대한 클래스란 메서드를 몇십 몇백 개 가지는 클래스를 가리키는 말이다. 대개 시스템 안에 이런 클래스를 두고 싶어 하지 않지만, 피할 수 없는 경우도 가끔 있는 법이다.

비대한 클래스가 거대하고 보기 흉하다는 사실 말고도, 한 사용자가 이 비대한 클래스의 메서드를 다 사용하는 일이 매우 적다는 것도 문제다. 즉, 메서드를 몇십 개 선언한 클래스에서 사용자는 단지 두세 개만 호출할지도 모른다. 불행하게도 이 사용자들은 '호출하지도 않는' 메서드에 생긴 변화에서도 영향을 받는다.

예를 들어, 그림 6.9에 나온 강좌 등록 시스템을 한번 보자. 이 다이어그램에는 StudentEnrollment(학생 등록)라는 클래스를 사용하는 두 클라이언트가 있다. EnrollmentReportGenerator(등록 상황 보고서 생성자)가 prepareInvoice나 postPayment 같은 메서드는 사용하지 않으리라는 것은 명백하다. 마찬가지로 AccountsReceivable(받을 수 있는 계좌)은 getName이나 getDate 같은 메서드를 호출하지 않는다고 가정해 보자.

그림 6.9 격리되지 않은 등록 시스템

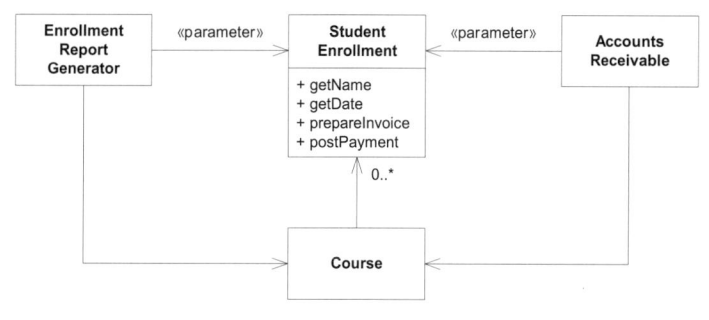

이제, 요구사항이 변해서 postPayment 메서드에 새 인자를 추가할 수밖에 없다고 하면 무슨 일이 일어날까? StudentEnrollment의 선언을 바꾸는 이 변화 때문에 EnrollmentReportGenerator를 다시 컴파일하고 배포해야 할지도 모른다.[7] EnrollmentReportGenerator는 postPayment 메서드와 아무 상관없는데 불행히도 이렇게 해야 한다.

다음처럼 간단한 규칙을 지키면 이렇게 불행한 의존 관계를 막을 수 있다. 사용자에게 딱 필요한 메서드만 있는 인터페이스를 제공해서 필요하지 않은 메서드에서 사용자를 보호하라. 다음 페이지의 그림 6.10은 이 규칙을 적용했다.

StudentEnrollment 객체를 사용하는 사용자마다 자신이 관심 있는 메서드들만 있는 인터페이스를 제공받는다. 이렇게 하면 사용자가 관심 없는 메서드에서 생긴 변화에서 사용자를 보호할 수 있다. 그리고 사용자가 자신이 사용하는 객체를 너무 많이 알게 되는 일도 막을 수 있다.

---

7 이런 재컴파일을 피할 수 있을 정도로 똑똑한 IDE도 있다. 하지만 그렇지 못한 IDE도 많다.

그림 6.10 격리된 등록 시스템

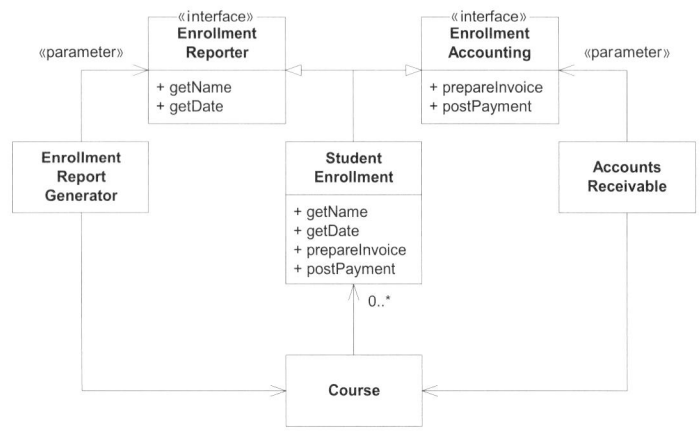

결론

자, 간단한 원칙 다섯 개뿐이다.

1. SRP - 어떤 클래스를 변경해야 할 이유는 오직 하나뿐이어야 한다.
2. OCP - 클래스를 변경하지 않고도 그 클래스의 환경을 바꿀 수 있어야 한다.
3. LSP - 유도된 클래스의 메서드를 퇴화시키거나 불법으로 만드는 일을 피하라. 기반 클래스의 사용자는 그 기반 클래스에서 유도된 클래스에 대해 아무것도 알 필요가 없어야 한다.
4. DIP - 자주 변경하는 컨크리트 클래스 대신 인터페이스나 추상 클래스에 의존하라.
5. ISP - 어떤 객체의 사용자에게 그 사용자한테 필요한 메서드만 있는 인터페이스를 제공하라.

언제 이 원칙들을 적용해야 할까? 조금이라도 고통을 느끼기 시작하면 바로 해야 한다. 전체 시스템이 언제나 모든 원칙을 따르게끔 노력하는 것은 현명하지 못하다. OCP를 적용할 상이한 환경을 모두 상상하거나 SRP를 적용할 모든 변경의 이유를 생각해 내려면 시간이 끝도 없이 걸릴 것이다. ISP를 지키기 위해서 자잘한 인터페이스를 몇십 몇백 개 만들게 될 테고, DIP를 지키기 위해 쓸모없는 추상을 무수히 만들게 될 것이다.

  이 원칙들을 적용하는 가장 좋은 방법은 능동적으로 적극 적용하는 것이 아니라, 문제가 생겼을 때 그에 대한 '반응으로써 적용'하는 것이다. 코드의 구조적인 문제를 처음 발견했거나, 어떤 모듈이 다른 모듈에서 생긴 변화에 영향을 받음을 처음 깨달았을 때 그때 '비로소' 원칙 가운데 하나 또는 여러 개를 써서 이 문제를 해결할 수 있는지 알아보아야 한다.

  물론, 이렇게 문제가 생겨야 비로소 반응하는 접근 방법을 쓰기로 한다면, 초기에 고통을 느낄 수 있도록 시스템에 '적극적으로' 압력을 가해야 한다. 어디가 아픈지 부지런히 눌러 봐야 문제들을 충분히 발견할 수 있기 때문이다.

  단위 테스트를 엄청나게 작성해 보는 것이 아픈 지점을 찾는 가장 좋은 방법 가운데 하나다. 테스트 대상 코드보다 테스트를 먼저 작성하면 더 좋다. 하지만 이것은 다음 장의 주제이니, 다음 장에서 자세히 다루도록 하자.

7장

UML for JAVA Programmers

실천 방법: dX

이제부터는 팀이 프로젝트를 완수하기 위해 쓸 수 있는 여러 실천 방법의 집합을 공부한다. 이 같은 실천 방법의 집합을 가리켜 흔히 공정(process)이라고 부른다. 하지만 지금부터 내가 설명하는 것은 공정이라기에는 너무 가볍고, 단지 어떤 팀이나 여러 개발자가 짧은 시간에 많은 일을 할 수 있도록 돕는 단순한 규칙의 집합일 뿐이다. 이 규칙 집합을 dX[1]라고 하자.

반복적인 개발

dX의 실천 방법 가운데 핵심은 '모든 것'을 '짧은' 주기로 반복하는 것이다. 내가 말한 모든 것에는 요구사항, 분석, 설계, 구현, 테스팅, 문서화 등 정말 '모든 것'이 다 포함된다. 그리고 짧은 주기는 한 주 또는 두 주를 의미한다. 우리는 모든 것을 한 주나 두 주를 주기로 해야 한다. 계획을 짜며 주기를 시작하고 고객에게 전달할 만한 결과물(deliverable)을 만들고서 주기를 종료한다. 최초의 탐사 작업 이후에는 아무리 초기 주기라도 실제 작동하는 코드를 주요 결과물로 내야 한다.

최초의 탐사 작업

우리의 첫 번째 dX 반복 주기는 요구사항을 탐사하며 시작한다. 첫 번째 주기는 종료할 때 코드가 없어도 되며 유일하게 두 주보다 짧아도 된다. 대개 탐사 작업은

---

[1] 내가 논문 [Martin1999]에서 채택한 XP에 대한 시각적인 말장난이다.
　(옮긴이) 이 논문은 부록 2로 번역해 첨부했다.

며칠 정도 걸린다. 한 주가 걸리기도 하고, 드물지만 두 주가 걸릴 수도 있다.

먼저 요구사항과 일의 우선순위에 대한 책임을 질 누군가가 필요하다. 이 사람을 '고객'이라고 부르자. 많은 프로젝트에서 실제로 진짜 고객이 이 역할을 맡는다. 그렇지 않은 프로젝트라면 비즈니스 분석자 팀이 고객 역할을 맡을 수도 있다.

고객과 한자리에 앉아서 시스템이 어떤 일을 해야 하는지 이야기를 나눈다. 프로젝트의 첫 며칠 동안에는 시스템이 어떻게 작동해야 하는지와 시스템이 어떤 행동을 해야 하는지 논의하기만 한다. 많이 기록할 필요도 없다. 지금은 상세한 요구사항을 포착하는 시기가 아니다. 단지 시스템의 범위에 대해 아이디어를 얻으려는 것뿐이다.

시스템에 대해 논의하면서 유스케이스들을 찾아낸다. 발견한 유스케이스의 이름을 인덱스 카드 한 장에 하나씩 적어놓는다. 우리는 이 카드를 '사용자 스토리(user story)'라고 부른다. 이 카드에는 유스케이스의 자세한 내용은 빼고 유스케이스의 이름만 적는다. 카드에 그 유스케이스의 두드러진 특징에 대한 정보를 적어놓을 수는 있지만, 여기에서 각각의 유스케이스를 완벽하거나 철저하게 조사하지는 않는다. 단지 시스템 전반을 팔이 닿는 범위에 두려는 것뿐이다.

이 탐사 단계는 결코 끝나지 않는다. 우리가 구현 작업에 깊이 들어가 있을 때도, 시스템의 N번째 버전을 출시할 때도 계속 고객과 자리를 같이 해서 정기적으로 새로운 요구나 기능을 논의하고 새로운 스토리를 기록해야 한다.

각 기능의 추정치 잡기

이제 사용자 스토리 카드마다 추정치를 기록해야 한다. 이 추정치에는 시간이나 날짜 같은 단위가 붙지 않는다. 이 시점에서는 이런 단위에 신경을 쓰지 않고, 오직 다른 스토리와 크기를 비교할 수 있는 상대적인 크기에만 주의를 기울인다. 즉, 추정치가 8인 스토리는 추정치가 4인 스토리보다 시간이 두 배 걸릴 것이다.

가장 좋은 추정법은 전에 구현해 본 스토리를 기반으로 새 스토리를 추정하는 것이다. 만약 지금 추정하는 것과 비슷한 스토리를 예전에 구현해 본 적이 있는데 그때 추정치가 6이었다면, 이전과 비교해서 더 간단한지 복잡한지에 따라 지금 스토리의 추정치를 5나 6, 7 정도로 추정할 수 있다.

만약 여러분이 발판으로 삼을 수 있는 이전 스토리가 없다면, 프로그래밍을 위한 완벽한 하루라는 개념을 써서 추정해 보는 방법도 있다. '프로그래밍을 위한 완벽한 하루'는 그 전날 적절한 시간에 잠자리에 들고, 아침식사도 배불리 먹고, 일하러

오는데 교통 체증도 없었고, 하루 종일 전화도 걸려오지 않고, 회의도 없고, 컴퓨터가 한 번도 다운되지 않고, 네트워크 속도는 무한에 가까울 만큼 빠르고, 직장 동료는 똑똑하고 인내심 있고 잘 배려해 주는 사람들인 그런 날을 의미한다. 이런 날에 여러분이 할 수 있는 일의 양은 얼마나 되는가? 이런 날이 며칠이면 그 스토리를 완수할 수 있을까? 여러분이 생각하는 날 수를 적어라. 하지만 이 날 수와 현실에서의 날 수가 어떤 관계가 있을 것이라는 생각은 잊어버려라. 현실은 그렇지 않기 때문이다.

추정치가 너무 큰 스토리는 쪼개야 하고, 추정치가 너무 작은 스토리들은 합쳐야 한다. 전체 팀이 구현하는 데 사나흘보다 더 걸리는 스토리는 없어야 한다. 마찬가지로 전체 팀이 구현하는 데 채 반나절이 안 걸리는 스토리도 없어야 한다. 너무 짧은 스토리는 과대평가하기 쉽고, 너무 긴 스토리는 과소평가하기 쉽다. 그러므로 스토리를 자르고 합쳐서 정확한 추정치 근처에 고루 분포되도록 해야 한다.[2]

스파이크

최초 탐사 작업의 마지막에 이틀이나 사흘 정도 시간을 내서 흥미로운 스토리를 두세 개 간략하게 구현해 볼 수도 있다. 이렇게 구현한 것은 나중에 버린다. 이 작업의 목표는 우리의 추정치를 조정해 보는 것이다. 예를 들어 추정치가 7인 스토리를 구현하는 데 5 인-하루(man-day)[3]가 걸렸다고 해보자. 이 의미는 7점이라는 추정치가 잡힌 일을 간략하게 구현할 경우 5 인-하루 정도에 구현할 수 있다는 뜻이다. 실제 제품에 들어가는 품질로 작업하려면 시간이 세 배쯤 걸릴지 모른다. 그러므로 7점은 대략 15 인-하루에 해당한다고 결론을 내린다. 인-하루를 점수로 나누고 내림하면 인-하루 하나당 반 점을 한다는 결론이 나온다.

다섯 명으로 구성된 팀이 두 주짜리 반복을 하나 수행할 때 작업할 수 있는 시간은 50 인-하루다.[4] 우리가 측정한 바에 따르면 이 팀은 이런 주기 한 번에 25점 분량의 일을 할 수 있다. 이 숫자를 이 팀의 최초 '속도'로 삼는다.

---

2 정확한 추정치라. 모순적이지 않은가.
3 (옮긴이) 한 사람이 작업했다고 가정할 때 그 작업을 완료하는 데 걸리는 날 수다. 5명인 팀은 이론상 5인-하루 분량의 작업을 하루에 완수할 수 있다.
4 (옮긴이) 주5일 근무니까 한 주에 5일씩 계산해서 10일 곱하기 5명 하면 50이다.

계획 짜기

이제 스토리도 있고 추정치와 팀의 작업 속도도 있으니 각 주기를 계획할 수 있다. 계획에서는 단순히 현재 작업 속도로 주기마다 어떤 스토리들을 완수할 수 있을지 파악한다.

릴리스 계획하기

제일 먼저 첫 릴리스를 계획하면서 시작한다. 릴리스 하나는 보통 반복 주기 여섯 개, 즉 세 달 정도다. 반복 주기 여섯 개에 작업 속도 25 정도라면 다섯 명인 우리 팀은 150점 정도까지 일할 수 있다. 그러므로 고객은 점수 합이 150점이 될 때까지 원하는 스토리를 고른다. 이때 가장 중요하고 비용 대비 효율이 높은 스토리들을 고른다. 이 일단의 스토리가 릴리스 계획이 된다.

반복 주기를 계획하기

각 반복 주기의 첫날에는 그 주기의 계획을 세운다. 최초 속도가 25이므로, 고객은 앞서 세운 릴리스 계획의 스토리들에서 점수의 합이 25점이 될 때까지 스토리를 고른다. 여기에서도 고객은 비즈니스 가치와, 스토리를 구현하는 데 필요한 비용을 기반으로 해서 스토리를 고른다.

비즈니스 가치가 낮고 비싼 스토리보다 비즈니스 가치가 높고 비용이 싼 스토리를 먼저 골라야 한다.

그 다음에는 고객이 고른 스토리를 여러 태스크(task)로 쪼갠다. 태스크는 스토리보다 훨씬 작다. 태스크는 대략 크기가 4 인-시간(man-hours)에서 10 인-시간 정도 되는 일의 단위로, 개발자 한 명이 책임을 맡을 수 있는 크기를 나타내는 단위다. 대화상자 하나나 데이터베이스 트랜잭션 하나, 이런 것이 태스크가 된다.

고객은 스토리의 세부 내용을 말해서 개발 팀이 스토리를 태스크로 쪼개는 일을 돕는다. 그리고 개발 팀이 우선순위에 따른 트레이드 오프(trade-off)를 하는 것도 돕고, 어떤 기능에서 어느 부분이 중요하고 어느 부분이 그렇지 않은지 지적하고, 화려한 UI가 중요한지 아닌지 파악하는 일도 돕는다. 고객은 개발 팀이 반복 주기의 비즈니스 가치를 높게 유지하도록 돕는다.

스토리를 태스크로 쪼개는 일에는 보통 두세 시간 정도 걸린다. 이 시간 동안 우리는 칠판이나 플립 차트(flip chart) 등에 태스크 목록을 적는다. 다 되면, 태스크마다 사인을 해서 누가 책임을 맡을지 정한다.

사인하는 과정은 단순히 개발자마다 머릿속에 자기 몫의 시간을 계산하는 것이다. 이 시간은 이번 주기 동안 개발자가 실제로 태스크들을 수행하는 데 사용할 인-시간의 개수다. 개발자가 사인을 해서 어떤 태스크를 맡으면 그 작업의 추정치를 구한 다음 자기 시간에서 그 추정치를 뺀다. 개발자는 자기 몫의 시간이 0이 될 때까지 태스크에 사인을 할 수 있다.

누군가 개발자에게 태스크를 맡으라고 정하는 것이 아니라, 개발자가 태스크에 스스로 사인을 하는 것이다. 이런 방식으로 했을 때 대개 개발자들이 태스크를 가장 좋게 분배함을 알게 되었다. 그리고 자신이 사인하는 태스크의 양을 추정하는 것도 개발자에게 맡긴다.

이상적인 상황이라면, 사인 과정이 끝날 무렵이면 작업마다 맡은 사람이 있고, 모든 개발자의 시간이 0일 것이다. 하지만 이런 일은 드물다. 대개, 특히 첫 번째 반복 주기라면, 칠판에는 태스크가 아직 많이 남아 있지만 모든 개발자의 시간이 전부 0일 것이다.

이런 일이 벌어지면, 다른 방법으로 태스크를 분배하려고 시도해 본다. 누군가 자기가 할 수 있는 것보다 적은 양만 사인했을 수도 있다. 그 태스크를 다른 사람이 해야 할지도 모른다. 개발자들은 더 많은 태스크에 사인을 하도록 잠시 이야기를 나눈다.

그래도 칠판에 태스크가 남았다면, 개발자들이 고객에게 스토리 점수 25점을 다 할 수 없다고 말한다. 고객은 태스크가 모두 사인될 수 있을 때까지 이 주기에서 할 스토리들을 뺀다.

이상적인 상황이라면, 점심때쯤이면 계획이 확정된다.

중간 지점

이번 주기에서는 스토리 점수 20점으로 확정했다고 하자. 이제 이 스토리들을 분석하고 설계하고 구현할 차례다. 다음 몇 항목에서 이것을 어떻게 할지 논의할 것이다. 일단 지금은 주기의 중간 지점인 다음주 월요일 아침으로 건너뛰어 보자.

다음주 월요일 아침이라면 스토리 점수 10점 분량의 일은 다 마쳐 놓은 상태여야 한다. 이때 지금까지 완료된 스토리 점수는 끝마친 스토리의 추정치만 모두 더해서 계산한다.[5] 이렇게 함으로써 모든 스토리를 절반씩만 하는 일을 방지할 수 있다. 우

---

5 (옮긴이) 반쯤 마친 스토리의 점수는 포함되지 않는다는 점이 중요하다. 끝마친 것들만 더한다.

리가 원하는 것은 스토리들의 절반이 다 완료된 상태[6]에 있는 것이다.

만약 해놓은 것이 스토리 점수 10점에 못 미친다면, 생각한 만큼 빨리 진행하지 못한 셈이다. 한 8점 정도 했다고 해보자. 그러면 우리는 고객에게 이번 주기에 스토리 점수 16점 이상은 힘들다고 말해야 한다. 그리고 고객에게 스토리를 한두 개 빼서 전체 점수를 16점으로 맞춰 달라고 요청해야 한다.

마찬가지로, 만약 스토리를 반 넘게 끝마쳤다면 고객에게 이번 주기에 할 스토리를 몇 개 추가해 달라고 해야 한다. 예를 들어, 우리가 스토리 점수 15점을 완료했다면, 이번 주기 전체에 할 수 있는 스토리 점수는 30점이라고 예상할 수 있다. 그러므로 고객에게 스토리를 추가해 달라고 요청해야 한다.

결과를 속도에 반영하기

금요일 오후에는 모든 스토리를 다 끝마쳤든 아니든 이번 주기를 멈춰야 한다. 그런 다음 속도를 다시 계산한다. 만약 스토리 점수 23점을 끝마쳤다면, 새로운 개발 속도는 주기당 23점이 된다. 다음주 월요일에 다음 주기의 계획을 짤 때 고객은 스토리 점수로 23점까지만 스토리를 골라야 한다.

이것이 우리가 추정치를 끊임없이 조정하는 방법이다. 우리는 주기마다 얼마나 많은 스토리 점수를 완수하는지 측정해 보고 다음 주기에는 그만큼만 사인한다. 개인마다 지난번 주기에서 얼마나 많은 인-시간(man-hours) 분량만큼 태스크를 끝마쳤는지 재보고, 다음 주기에는 오직 그만큼만 사인해야 한다.

반복 주기를 관리 단계로 조직하기

통합 공정(Unified Process)[7]에 따르면 프로젝트에는 네 가지 관리 단계가 있다. 도입 단계(Inception phase)에서는 시스템이 실행될 수 있는지, 어떤 비즈니스 사례인지 결정하기 위해 노력한다. 정련 단계(Elaboration phase)에서는 시스템의 아키텍처를 결정하고 믿을 수 있는 구현 계획을 작성한다. 구축 단계(Construction phase)에서는 시스템을 구축한다. 마지막으로, 전이 단계(Transition phase)에서는 시스템을 설치하고 사용자와 협력해서 시스템을 조율한다.

통합 공정의 단계마다 반복 주기가 하나 이상 있으며, 주기마다 실제로 작동하

---

6 (옮긴이) 모든 스토리가 절반씩 완료된 상태가 아니다.
7 [Kruchten1998]

는 코드가 결과물로 나온다. 단계가 바뀐다고 프로그래머에게 달라지는 것은 없다. 모든 단계는 비슷한 구조의 반복 주기들로 구성된다. 반복 주기의 구조는 스토리들을 찾아내고, 찾아낸 스토리의 작업량을 추정하고, 어떤 스토리를 구현할지 선택하고, 그것을 구현하는 것이다.

반복 주기에서는 어떤 일이 일어나는가

두 주 분량의 반복 주기를 한 번 거치는 동안 우리는 소프트웨어 개발에서 전통적으로 해온 작업을 모두 수행한다. 즉, 요구사항을 분석하고, 해결 방안을 설계하고, 그 해결 방안을 구현한다. 하지만, 우리의 관심 범위는 이번 주기에 하기로 선택한 '스토리들에만' 한정된다. 다음 주기에 선택될지도 모르는 다른 스토리들을 고려하지 않는다. 이번 반복 주기에, 오직 이번 반복 주기에만 초점을 맞춘다.

  누군가는 그렇게 되면 나쁜 아키텍처와 유연하지 않는 설계를 낳거나 재작업을 많이 해야 할 거라고 불평할지도 모른다. 하지만 오히려 이렇게 하면 최고의 아키텍처와 매우 유연한 설계를 얻게 되고 재작업도 아주 적어진다. 이유는 간단하다. 우리는 언제나 그 시점에서 가장 중요한 기능을 작업하기 때문이다. 다음 반복 주기에 구현하기로 예정된 기능은, 당연히 지금 작업하는 기능보다 덜 중요하다. 그러므로 우리는 언제나 그때 가장 중요한 것에 주목하는 셈이다.

  스토리를 구현하는 동안 따르면 좋은 실천 방법이 여럿 있다. 이것들은 우리가 깔끔하고 유연한 코드를 작성하게 도와주고, 결함 발생 비율을 낮춰 주고, 유연하고 이해하기 쉽게 설계하도록 도와주며, 고객과 의사 소통하는 것도 도와주고, 갑자기 깜짝 놀랄 일이 생기지 않도록 대비하는 일에도 도움이 된다.

짝을 이뤄 개발하기

dX를 하는 동안 모든 소프트웨어를 개발할 때 짝을 이뤄 한다. 한 사람이 사인한 작업을 구현할 때라도 컴퓨터 한 대 앞에 두 사람이 함께 앉아서 작업한다. 두 프로그래머 모두 완전히 코드 작성에 참여해야 한다. 두 사람 모두 눈을 화면에 고정해야 한다. 키보드를 다루는 사람은 한 사람일지 몰라도, 지금 무슨 일이 진행 중인지 둘 다 정확하게 알아야 한다. 사실, 키보드는 두 사람 사이에서 빠르게 왔다 갔다 할 것이다. 나는 심지어 한 사람이 키보드를 맡고 다른 사람이 마우스를 맡은 경우도 보았다.

우리는 하루에 한 번씩 짝을 바꾼다. 작업의 소유자는 함께 작업할 사람을 모집한다. 프로그래머마다 작업 시간의 대략 절반 정도는 자기가 사인한 태스크를 작업하며 보내고 나머지 절반은 다른 사람의 작업을 도우며 보낸다.

이런 식으로 일하면 생산성이 절반으로 떨어질지 모른다고 생각할 수도 있다. 어찌되었든 작업의 소유자가 자기 작업을 하는 시간이 절반으로 줄지 않는가. 하지만 생산성은 하락하지 않는 것 같다. 사실 이렇게 짝을 지어 프로그래밍하는 것은 소프트웨어를 작성하는 데 매우 효율적인 방법으로 드러났다.

인수 테스트

각 dX 주기의 시작 시점에서 고객이 이번 주기에 구현할 스토리들을 고르면, 고객과 QA 사람들[8]은 선택한 사용자 스토리에 살을 붙여 유스케이스로 만들고 선택한 스토리를 실행해 볼 수 있는 인수 테스트를 작성하기 위해 함께 일한다. 이 인수 테스트는 주기가 절반 이상 지나기 전에 프로그래머에게 전달된다.[9] 이 인수 테스트야말로 진정한 요구사항 문서다. 인수 테스트야말로 요구사항의 상세한 내용이 정말로 문서화된 곳이다.

개발자들이 인수 테스트를 받으면, 그때서야 자신이 가진 스토리와 작업이 반드시 무엇을 이루어야 하는지 '진정으로 알게 된다'. 이들은 이 인수 테스트들을 개발 과정 내내 끊임없이 돌려서 전에 통과한 것이 다시 실패하지는 않는지 확인해야 한다. 이렇게 되면 바람직한 반복 주기의 끝은 흥분되는 클라이막스가 아니라 오히려 그 반대가 된다. 모든 인수 테스트가 조용히 통과되고, 모든 사람이 금요일 오후에 일찍 집에 가기 때문이다.

인수 테스트는 보통 쉽게 자동화할 수 있는 고수준의 테스트용 언어로 작성한다. 인수 테스트용 프레임워크나 인수 테스트용 도구는 프로그래머나 고객이 마음 내킬 때 인수 테스트들을 실행해 볼 수 있게 해준다. 이런 도구의 예를 하나 보려면 http://fitnesse.org를 방문해 보아라.

---

8 (옮긴이) Quality Assurance 즉, 품질 보증 부서 사람들이다.
9 내가 아는 QA 관리자 가운데에는 한 반복 주기의 계획을 짜는 '회의를 하는 동안' 인수 테스트를 전달하는 것을 목표로 삼은 사람이 적어도 한 명 있었다. 그는 어떤 스토리들이 가장 중요한지 아이디어를 얻기 위해 주기가 시작하기 며칠 전부터 고객과 함께 작업했다. 그런 다음 어떤 스토리가 그 반복 주기에서 채택될지 '감으로 찍어서' 그 스토리들에 대한 인수 테스트들을 개발했다.

단위 테스트

dX 프로젝트에서는 단위 테스트를 작성한다. 그냥 작성하는 정도가 아니고 대단히 많이 작성한다. 게다가 이 테스트 대상 코드보다 단위 테스트를 먼저 작성한다. 물론, 처음에 당연히 통과 못할 것이다.[10] 하지만 단위 테스트를 먼저 만들고, 실제 제품에 들어갈 코드를 작성하는 것이 규칙이다. 실패하는 단위 테스트를 통과하기 위해 작성한 것이 실제 코드의 모든 줄이 된다.

이 테스트-먼저(test-first) 기법은 극히 반복적인 기법이다. 먼저 다섯 줄이나 열 줄을 넘지 않는 단위 테스트의 작은 조각을 작성한다. 그리고 컴파일해 보지만, 아직 작성하지도 않은 코드를 사용하기 때문에 분명 컴파일되지 않는다. 그러면 단위 테스트 코드의 컴파일이 성공할 만큼만 실제 코드를 작성한다. 아마 여섯 줄보다 적을 것이다. 그런 다음 다시 테스트를 돌려 본다. 컴파일은 되어도 아직 실제 코드를 다 작성한 것이 아니기 때문에 또 테스트를 통과하지 못한다. 실패를 확인한 다음 테스트의 한 조각만 통과할 만큼 실제 코드를 작성한다. 그 조각을 통과하면 테스트에 다른 조각을 추가하고 처음부터 다시 시작한다.

이렇게 한 번 도는 데 걸리는 시간은 어떤 언어와 환경을 사용하느냐에 따라 1분에서 10분 정도 걸린다. 빨리 돌수록 좋다. 한 번 이 과정을 돌 때마다 여러분은 그 모듈을 위해 작성한 '테스트를 모두 돌리게 된다'. 즉, 지금 어떤 일이 일어나든 상관 없이, 여러분의 코드가 몇 분 전에 완벽하게 작동하던 코드라는 뜻이다. 우리는 기능을 추가하거나 수정하느라 조각조각 찢긴 모듈들을 몇십 개씩 편집창에 띄우고 제발 마지막으로 작동하던 때로 돌아가도록 어떻게든 이어붙일 수 있기를 기도하는 짓은 하지 않는다. 우리 코드는 '겨우 몇 분 전에 모든 테스트를 완벽하게 통과한 코드다'.

작업을 진행할수록 우리는 날마다 자라는 단위 테스트의 본체에 자꾸 테스트들을 추가한다. 하루에 몇십 개, 한 주에는 몇백 개, 한 달이면 몇천 개가 쌓인다. 이런 테스트들을 실행하기 편리한 본체 안에 조직해서 넣은 다음, 이것들을 언제나 돌려 본다. 우리는 언제나 우리 코드의 현재 상태에 자신이 있다.

테스트는 문서화의 다른 형식이기도 하다. 특정한 API 함수를 호출하는 방법을 알고 싶다면, 그것을 하는 테스트가 있으니 보면 된다. 어떤 객체를 만드는 방법을

---

10 (옮긴이) 테스트할 코드 자체가 없으니 당연히 통과하지 못한다.

알고 싶다면, 역시 그것을 하는 테스트가 있으니 보면 된다. 테스트는 시스템에 있는 거의 모든 프로그래밍 작업의 예제 모음처럼 사용할 수 있다. 테스트는 뜻이 모호하지 않고, 정확하고, 컴파일할 수도 있으며 실행할 수도 있는 종류의 문서다.

리팩터링[11]

단위 테스트와 인수 테스트의 일부나 전체를 늘 실행할 수 있으면 시스템이 멈출 때 우리가 무슨 잘못을 했기에 그렇게 되었는지 쉽게 알 수 있다. 그러면 우리가 시스템을 바꾸고 싶을 때 두려움 없이 바꿀 수 있다. 만약 우리가 무엇인가 중요한 것을 잘못하면 테스트가 바로 실패할 테니 곧바로 알 수 있기 때문이다.

이 말은 우리가 대개 큰 탈 없이 코드를 변경할 수 있다는 뜻이다. 어떤 변수에 더 좋은 이름이 생각났다면 주저 없이 바꿀 수 있다. 메서드가 너무 많은 클래스를 발견하면 주저 없이 쪼갤 수 있고, 엉뚱한 클래스에 있는 메서드를 보면 주저 없이 옮길 수 있다. 한 무리의 단위 테스트와 인수 테스트의 지원을 받는 한, 우리는 두려움 없이 원하는 대로 무엇이든 변경할 수 있다.

리팩터링이란 시스템의 동작에는 변화 없이 프로그램의 구조만 개선하는 행동을 말하는데, 이것도 dX의 실천방법에 포함된다. 실제 프로그래밍을 한 시간 정도 하면 그 다음에는 리팩터링의 시간이 찾아온다. 우리는 작성한 코드를 다시 보고 '개선한다'. 이런 개선 작업은 작은 단계로 나뉘는데, 각 단계는 기껏해야 몇 분 정도 걸리며, 단계가 끝날 때마다 테스트를 돌려 본다. 우리는 점차 시스템의 구조를 개선해 가며, 절대로 구조의 질이 떨어지지 않도록 한다. '하루 일을 마칠 때 나쁜 코드를 남기지 않는 것'을 규칙으로 삼는다.

개방된 작업 공간

dX를 위한 최상의 환경은 열린 사무실이나 연구실이다. 가운데에 책상을 두고 짝 프로그래밍을 할 수 있도록 책상 위에 컴퓨터를 배치한다. 고객도 포함해서 모두 한 방에서 일한다. 우리 목표는 서로 자주 상호 작용하며 부담 없이 질문하거나 충고할 수 있고, 책상 옆에 기대어 서서 다른 사람의 코드를 볼 수도 있는 한 팀으로 함께 일하는 것이다.

---

11 [Fowler1999b]

끊임없는 통합 작업

dX에서는 락을 걸지 않는(nonblocking) 소스 컨트롤 시스템을 사용한다. 이 말은 다른 사람이 체크 아웃했더라도 아무 상관 없이 누구나 모듈을 체크 아웃할 수 있다는 뜻이다. 체크 인도 먼저 체크 인한 사람이 임자다. 둘째로 체크 인한 사람이 처음 사람의 코드를 자신의 코드와 합쳐야 한다.[12]

이렇게 합치는 작업이 자기 머리 위에 떨어질 가능성이 있으면 아주 재미있는 긴장이 생긴다. 모듈을 체크 아웃해 놓은 시간이 길수록 코드를 합쳐야 할 가능성도 점점 커진다. 아무리 좋은 도구의 도움을 받는다고 해도 코드를 합치는 일은 그다지 즐겁지 않다. 그러므로 빨리 자주 체크 인해야 한다는 압력이 생기며, 이것은 좋은 현상이다.

하지만, dX에는 체크 인과 관련된 규칙이 하나 있다. 체크 인을 하기 전 반드시 모든 단위 테스트와 인수 테스트를 통과하는 것을 보여야 한다. 즉, 여러분이 체크 인하기 전 반드시 여러분이 변경한 사항을 시스템에 완전히 통합시키고, 시스템을 빌드하고, 테스트해야 한다는 뜻이다.

dX 프로젝트에서 이것은 하루에 몇 번씩, 짝을 이룬 두 프로그래머에서 몇 번씩 일어난다. 그러므로 끊임없이 통합이 일어난다. dX 프로젝트에서 마지막 대통합 같은 것은 없다.

결론

맙소사. 이번 장에서는 내가 UML을 언급하는 것을 잊어버렸나? 잊은 것은 아니다. 참고로 나는 자바에 대해서도 한 마디도 하지 않았다. 왜냐하면 이 장에서 다룬 실천 방법은 이런 도구와 관련이 없기 때문이다. UML은 방법론이 아니라 표기법이다. 자바도 방법론이 아니라 프로그래밍 언어다. 이런 표기법과 언어는 필요할 때 사용하면 그만이다. 이것은 사용할 도구들이지 따라야 할 방법론은 아니다.

그렇다면 문서는 어떻게 하란 말인가? 쓸모 있는 문서를 작성하려면 UML을 사용해야 하지 않는가? 물론 그렇다. 그렇다고 해서 그것을 공정의 일부로 삼을 필요는 없다. 의무적으로 작성하는 문서는 대부분 그다지 쓸모없다. dX에는 문서화에 대한 마틴의 제1법칙이라고 부르는 규칙이 있다. 그 규칙은 다음과 같다. '여러분에

---

12 (옮긴이) 충돌(conflict)도 둘째 사람이 고쳐야 한다.

게 당장 필요하고 중요한 문서만 만들어라.' 이 말은 UML 다이어그램 그리기가 필수는 아니라는 뜻이다. 우리는 모든 요구사항을 클래스 다이어그램으로 명시하지 않는다. 그리고 모든 유스케이스를 시퀀스 다이어그램 안에 담지도 않는다. 우리는 당장 중요하고 필요할 때만 이 도구들을 사용하고, 그렇지 않을 때에는 사용하지 않는다.

dX 프로젝트를 하는 동안 여러분은 사람들이 꼭 필요할 때 자연스럽게 UML을 사용하는 모습을 보게 될 것이다. 여러 설계 후보에 대해 논의하면서 칠판에 다이어그램들을 갈겨 그리거나, 다른 사람들이 따라야 할 로드맵으로 삼기 위해 다이어그램들을 종이에 출력하는 모습도 보게 될 것이다. 여러분이 보지 못할 것은 공정에서 시키니까 마지못해 다이어그램을 그리는 모습이다. 사람들은 오직 당장 필요하다고 스스로 확신하는 다이어그램만 그릴 것이다.

이 장에서 내가 dX의 일부분으로 설명한 실천 방법은 익스트림 프로그래밍[13] (eXtreme Programming, XP)의 실천 방법에서 가져온 것이다. 사실 자세히 살펴본다면 dX가 단지 XP를 거꾸로 뒤집은 것에 지나지 않음을 알 수 있다.

---

13 [Beck1999], [Jeffries2000]

8장

UML for JAVA Programmers

패키지

자바 프로그래머에게 중요한 패키지는 두 종류다. 하나는 자바의 package 키워드로 나타내는 소스코드 패키지고, 다른 하나는 .jar 파일로 나타내는 바이너리 컴포넌트다.

자바 패키지

자바의 패키지는 본질적으로 이름 공간(namespace)이다. 패키지를 사용하면 프로그래머가 작은 개인 공간을 만들어서 그 안에서 클래스를 선언할 수 있다. 이 공간에서 만든 클래스들은 다른 패키지에 있는 똑같은 이름의 클래스와 이름 충돌(name collision)을 일으키지 않는다.

   자바의 컴파일 시스템은 소스코드의 패키지 구조를 본떠 만든 디렉터리 구조 안에 생성한 이진 .class 파일들을 보관한다. 그러므로 A.B.C 클래스의 .class 파일은 아마 디스크에서 A/B/ 디렉터리에 C.class로 들어 있을 것이다. 자바 컴파일러는 .java 파일이 아니라 .class 파일에서 외부 선언을 읽어 오므로, 컴파일러와 런타임 시스템 둘 다 애플리케이션에 포함된 패키지들의 클래스 경로(classpath)를 꼭 올바르게 알아야 한다.

   이런 문제 때문에 그 중요성에 걸맞게 시스템의 패키지 구조에 주의를 많이 기울일 필요가 있다. 그리고 UML에는 이때 도움이 될 만한 표기법 도구들이 있다.

UML 패키지

UML에서 패키지는 여러 가지 방식으로 표기할 수 있다. 그림 8.1이 가장 간단한 방법이다. 패키지 아이콘은 단순히 맨 위에 이름표가 붙은 사각형으로, 파일 폴더와 비슷하게 생겼다. 패키지의 완전한 형태의 이름(fully qualified name)은 사각형 안쪽에 적는다.

그림 8.1 간단한 UML 패키지

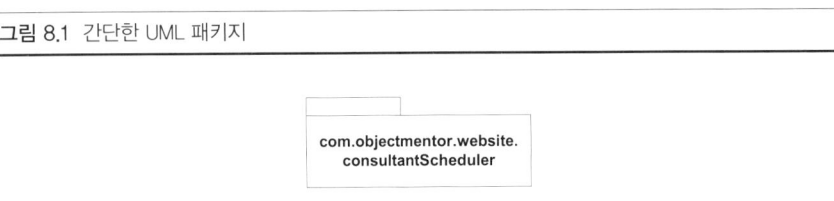

원한다면 사각형 위에 있는 이름표에 패키지 이름을 적을 수도 있다. 이러면 나머지 사각형이 비게 되므로 여기에 패키지의 클래스 이름을 모두 또는 일부 적을 수 있다. 그림 8.2가 이렇게 표기한 예다.

그림 8.2 자신의 내용물도 보여 주는 UML 패키지

마지막으로, 패키지들의 중첩 구조는 그림 8.3처럼 '포함 관계(contains relationship)'로 나타낼 수 있다.

그림 8.3 UML 패키지 중첩

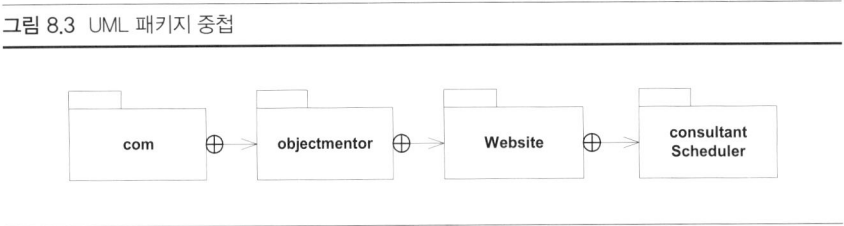

의존 관계

어떤 패키지 내부의 코드가 다른 패키지에 속한 코드에 의존하는 경우도 종종 있다. 자바에서는 한 클래스 또는 여러 클래스를 우리 소스코드에 임포트(import)할 때가 이런 경우다. 그리고 소스코드에서 어떤 클래스를 완전한 형태의 이름으로 사용한다고 해도 마찬가지다. UML에서 이러한 의존은 그림 8.4처럼 '의존 관계(dependency relationship)'를 사용해서 그린다.

그림 8.4 패키지 의존 관계

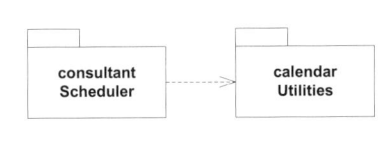

```
package consultantScheduler;
import calendarUtilities.*;

public class ConsultantCalendar
implements Calendar
{...}
```

코드의 import 문장 때문에 의존 관계가 생기는 것이 아님에 주의하자. 의존 관계는 consultantScheduler.ConsultantCalendar 클래스 안에서 calendarUtilities.Calendar를 정말로 사용해야 생긴다. 자바에서 import 문장은 진정한 의존 관계를 만들지 않는다. 하지만 컴파일러는 임포트된 클래스나 패키지가 없다고 불평할 수도 있다.

바이너리 컴포넌트 - .jar 파일

패키지는 소스코드를 그룹으로 묶을 때라면 편리하지만, 그렇다고 해서 바이너리 코드를 그룹으로 묶을 때도 늘 편리하진 않다. 이따금 .jar 파일의 형태로 많은 바이너리 코드를 한데 묶어 컴포넌트로 만들고 싶을 때가 있다. 이런 컴포넌트는 이것을 실행할 여러 시스템에 배포할 때 편리하다.

UML에서 컴포넌트는 다음 페이지의 그림 8.5처럼 그린다. 맨 위에 그린 인터페이스 아이콘은 선택 사항이다. 이 그림은 CalendarRender 컴포넌트가 제공하는 인터페이스 가운데 하나가 Calendar임을 보여 준다.

패키지와 마찬가지로 컴포넌트도 의존 관계를 맺는다. 사실 컴포넌트 하나에 패키지가 하나 이상 들어 있는 경우가 많기 때문에, 패키지들의 의존 관계가 그대로 컴포넌트 사이의 의존 관계로 이어지는 경우가 많다. 하지만 모두 그런 것은 아니

그림 8.5 (아마도 .jar 파일일 가능성이 높은) 컴포넌트

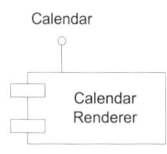

므로, 이런 의미에서 컴포넌트 사이의 의존 관계의 집합은 패키지 사이의 의존 관계 집합의 부분 집합인 경우가 많다.

패키지 설계의 원칙

오랫동안 이 분야에서 일하면서 나는 점점 간단한 원칙들의 모음에 의존하게 되었는데, 이 원칙 모음은 소프트웨어 애플리케이션에서 규모가 큰 구조를 조직하는 일을 도와준다. 이 원칙들은 반드시 지켜야 하는 규칙이 아니며, '언제나 올바른 방법'도 아니다. 이것은 오히려 어떤 시스템을 여러 부분으로 나눌 때 고려해야 할 여러 트레이드 오프(trade-off)를 올바로 하게끔 도와주는 단순한 휴리스틱(heuristics)에 가깝다.

이 원칙들을 따르면 기능을 기준으로 시스템을 나누지 않게 된다. 이 원칙에 따라 나뉜 패키지의 목적은 자주 변경하는 클래스를 따로 모으고, 변경할 이유가 다른 클래스를 갈라놓는 것이다. 이 원칙들은 자주 변경하는 클래스와 그렇지 않은 클래스를 분리하려고 노력한다. 또한, 시스템의 고차원 아키텍처를 저차원의 세부 사항과 분리하고, 이 고차원 아키텍처를 독립적으로 유지하려고 노력한다.

이 원칙들은 내 책 『Agile Software Development : Principles, Patterns, and Practices』[1]에서 자세히 논의된다. 여기에서는 이것을 간략하게 다룬다.

패키지 릴리스/재사용 등가 원칙[2] (Release/Reuse Equivalency Principle, REP)

사람들은 보통 클래스들을 따로따로 재사용하지 않고, 대개 몇몇 클래스를 한 그룹으로 묶어 함께 재사용한다. 이런 재사용 그룹의 클래스들은 한 패키지 안에 들

---
1 [Martin2002]
2 (옮긴이) 패키지를 릴리스할 때는 재사용을 기준으로 해야 한다는 원칙이다.

어가야 한다. 그리고 이 패키지는 그것을 재사용할 사람들이 편하게 사용할 수 있는 방향으로 릴리스되고 계속 유지보수되어야 한다.

이 원칙에 따르면, 다른 사람들이 편하게 재사용할 수 있는 패키지를 만드는 것도 클래스들을 패키지 안에 배치할 때 고려할 기준이다.

다른 사람들이 재사용할 패키지는 만든 사람도 신경 쓰고 관심을 기울여야 한다. 만든 사람은 패키지를 수정하기에 앞서 재사용하는 사람들에게 통지해야 한다. 재사용하는 사람들이 변화를 점차 수용할 수 있도록 패키지의 옛날 버전을 얼마 동안은 유지보수하는 것도 고려해야 한다. 이 일은 서기처럼 꼼꼼한 노력을 들이고 계획을 세워야 할 수 있는 일이므로, 매 클래스에 이렇게 신경 쓰기는 너무 힘들다. 그러므로 재사용할 때 같이 몰려다니는 클래스들을 한 패키지로 묶어놓고, 이것들을 릴리스나 유지보수의 단위로 취급하면 만드는 사람이나 재사용하는 사람 모두 편하다.

결국, 여러분이 재사용할 코드의 가장 작은 단위는 누군가 계속 발표하고 유지보수하는 데 노력을 기울일 생각이 있는 크기보다 작을 수 없다. 그러므로 재사용의 가장 작은 단위는 릴리스의 가장 작은 단위다.

공통 폐쇄 원칙(Common Closure Principle, CCP)

단 하나의 책임 원칙(Single Responsibility Principle, SRP)에 따르면 모든 클래스는 그 클래스를 변경할 이유가 오직 하나뿐이어야 한다. CCP는 이 원칙을 패키지까지 확장한 것이다. 우리는 패키지의 모든 클래스가 똑같은 종류의 변화에는 똑같이 폐쇄되기를 원한다. 만약 어떤 것을 변경해야 한다면, 그것 때문에 바꾸어야 할 클래스들이 단 한 패키지에만 몰려 있기를 원한다.

시스템은 대부분 몇십 개나 심지어 몇백 개까지 되는 많은 패키지로 구성되고, 이 패키지들은 서로 의존하므로 거대한 패키지들의 의존 관계 그래프가 생긴다. CCP의 목표는 변경 가능성이 비슷한 클래스들을 하나로 묶는 것이다. 변경할 이유가 같은 클래스들은 한 패키지에 들어가야 한다. 이렇게 하면, 무엇을 바꿔야 할 경우 의존 관계 구조 안의 패키지들 가운데 매우 적은 수만 변경하면 된다.

공통 재사용 법칙(Common Reuse Principle, CRP)

인터페이스 격리 원칙(Interface Segregation Principle)에 따르면 클래스의 클라이언트마다 따로따로 인터페이스를 만드는 것이 좋다. CRP는 이 원칙을 패키지까지 확장한 것이다. 많은 패키지를 클라이언트로 가지는 패키지는 이것을 모두 책임지므로 그 책임이 막중하다. 이 패키지에 변화가 생기면 여기에 의존하는 모든 패키지에 큰 영향을 줄 수도 있다. 그러므로 한 클라이언트가 사용하는 클래스들과 다른 클라이언트가 사용하는 클래스들은 최대한 분리해야 한다.

서로 다른 클라이언트가 사용하는 클래스들이 한 패키지에 섞여 있을 경우, 패키지 안의 어떤 클래스를 바꾸면 그 변경된 클래스를 사용하지 않는 패키지들까지 그 변화의 영향을 받을 수도 있다. 이럴 경우 패키지가 변경된 사실만으로도 그 패키지의 클라이언트 패키지들을 다시 릴리스하고 다시 배치해야 할지도 모른다.

의존 관계 비순환 원칙(Acyclic Dependencies Principle, ADP)

패키지 의존 관계 그래프에 순환이 있다면 빌드할 때나 개발할 때 문제가 생길 수도 있다. 순환이 있으면 어떤 클래스와 패키지 들을 먼저 빌드하고 어떤 것을 다음에 할지 결정하지 못한다.

의존 관계는 추이적(transitive)이다. 만약 패키지 A가 패키지 B에 의존하는데, 패키지 B가 패키지 C에 의존한다면, 패키지 A는 B를 통해서 패키지 C에도 의존하는 것이다. 그러므로 패키지 의존 관계 그래프에 순환이 있다면, 그 순환에 있는 모든 패키지가 서로 의존 관계를 맺게 된다. 이렇게 모조리 연결된 의존 관계 그래프 때문에 개발자들이 다른 개발자에게 영향을 주지 않도록 패키지들을 격리해 놓은 상황을 유지하기가 매우 어려울 수도 있다.

해결 방법은 패키지 의존 관계 그래프에서 순환을 제거하는 것이다. 직접 손으로 해도 되고, JDepend(www.clarkware.com을 방문해 보아라)와 같은 도구를 써도 된다.

안정된 의존 관계 원칙(Stable Dependencies Principle, SDP)

어떤 패키지들은 바꾸기 쉽다. 반면 어떤 것들은 바꾸기 어려운데, 다른 많은 패키지가 의존하기 때문이다. 그런데 많은 패키지가 의존하는 패키지가 정작 자신은 바꾸기 쉬운 패키지에 의존한다면, 원래 바꾸기 쉽던 것도 덩달아 바꾸기 어려워진다. 만약 원래 바꾸기 쉽던 패키지 A를 바꿀 경우 자기에 의존하는 것을 수정해야 할 텐데, 이 패키지에 의존하는 패키지 가운데 바꾸기 어려운 패키지가 있다면 바꾸기 어려운 그 패키지에 의존하는 많은 패키지들도 연쇄적으로 수정해야 할지도 모른다.

그림 8.6 SDP의 위반 사례

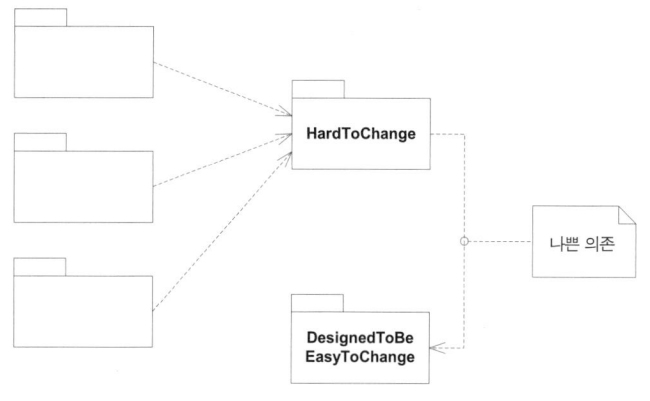

SDP에 따르면 패키지는, 바뀌기 쉬워서 자신보다 불안정한 패키지들에 의존하면 안 된다. 모든 패키지 의존 관계 화살표는 언제나 화살표가 출발하는 패키지(의존하는 패키지)보다 변경하기 어려운 패키지를 가리켜야 한다.

패키지마다 안정성을 계산해서 의존 관계 흐름이 안정된 쪽으로 흐르는지 평가하는 간단한 몇 가지 표들이 『Agile Software Development : Principles, Patterns, and Practices』에서 논의되었다.

안정된 추상화 원칙(Stable Abstractions Principle, SAP)

안정된 패키지는 바꾸기 어렵다. 그래도 이 패키지를 유연하게 유지하는 방법이 필요할 때도 있다. 개방-폐쇄 원칙(Open-Closed Principle, OCP)에 따르면 모듈을 변경하지 않고도 확장할 수 있는 방법이 있다. 안정된 패키지가 변경하기 어렵다고 해서 반드시 확장하기도 어려운 것은 아니다. 따라서 SAP에 따르면 안정된 패키지를 쉽게 확장할 수 있도록 유지하기 위해, 안정된 패키지는 추상적이어야 한다. 패키지가 안정적일수록 더 추상적이어야 한다.

패키지의 추상도와 관련 있는 것은 그 패키지에 들어 있는 추상 클래스와 인터페이스의 개수다. 추상 클래스와 인터페이스의 비율이 높을수록 패키지의 추상도도 높아진다. SAP에 따르면, 많은 의존 관계를 받아들이는 패키지는 매우 안정되어야 하며, 그러므로 반드시 매우 추상적이어야 한다.

SDP와 SAP를 합치면 의존 관계 역전 원칙(Dependency Inversion Principle, DIP)

의 패키지 판이 된다. DIP에 따르면 클래스의 관계 화살표는 추상 클래스나 인터페이스를 가리켜야 한다. SDP/SAP 조합에서는 의존 관계를 많이 받아들일수록 안정성도 증가하며, 안정성이 증가하면 추상성도 증가해야 한다고 나와 있다. 그러므로 패키지가 의존 관계를 많이 받아들일수록 패키지도 더 추상적이어야 한다.

다시 한 번 말하지만, 『Agile Software Development : Principles, Patterns, and Practices』에서 어떤 패키지의 추상도를 측정하고 안정성과 추상도의 관계를 관리하기 위한 표의 집합을 볼 수 있다.

결론

패키지 다이어그램과 컴포넌트 다이어그램을 그리는 일이 중요할까? 두 다이어그램이 상당히 유용하다는 것이 드러나고 있다. ADP는 패키지나 컴포넌트의 의존 관계 순환에 문제가 많으므로 해결해야 함을 보여 준다. 현재 구조를 그림으로 그려 보면 이런 순환을 해결하는 데 도움이 되는 경우가 많다.

패키지 의존 관계 다이어그램은 어떤 패키지를 먼저 컴파일해야 하는지 패키지 컴파일 순서를 알려줄 때도 무척 유용하다. 잘못된 순서로 패키지들을 컴파일하면 이상한 빌드 문제를 겪을 수도 있다. 의존 관계 다이어그램은 어떤 패키지가 어디에 의존하는지 보여 주므로, 어떤 패키지를 먼저 컴파일해야 할지 알 수 있다.

이런 다이어그램을 그리는 가장 좋은 방법은 당연히 코드에서 생성하는 것이다. 코드의 의존 관계를 빠짐없이 담지 않는 패키지 구조 다이어그램은 순환을 해결하거나 빌드 순서를 결정하는 데 그다지 쓸모가 없다. 그러므로 의존 관계를 찾아내서 의존 관계 그래프를 자동으로 그려 주면 좋고, 그 정도까지는 아니라도 스스로 다이어그램을 그릴 수 있도록 의존 관계 목록을 제공해 주기라도 하는 도구를 사용하는 것은 그다지 나쁜 생각이 아니다.[3]

---

[3] 이런 도구가 어떤 것인지 보려면 www.clarkware.com의 JDepend를 한번 살펴보라.

9장

UML for JAVA Programmers

객체 다이어그램

특정 순간의 시스템 상태를 보이는 것이 유용한 경우도 있다. 시스템의 스냅샷 사진처럼, UML 객체 다이어그램은 어떤 순간의 객체들과 그 객체 사이의 관계 그리고 그 객체들의 속성 값을 보여 준다.

어떤 순간의 스냅샷

일전에 사용자들이 어떤 빌딩의 평면도를 GUI에서 그리게 해주는 애플리케이션을 만드는 작업에 참여한 적이 있다. 이 프로그램은 방과 문, 창문, 통로 등을 그림 9.1

그림 9.1 평면도

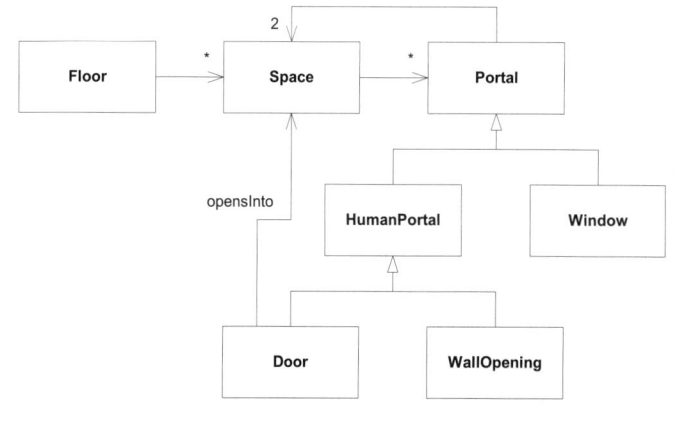

처럼 데이터 구조에 담는다. 이 클래스 다이어그램에서 어떤 데이터 구조를 만들 수 있는지는 알 수 있지만, 어떤 순간에 정확히 어떤 객체들과 관계들이 인스턴스화되어 있는지는 알 수 없다.

프로그램 사용자가 방 두 개, 다시 말해서 주방, 그리고 주방에 통로로 연결된 식당을 그렸다고 가정하자. 주방과 식당 모두 밖으로 난 창이 하나씩 있다. 식당에는 바깥으로 나가는 문도 있고, 이 문은 바깥쪽으로 열린다. 이 시나리오를 객체 다이어그램으로 그린 것이 그림 9.2다.

그림 9.2 식당과 주방

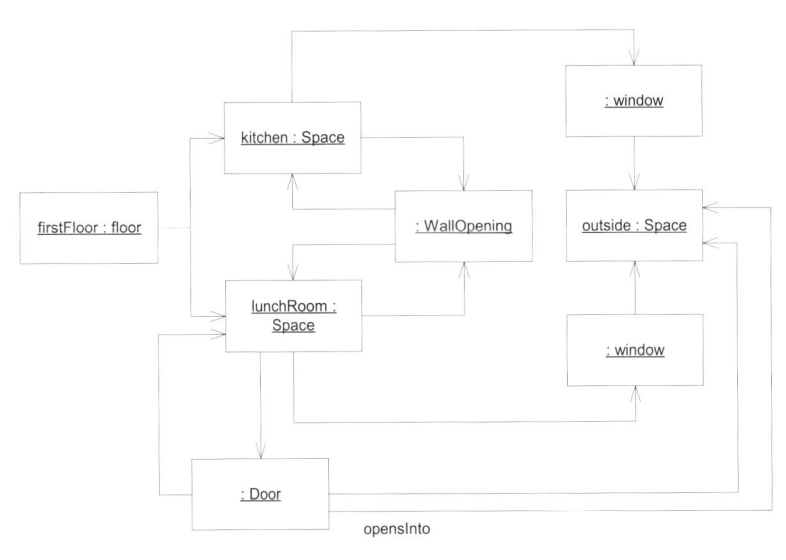

이 다이어그램에서 지금 시스템에 있는 객체들과, 이것에 연결된 다른 객체들을 볼 수 있다. 여기에서 주방(kitchen)과 식당(lunchRoom) 모두 공간(Space) 클래스의 인스턴스임을 알게 된다. 두 방이 통로(wall opening)로 연결되어 있고 바깥(outside)도 사실은 공간(Space)의 또 다른 인스턴스로 표현됨도 볼 수 있다. 그리고 반드시 있어야 하는 나머지 객체들과 관계들도 보인다.

시스템 내부 구조가 특정 시간에 어떤 모습인지, 또는 시스템이 특정한 상태에서 어떻게 되어 있는지 보일 필요가 있다면 객체 다이어그램이 유용하다. 객체 다이어그램은 설계자의 의도를 보여 준다. 그리고 객체 다이어그램은 어떤 클래스들과 관계들이 실제로 어떻게 사용되는지, 또 시스템에 다양한 것이 입력될 때 시스템이 어떻게 변화할지 보여 주기도 한다.

하지만 객체 다이어그램이 좋다고 남용하지 않도록 조심해야 한다. 지난 십 년간 나는 이런 종류의 객체 다이어그램을 채 열 개도 안 그렸던 것 같다. 객체 다이어그램은 그다지 자주 필요하지 않다. 그래도 필요할 때에는 없어서는 안 되며, 이 다이어그램들이 자주 쓰이지 않아도 이 책에 포함시킨 이유도 바로 이 때문이다. 하지만 이 다이어그램들은 자주 필요하지는 않으므로, 절대로 시스템에 들어 있는 시나리오마다 이것을 그려야 한다고 생각해서는 안 된다. 사실은 시스템마다 이것을 그려야 한다고 생각할 필요도 없다.

활동적인 객체

다중 스레드를 사용하는 시스템도 객체 다이어그램이 유용한 경우다. 예를 들어 코드 9.1에 나온 SocketService(소켓 서비스) 코드를 한번 보자. 이 프로그램은 간단한 프레임워크를 구현한 것인데, 이 프레임워크는 여러분이 소켓을 쓰려면 다루어야 하는 지저분한 스레드와 동기화 문제를 모두 스스로 다루지 않고도 소켓 서버를 작성할 수 있게 해준다.

코드 9.1 SocketService.java

```java
import java.io.IOException;
import java.net.ServerSocket;
import java.net.Socket;
import java.util.LinkedList;

public class SocketService {
  private ServerSocket serverSocket = null;
  private Thread serviceThread = null;
  private boolean running = false;
  private SocketServer itsService = null;
  private LinkedList threads = new LinkedList();

  public SocketService(int port, SocketServer service)
        throws Exception {
    itsService = service;
    serverSocket = new ServerSocket(port);
    serviceThread = new Thread(
      new Runnable() {
        public void run() {
          serviceThread();
```

```java
      }
    }
  );
  serviceThread.start();
}

public void close() throws Exception {
  running = false;
  serviceThread.interrupt();
  serverSocket.close();
  serviceThread.join();
  waitForServerThreads();
}

private void serviceThread() {
  running = true;
  while (running) {
    try {
      Socket s = serverSocket.accept();
      startServerThread(s);
    }
    catch (IOException e) {
    }
  }
}

private void startServerThread(Socket s) {
  Thread serverThread = new Thread(new ServerRunner(s));
  synchronized (threads) {
    threads.add(serverThread);
  }
  serverThread.start();
}

private void waitForServerThreads()
          throws InterruptedException {
  while (threads.size() > 0) {
    Thread t;
    synchronized (threads) {
      t = (Thread) threads.getFirst();
    }
    t.join();
  }
}

private class ServerRunner implements Runnable {
  private Socket itsSocket;
  ServerRunner(Socket s) {
    itsSocket = s;
  }

  public void run() {
    try {
```

```
      itsService.serve(itsSocket);
      synchronized (threads) {
        threads.remove(Thread.currentThread());
      }
      itsSocket.close();
    }
    catch (IOException e) {
    }
  }
}
```

그림 9.3이 이 코드의 클래스 다이어그램이다. 하지만 이 클래스 다이어그램을 본 다고 해서 그다지 영감이 떠오르지도 않고, 코드를 작성한 의도가 무엇인지 파악하기도 어렵다. 모든 클래스와 관계 들을 올바르게 보여 주지만, 웬일인지 큰 그림이 머릿속에 떠오르지 않는다.

그림 9.3 SocketService 클래스 다이어그램

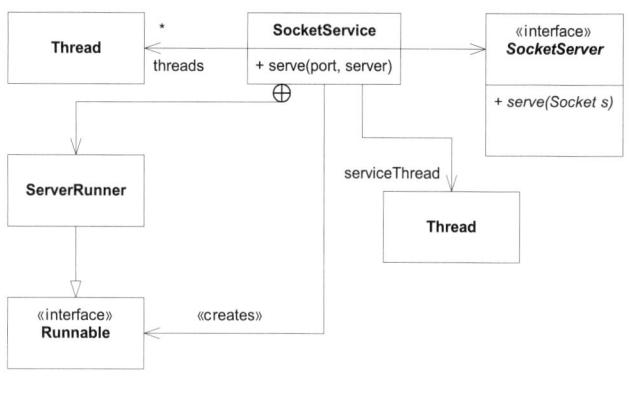

그렇다면 다음 쪽의 그림 9.4의 객체 다이어그램을 한번 보자. 클래스 다이어그램 보다 구조를 훨씬 파악하기 쉽다. SocketService(소켓 서비스) 객체가 serviceThread (서비스 스레드)를 가지며, 이 서비스 스레드가 익명 내부 클래스 안에서 돌아감을 볼 수 있다. 그리고 서비스 스레드에 모든 ServerRunner(서버 실행자) 인스턴스들을 생성하는 책임이 있음도 볼 수 있다.

Thread 인스턴스들 주위의 굵은 선을 눈여겨보자. 상자 경계선이 굵게 그려진

그림 9.4 SocketService 객체 다이어그램

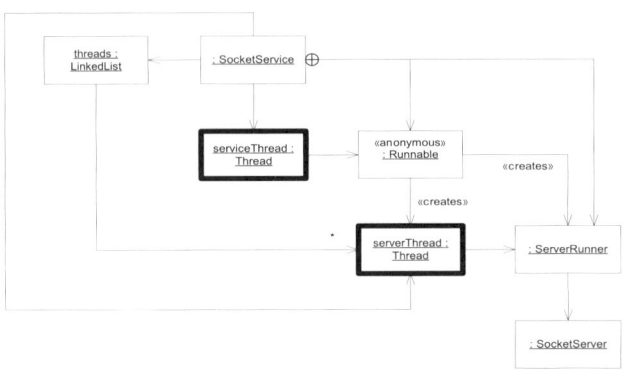

객체는 '활동적인 객체(active object)'를 나타낸다. 활동적인 객체는 스레드의 사령부 역할을 하며, 그 스레드를 제어하는 메서드들, 예를 들어 시작(start), 멈춤(stop), 우선순위 설정(setPriority) 등을 가진다. 이 다이어그램에서 모든 활동적인 객체는 Thread의 인스턴스인데, 이는 Thread의 인스턴스가 참조를 가지는 Runnable 유도 객체에서 모든 작업을 처리하기 때문이다. Runnable 유도 객체 자체는 활동적인 객체가 아닌데, 그 까닭은 이것들이 스레드를 제어하지 않기 때문이다. 오히려 스레드가 이 객체들의 메서드를 호출해서 사용한다.

왜 이 경우에는 객체 다이어그램이 클래스 다이어그램보다 더 표현력이 좋을까? 그 까닭은 이 애플리케이션의 구조가 실행 시간(runtime)에 생성되기 때문이다. 이 애플리케이션에서 중요한 구조는 클래스의 구조가 아니라 객체의 구조다.

결론

객체 다이어그램은 특정 순간의 시스템 상태를 찍은 스냅샷이다. 객체 다이어그램은 시스템을 그림으로 설명하는 유용한 방법으로, 시스템의 구조를 그 시스템에 속한 클래스의 정적인 구조에서 만들어 내는 것이 아니라 동적으로 만드는 경우 특히 유용하다. 하지만, 객체 다이어그램을 많이 그리지 않도록 조심해야 한다. 객체 다이어그램은 대부분 대응되는 클래스 다이어그램에서 바로 유추할 수 있는데, 따라서 클래스 다이어그램에서 바로 유추해내기 힘든 위 예제와 같은 경우를 제외하고는 그다지 큰 쓸모가 없다.

… 10장

UML for JAVA Programmers

상태 다이어그램

UML에는 유한 상태 기계(Finite State Machine, FSM)를 설명하기 위한 표기법이 풍부하다. 이 장에서는 이 표기법에서 가장 유용한 부분을 공부할 것이다. FSM은 어떤 소프트웨어를 작성하든 굉장히 유용한 도구다. 나는 이것을 GUI나 통신 프로토콜, 그밖에도 이벤트 기반 시스템이라면 어떤 종류에서든 사용한다. 안타깝게도, 내가 볼 때 너무나 많은 개발자가 FSM 개념에 익숙하지 못해서 프로그램을 단순하게 할 수 있는 많은 기회를 놓친다. 나는 이 장에서 이런 상황을 바로잡기 위해 내가 할 수 있는 일을 하려고 한다.

기본 개념

다음 페이지에 있는 그림 10.1은 사용자가 시스템에 로그인하는 방법을 제어하는 상태 기계를 기술하는 '간단한 상태 전이 다이어그램(state transition diagram, STD)'이다. 이 그림에서 모서리가 둥근 사각형은 '상태(state)'를 나타낸다. 사각형을 둘로 나눠 위 부분에 각 상태의 이름을 적고, 아래 부분에는 그 상태에 들어가거나 나갈 때 특별히 무엇을 해야 할지 적는다. 예를 들어, 로그인 메시지를 띄우기(Prompting for Login) 상태에 들어갈 때에는 showLoginScreen 행동을 호출한다. 이 상태에서 나갈 때에는 hideLoginScreen 행동을 호출한다.

그림 10.1 간단한 로그인 상태 기계

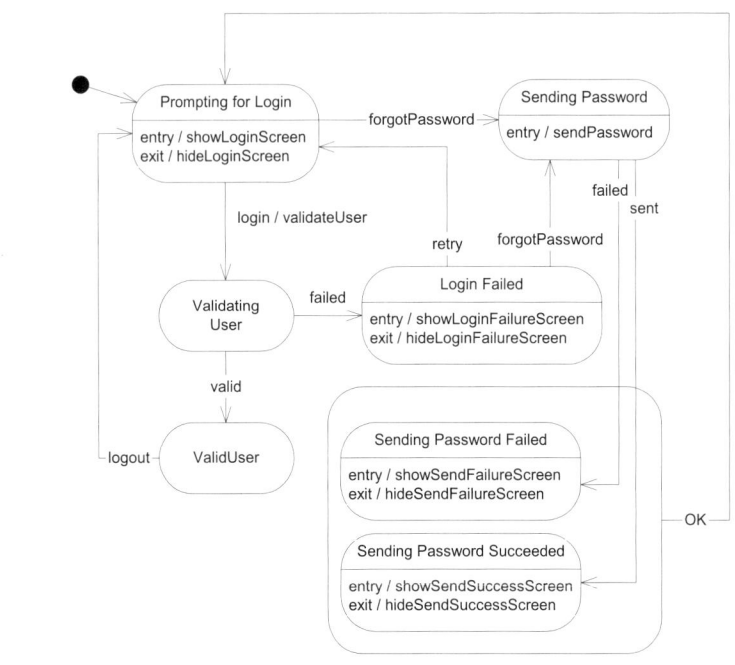

상태 사이의 화살표는 '전이(transition)'라고 부른다. 전이마다 그것을 발생시키는 이벤트의 이름이 붙어 있다. 몇몇 전이에는 전이가 일어날 때 수행할 행동이 붙기도 한다. 예를 들어, Prompting for Login 상태에서 로그인 이벤트를 받으면, 사용자 검증하기(Validating User) 상태로 전이하면서 validateUser 행동도 호출한다.

다이어그램 왼쪽 상단의 검은 동그라미는 '최초 의사-상태(pseudo state)'라고 부른다.[1] FSM의 생명은 이 의사(擬似)-상태에서 전이해 나오며 시작된다. 그러므로 지금 예로 든 상태 기계는 Prompting for Login 상태로 전이해 들어가면서 동작을 시작한다.

나는 비밀번호 보냄 실패(Sending Password Failed) 상태와 비밀번호 보냄 성공(Sending Password Succeeded) 상태를 둘러싼 '상위 상태(superstate)'도 하나 그렸는데, 두 상태 모두 똑같이 Prompt for Login 상태로 전이함으로써 OK 이벤트에 반응하기 때문이다. 상위 상태를 사용하면 동일한 화살표를 중복해서 그리지 않아도

---

1 (옮긴이) 엄밀한 의미의 상태가 아니기 때문에 의사-상태(pseudo state)다.

되므로 편리하다.

이 유한 상태 기계는 로그인 과정이 어떻게 작동하는지 명확하게 정의한다. 또 이 과정을 작고 간결해서 좋은 함수들로 쪼개 주기까지 한다. 만약 showLoginScreen, validateUser, sendPassword 등의 행동 함수를 모두 구현한 다음, 이 다이어그램에서 보이는 논리 구조로 연결만 하면, 이 로그인 과정이 올바로 작동할 것임을 확신할 수 있다.

특수 이벤트

상태 사각형의 아래 부분에는 여러 '이벤트 / 행동' 쌍이 들어 있다. 이것 가운데 들어옴(entry) 이벤트와 나감(exit) 이벤트는 표준 이벤트다. 원한다면 그림 10.2처럼 자신만의 이벤트를 추가할 수도 있다. 만약 FSM이 어떤 상태에 있을 때 이런 특수 이벤트가 호출된다면, 그 이벤트에 대응하는 행동이 호출된다.

UML을 사용하기 전에 나는 이런 특수 이벤트를 그림 10.3처럼 같은 상태로 되돌아오는 전이 화살표로 자주 나타냈다. 하지만, UML에서 이렇게 표기하면 의미가 조금 달라진다. 상태에서 빠져나가는 전이는 나감 행동이 있다면 반드시 그 행동을 호출하며, 마찬가지로 상태에 들어오는 전이는 들어옴 행동이 있다면 반드시 그 행동을 호출한다. 그러므로 UML에서 그림 10.3과 같은 재귀 전이는 myAction뿐 아니라 나감 행동과 들어옴 행동까지 호출한다.

그림 10.2 UML에서 상태와 특수 이벤트

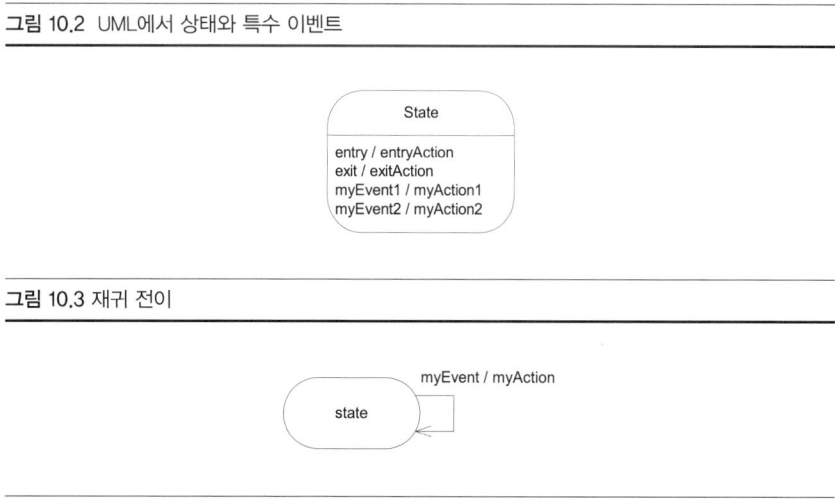

그림 10.3 재귀 전이

상위 상태

그림 10.1의 로그인 FSM처럼 똑같은 이벤트에 똑같이 반응하는 상태들이 많다면 상위 상태를 사용하는 것이 편리하다. 이런 비슷한 상태를 둘러싼 상위 상태를 그린 다음, 상태마다 전이 화살표를 그리는 대신 상위 상태에만 그리면 된다. 그러므로 10.4의 두 다이어그램은 동일하다.

하위 상태에 명시적으로 전이를 그려 넣으면 상위 상태의 전이보다 우선순위가 앞선다. 따라서 그림 10.5의 S3 상태의 pause 전이가 Cancelable 상위 상태의 기본 pause 전이보다 우선한다. 이렇게 보면 상위 상태가 기반 클래스와 비슷함을 알 수 있다. 유도 클래스가 자기 기반 클래스의 메서드를 재정의(override)하는 것과 마찬

그림 10.4 전이 : 여러 상태와 상위 상태

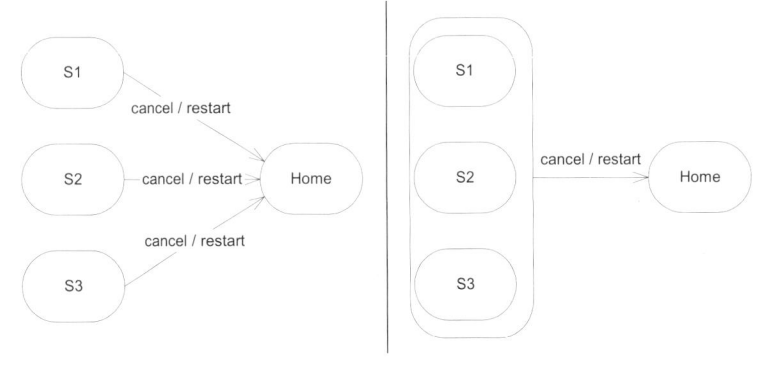

그림 10.5 상위 상태의 전이를 재정의하기

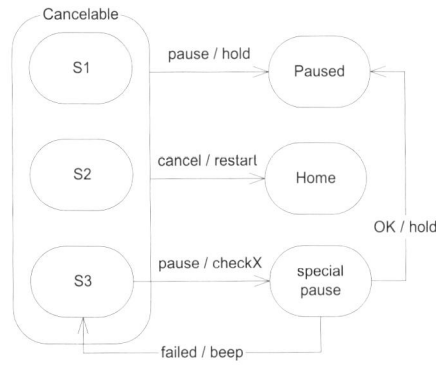

그림 10.6 들어옴 행동과 나감 행동의 계층적 호출

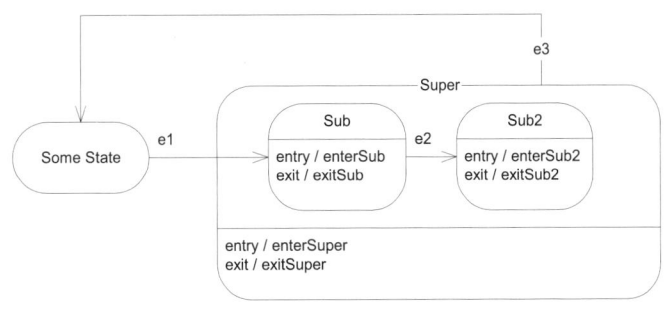

가지로 하위 상태는 상위 상태의 전이를 재정의할 수 있다. 하지만 이런 메타포는 여기까지만 하자. 이 메타포를 더 이어가는 것은 그다지 바람직하지 않다. 상위 상태와 하위 상태 사이의 관계는 사실 상속과 동등한 것이 아니기 때문이다.

상위 상태도 보통상태처럼 들어옴 이벤트, 나감 이벤트, 특수 이벤트를 가질 수 있다. 그림 10.6은 상위 상태와 하위 상태 모두 들어옴 행동과 나감 행동이 있는 FSM이다. 어떤 상태(Some State)에서 Sub 상태로 전이되어 들어오면 먼저 enterSuper 행동을 호출하고 그 다음 enterSub 행동을 호출한다. 마찬가지로, FSM 전이가 Sub2에서 어떤 상태(Some State)로 돌아간다면, 먼저 exitSub2를 호출한 다음 exitSuper를 호출한다. 하지만, Sub에서 Sub2로 가는 e2 전이는 상위 상태 바깥으로 나가지 않기 때문에, 단지 exitSub와 enterSub2만 호출한다.

최초 의사-상태와 최종 의사-상태

그림 10.7에서 UML에서 자주 사용되는 두 의사-상태를 볼 수 있다. FSM의 생명은 최초 의사-상태에서 전이되어 나오는 '과정'에서 시작된다. 최초 전이는 이벤트를 가지지 못하는데, 상태 기계 생성이 바로 이 전이를 시작하는 이벤트이기 때문이다. 하지만 행동은 가질 수 있으며, 이 행동이 바로 FSM이 만들어진 다음 곧바로 호출되는 첫 행동이다.

마찬가지로, FSM은 '최종 의사-상태'로 전이되는 과정에서 소멸한다. 최종 의사-상태에는 절대로 도달하지 못한다.[2] 만약 최종 의사-상태에 행동이 붙어 있다면, 이

---

2 (옮긴이) 최종 의사상태로 가는 과정에서 FSM이 소멸하기 때문이다.

그림 10.7 최초 의사-코드와 최종 의사-코드

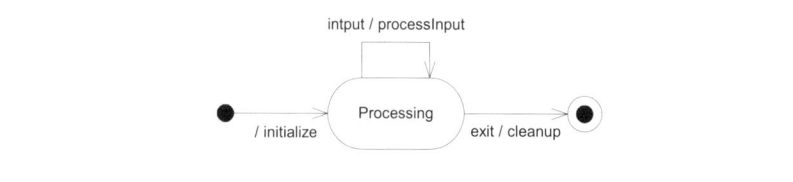

행동은 FSM이 마지막으로 호출하는 행동이 될 것이다.

FSM 다이어그램을 사용하기

내가 발견한 바로는, 이미 행동이 잘 알려진 하위 시스템의 상태 기계를 파악하는 일이라면 상태 다이어그램이 굉장히 도움이 된다. 하지만, FSM을 적용할 여지가 있는 시스템에서는 대개 사전에 그 시스템의 행동을 잘 알지 못한다. 사실 대부분의 시스템에서 행동들은 시간이 지날수록 규모가 커지고 진화하기 마련이다. 그런데 다이어그램은 자주 변경해야 하는 시스템을 표현하기에 좋은 매체가 아니다. 다이어그램의 내용뿐 아니라 구성 요소의 배치며 공간에도 신경을 써야 하기 때문이다. 설계자가 설계를 바꿔야 할 때 이런 것이 방해하기도 한다. 다이어그램을 다시 고치기 싫어서 필요한 클래스나 상태를 추가하지 않거나, 좋지 않은 해결 방법이지만 다이어그램에 든 구성 요소들을 다시 배치하지 않아도 된다는 이유로 그 해결 방법을 쓸지도 모른다.

반면 글은 변화를 다루기에 아주 유연한 매체다. 내부 요소를 보기 좋게 배치하는 일에 관련한 문제는 없다시피 하고, 내용을 추가할 공간은 언제나 있기 마련이다. 그러므로 진화하는 시스템에는 STD보다는 상태 전이 테이블(state transition table, STT)이 좋다. 그림 10.8의 지하철 개찰구 STD를 한번 보아라. 이 STD는 그림

그림 10.8 지하철 개찰구 STD

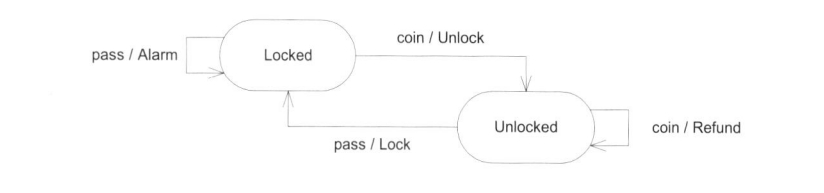

10.9처럼 STT로 쉽게 표현할 수 있다.

STT는 열이 네 개 있는 단순한 테이블이다. 테이블의 행 하나는 전이 하나를 나타낸다. 테이블의 한 행을 보면, 전이 화살표의 시작 지점과 끝 지점, 그리고 이벤트와 액션이 모두 들어 있다. STT를 읽을 때는 다음 문장을 기본 틀로 삼아서 읽으면 된다. "만약 Locked(잠김) 상태에서 coin(동전 투입) 이벤트를 받으면, Unlocked(풀림) 상태로 가고, Unlock(풀음) 함수를 호출한다."

그림 10.9 지하철 개찰구 STT

현재 상태	이벤트	새로운 상태	액션
Locked(잠김)	coin(동전 투입)	UNLocked(풀림)	UNLock(풂)
Locked(잠김)	pass(지나감)	Locked(잠김)	Alarm(경보)
UNLocked(풀림)	coin(동전 투입)	UNLocked(풀림)	Refund(동전 반환)
UNLocked(풀림)	pass(지나감)	Locked(잠김)	Locked(잠금)

이 테이블은 다음처럼 매우 간단하게 텍스트 파일로 바꿀 수 있다.

    Locked(잠김)   coin(동전 투입)   Unlocked(풀림)   Unlock(풂)

    Locked(잠김)   pass(지나감)   Locked(잠김)   Alarm(경보)

    Unlocked(풀림)   coin(동전 투입)   Unlocked(풀림)   Refund(동전 반환)

    Unlocked(풀림)   pass(지나감)   Locked(잠김)   Lock(잠금)

이 열여섯 단어에 이 FSM의 모든 논리 구조가 담겨 있다. 예전에 이 텍스트 파일을 읽어 들여서 그 논리를 구현하는 코드를 생성하는 간단한 컴파일러를 만들 수도 있겠다는 생각이 떠오른 적이 있다.

SMC

그래서 15년 전쯤에, 나는 STT를 읽어 그 논리를 구현하는 C++ 코드를 생성하는 SMC[3]라는 간단한 컴파일러를 만들었다. 그 이후 SMC는 계속 성장해서 다른 여러 언어의 코드도 출력할 수 있게 발전했다. SMC는 www.objectmentor.com의 resources 항목에서 무료로 받을 수 있다.

코드 10.1은 SMC 컴파일러가 받아들이는 입력 형식으로 만든 개찰구 예제다. 대

---

3 SMC는 상태 기계 컴파일러(State Machine Compiler)의 약자다.

부분의 문법을 이해하는 데 어려움이 없을 것이다. 자세한 사항은 앞서 언급한 URL에서 다운로드할 수 있는 smc.txt 문서에 적혀 있다. FSMName 헤더에는 SMC가 만들 클래스의 이름을 적는다. Context 헤더에는 SMC가 만드는 FSM 클래스가 어떤 클래스를 상속해야 할 경우, 그 클래스의 이름을 적는다.

코드 10.1 Turnstile.sm

```
Context TurnStileContext
FSMName TurnStile
Initial Locked
{
  Locked
  {
    Coin Unlocked Unlock
    Pass Locked Alarm
  }
  Unlocked
  {
    Coin Unlocked Thankyou
    Pass Locked Lock
  }
}
```

코드 10.2는 이 입력에서 생성된 코드로, STATE 패턴을 사용한다. 한번 이렇게 생성한 코드는 다시 수정할 필요가 없고, 심지어 읽어 볼 필요도 없을 것이다. 이 코드는 단순히 상태 기계의 논리 구조만 구현하며, 상태마다 딸린 행동 함수들을 우리가 Context 클래스에서 구현할 수 있게 해준다.

코드 10.2 TurnStile.java (SMC가 생성)

```
public class TurnStile extends TurnStileContext
{
  private State itsState;
  private static String itsVersion = "";
  private static Locked itsLockedState;
  private static Unlocked itsUnlockedState;

  public TurnStile()
  {
    itsLockedState = new Locked();
    itsUnlockedState = new Unlocked();

    itsState = itsLockedState;
```

```java
  }

  public String getVersion()
  {
    return itsVersion;
  }

  public String getCurrentStateName()
  {
    return itsState.stateName();
  }

  public void Pass()
  {
    itsState.pass();
  }

  public void Coin()
  {
    itsState.coin();
  }

  private abstract class State
  {
    public abstract String stateName();

    public void pass()
    {
      FSMError( "Pass", itsState.stateName());
    }

    public void coin()
    {
      FSMError( "Coin", itsState.stateName());
    }

  }

  private class Locked extends State
  {
    public String stateName()
    {
      return "Locked";
    }

    public void pass()
    {
      Alarm();
      itsState = itsLockedState;
    }

    public void coin()
    {
```

```
      Unlock();
      itsState = itsUnlockedState;
    }
  }

  private class Unlocked extends State
  {
    public String stateName()
    {
      return "Unlocked";
    }

    public void pass()
    {
      Lock();
      itsState = itsLockedState;
    }

    public void coin()
    {
      Thankyou();
      itsState = itsUnlockedState;
    }
  }
}
```

SMC의 입력 형식으로 FSM을 만들고 유지 보수하는 것이 다이어그램을 유지 보수하는 것보다 훨씬 쉬우며, 또 코드 자동 생성으로 시간도 많이 절약할 수 있다. 그러므로 여러분이 어떤 FSM을 놓고 궁리하거나 다른 사람에게 FSM을 보여 주려면 다이어그램이 매우 유용할지 몰라도, 개발하려면 텍스트 형식이 훨씬 편리하다.

ICE : 사례 연구

몇 년 전 나는 ICE라는 워크스테이션 프로젝트에 참여한 적이 있다. 이 프로젝트의 사용자들은 GUI 화면 앞에 앉아 시스템이 무척 단순한 작업 흐름에 따라 순서대로 보여 주는 여러 개의 화면을 이용해서 작업한다. 그림 10.10이 GUI의 논리 구조다. 정작 프로젝트를 개발할 때에는 이 다이어그램을 한 번도 그린 적 없다. 나는 단지 복잡한 FSM을 UML로 어떻게 그리는지 보이기 위해 여기에 그려 놓은 것뿐이다.

140쪽의 코드 10.3이 이 다이어그램의 SMC 입력 형태다. 처음에는 보잘것없었지만 시간이 가면서 지금 보는 것처럼 완전한 형태의 표현으로 자라났다. 이 파일은 만들기 쉽고, 유지 보수도 쉽고, 우리의 프로젝트 빌드 절차에도 쉽게 포함할 수 있었다.

그림 10.10 ICE FSM

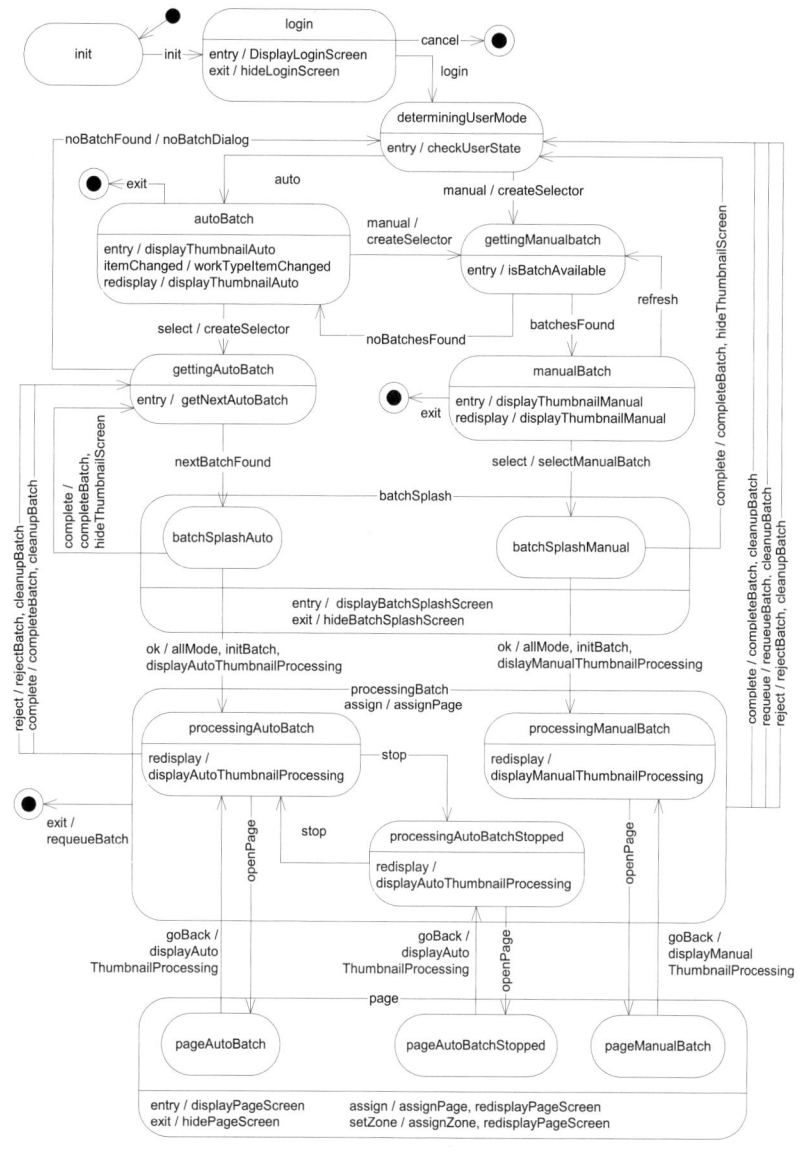

코드 10.3 ice.sm

```
Context RootFSM
Initial init
FSMName RootFSMGen
Version 042399 1528 rcm
FSMGenerator smc.generator.java.SMJavaGenerator
Pragma Package root
{
   init
   {
      init            login                    {}
   }
   login <displayLoginScreen >hideLoginScreen
   {
      login           determiningUserMode      {}
      cancel          end                      {}
   }

   determiningUserMode < { cleanupThumbnails checkUserState }
   {
      auto            autoBatch                {}
      manual          gettingManualBatch       { createSelector }
   }
   autoBatch < { setUserAuto displayThumbnailAuto }
   {
      manual          gettingManualBatch       { createSelector }
      select          gettingAutoBatch         { createSelector }
      itemChanged     *                        workTypeItemChanged
      redisplay       *                        displayThumbnailAuto
      exit            end                      {}
   }

   gettingAutoBatch <getNextAutoBatch
   {
      nextBatchFound  batchSplashAuto          {}
      noBatchFound    determiningUserMode      { noBatchDialog }
   }

   gettingManualBatch <isBatchAvailable
   {
      batchesFound    manualBatch              {}
      noBatchFound    autoBatch                {}
   }
   manualBatch < { setUserManual displayThumbnailManual }
   {
      auto            autoBatch                {}
      refresh         gettingManualBatch       {}
      select          batchSplashManual        selectManualBatch
      redisplay       *                        displayThumbnailManual
      exit            end                      {}
   }
```

```
(processingBatch) >hideThumbnailScreen
{
    ok              *                       {}
    cancel          *                       {}
    complete        determiningUserMode     { completeBatch
                                              cleanupBatch }
    requeue         determiningUserMode     { requeueBatch
                                              cleanupBatch }
    reject          determiningUserMode     { rejectBatch
                                              cleanupBatch }
    assign          *                       assignPage
    exit            end                     requeueBatch
}

processingAutoBatch : processingBatch
{
    stop            processingAutoBatchStopped    {}
    complete        gettingAutoBatch        { completeBatch
                                              cleanupBatch }
    reject          gettingAutoBatch        { rejectBatch
                                              cleanupBatch }
    openPage        pageAutoBatch           {}
    redisplay       *         displayAutoThumbnailProcessing
}

processingAutoBatchStopped : processingBatch
{
    complete        determiningUserMode     { completeBatch
                                              cleanupBatch }
    reject          determiningUserMode     { rejectBatch
                                              cleanupBatch }
    openPage        pageAutoBatchStopped    {}
    stop            processingAutoBatch     {}
    redisplay       *         displayAutoThumbnailProcessing
}

processingManualBatch : processingBatch
{
    openPage        pageManualBatch         {}
    redisplay       *         displayManualThumbnailProcessing
}

(batchSplash) <displayBatchSplashScreen >hideBatchSplashScreen
{
}

batchSplashAuto : batchSplash
{
    ok              processingAutoBatch     {allMode initBatch
                                             displayAutoThumbnailProcessing}
    complete        gettingAutoBatch        {completeBatch
                                             hideThumbnailScreen}
}
```

```
batchSplashManual : batchSplash
{
   ok            processingManualBatch   {allMode initBatch
                                          displayManualThumbnailProcessing}
   complete      determiningUserMode      {completeBatch
                                          hideThumbnailScreen}
}

(page) <displayPageScreen >hidePageScreen
{
   assign        *                        {assignPage
                                          redisplayPageScreen}
   setZone       *                        {assignZone
                                          redisplayPageScreen}
}

pageAutoBatch : page
{
   goBack        processingAutoBatch
                                          displayAutoThumbnailProcessing
}

pageAutoBatchStopped : page
{
   goBack        processingAutoBatchStopped
                                          displayAutoThumbnailProcessing
}

pageManualBatch : page
{
   goBack        processingManualBatch
                                          displayManualThumbnailProcessing
}

end <exitProgram
{
}
}
```

결론

유한 상태 기계(Finite State Machine)는 소프트웨어를 구조화할 때 쓸 수 있는 강력한 개념이다. UML은 FSM을 시각적으로 표현하는 매우 강력한 표기법을 제공한다. 하지만, FSM을 개발하거나 유지 보수할 때라면 다이어그램보다 텍스트 기반의 언어를 사용하는 것이 쉬운 경우가 더 많다.

UML 상태 다이어그램 표기법은 여기서 설명한 것보다 훨씬 내용이 풍부하다. 여러분은 여러 가지 추가적인 의사-상태나 아이콘, 위젯을 적용할 수 있다. 하지만, 나는 이것들을 유용하게 쓴 경우를 거의 찾지 못했다. 내가 실제로 사용하는 표기법은 이 장에서 설명한 것이 전부다.

11장

UML for JAVA Programmers

휴리스틱[1]과 커피

지난 십여 년 간 나는 전문 소프트웨어 개발자에게 객체지향 설계를 가르쳤다.

강좌는 오전 강의와 오후 실습으로 나뉜다. 오후 실습에서 나는 수강생을 여러 팀으로 나눈 다음 UML을 사용해서 설계 문제를 하나 해결하도록 시킨다. 다음날 오전에는 한두 팀을 골라 그들의 해결 방안을 칠판에 제시하게 한 다음, 같이 그들의 설계를 비평해 본다.

나는 이런 강좌를 몇백 번이나 하면서 수강생들이 설계할 때 공통으로 어떤 실수들을 저지름을 깨달았다. 이 장에서는 그중 가장 자주 발견되는 잘못을 몇 가지 제시하고 그것이 왜 잘못인지 밝히고 나서 어떻게 고칠 수 있는지 설명한다. 그런 다음, 모든 설계 문제를 깔끔하게 해결한다고 생각되는 방식으로 그 문제를 풀어 본다.

마크 IV 특수 커피메이커

객체지향 설계(OOD) 수업의 첫날 오전에 나는 클래스, 객체, 관계, 메서드, 다형성 등 기본 정의를 제시한다. 이와 함께 기본적인 UML도 내놓는다. 이렇게 해서 학생

---

[1] (옮긴이) 휴리스틱(heuristic), 우리말로 번역하면 경험적 방법이다. 어원은 그리스어 'heuriskein'이며 그 뜻은 '발견하다'이다. 어떤 문제가 있는데 그 문제를 푸는 방법이 아직 없거나 현실적으로 불가능할 때, 문제를 풀기 위한 정보가 완전하지 않을 때, 또는 확립된 절차에 따라 답을 구할 수 있을 정도로 문제가 명확하게 정의되지 않았을 때 경험이나 직관을 사용하거나, 노력을 기울여 시행착오를 거치며 충분히 효율적인 해답이나 지식을 알게 되는 과정이나 기법을 일컫는다. 11장에서 '좋은 소프트웨어 설계를 하라'는 명확한 답이 없는 문제를 경험, 직관, 시행착오를 통해 점점 만족스러운 설계로 발전시키는 과정이 바로 휴리스틱이다.

들은 객체지향 설계의 근본 개념과 어휘, 도구를 배운다.

그리고 그 오후에 나는 학생들에게 과제로 간단한 커피메이커를 제어하는 소프트웨어를 설계해 보라고 요구한다. 다음이 내가 그들에게 제시하는 명세다.[2]

마크 IV 특수 커피메이커

마크 IV 특수 커피메이커는 한 번에 커피를 최대 12잔까지 만들 수 있다. 사용자는 필터 받침에 필터를 올려놓고, 필터에 커피 가루를 채운 다음, 필터 받침을 기계의 제자리에 밀어 넣는다. 사용자는 최대 열두 잔 분량의 물을 여과기에 붓고 '끓임(Brew)' 버튼을 눌러 끓을 때까지 계속 물을 데운다. 증기압이 점점 세지면서 물이 커피 가루 위에 뿌려지고, 만들어진 커피 방울이 필터를 거쳐 주전자로 떨어진다. 주전자는 온열판 위에 놓여 있어서 일정한 시간 동안 따뜻하게 유지되는데, 이 온열판은 주전자에 커피가 있을 때만 작동한다. 만약 커피 가루 위에 물을 뿌리는 동안 온열판에서 주전자를 치우면, 끓은 커피를 온열판 위에 흘리지 않도록 물 흐름을 멈추어야 한다.

다음 기계 장치들을 감시하거나 제어해야 한다.

- 끓이는 장치를 위한 가열기. 켜거나 끌 수 있다.
- 온열판을 위한 가열기. 켜거나 끌 수 있다.
- 온열판을 위한 감지기. warmerEmpty(온열판이 비어 있음), potEmpty(주전자가 비어 있음), potNotEmpty(주전자가 차 있음) 등 세 가지 상태가 있다.
- 끓이는 장치를 위한 감지기. 물이 있는지 없는지 측정한다. boilerEmpty(장치가 비어 있음), boilerNotEmpty(장치가 비어 있지 않음) 두 가지 상태가 있다.
- '끓임' 버튼. 순간 방식 버튼[3]이며 커피를 만드는 전체 주기를 시작한다. 커피를 만드는 주기가 끝나고 커피가 준비될 때 불이 켜지는 작은 알림 장치가 들어 있다.
- 끓이는 장치의 압력을 줄이려고 열리는 압력 완화 밸브. 압력이 약해지면 필터에 뿌려지는 물 흐름이 멈춘다. 이 밸브는 열리거나 닫힐 수 있다.

---

2 이 문제는 내 첫 책 [Martin1995] 60쪽에서 가져왔다.
3 (옮긴이) 순간 방식 버튼(momentary swith)이란, 토글(toggle) 방식의 버튼과 달리 버튼을 누르는 순간에만 접점이 닿고 버튼에서 손을 떼면 접점이 떨어지는 방식의 스위치다. 엘리베이터 버튼이나 ATX 파워를 가진 컴퓨터의 전원 버튼이 이 방식이다.

마크 IV의 기계 장치는 설계가 끝나서 지금 개발하는 중이다. 기계 장치 엔지니어들이 우리가 사용할 저차원 API까지 제공해 주었기 때문에 우리 스스로 I/O 드라이버 코드를 작성하느라 비트를 만지작거릴 필요가 없다. 코드 11.1에 이 인터페이스 함수의 코드가 나와 있다. 코드가 이상하게 보인다면, 소프트웨어 설계자가 아니라 기계 장치 엔지니어들이 작성해서 그러려니 하고 넘어가라.

코드 11.1 CofeeMakerAPI.java

```java
public interface CoffeeMakerAPI {

  /**
   * 이 함수는 온열판 감지기의 상태를 반환한다.  이 감지기는
   * 주전자가 온열판 위에 있는지,  만약 있다면 커피가 주전자 안에
   * 들어 있는지 감지한다.
   * /
  public int getWarmerPlateStatus();

  public static final int WARMER_EMPTY = 0;
  public static final int POT_EMPTY = 1;
  public static final int POT_NOT_EMPTY = 2;

  /**
   * 이 함수는 끓이는 장치의 스위치 상태를 반환한다.
   * 이 스위치는 물 위에 뜬 형태로,
   *     끓이는 장치 안에 물이 반 잔 이상 있으면
   * 끓이는 장치가 비어 있지 않음을 감지한다.
   * /
  public int getBoilerStatus();

  public static final int BOILER_EMPTY = 0;
  public static final int BOILER_NOT_EMPTY = 1;

  /**
   * 이 함수는 '끓임(Brew)' 버튼의 상태를 반환한다.
   * 끓임 버튼은 순간 방식의 스위치이며 자신의 상태를 기억하는 능력이 있다.
   * 이 함수를 누를 때마다 자신이 기억하는 상태를 반환하며 그와 동시에
   * 자신의 상태를 BREW_BUTTON_NOT_PUSHED 상태로 다시 초기화한다.
   *
   *    따라서 이 함수의 폴링(polling) 주기가 굉장히 길지라도,
   * 끓임 버튼이 눌렸다는 사실을 감지할 수 있다.[4]
   * /
  public int getBrewButtonStatus();
```

---

[4] (옮긴이) 일반적인 순간 방식 버튼은 기억력이 없으므로 자신이 눌릴 때 동시에 이 함수가 호출되지 않으면 언제나 BREW_BUTTON_NOT_PUSHED를 반환할 것이다. 이 버튼은 이 함수가 호출될 때까지 자신이 눌렸다는 사실을 기억하다가, 그 사실을 반환한 다음에야 초기화된다. 따라서 버튼이 눌렸는지 확인하기 위해 이 함수를 자주 호출할 필요가 없다.

```java
    public static final int BREW_BUTTON_PUSHED = 0;
    public static final int BREW_BUTTON_NOT_PUSHED = 1;

    /**
     * 이 함수는 끓이는 장치의 가열기를 켜거나 끈다.
     */
    public void setBoilerState(int boilerStatus);

    public static final int BOILER_ON = 0;
    public static final int BOILER_OFF = 1;

    /**
     * 이 함수는 온열판의 가열기를 켜거나 끈다.
     */
    public void setWarmerState(int warmerState);

    public static final int WARMER_ON = 0;
    public static final int WARMER_OFF = 1;

    /**
     * 이 함수는 끓임 버튼의 알림 장치의 불을 켜거나 끈다.
     * 커피 만드는 주기가 끝나면 알림 장치의 불이 켜져야 한다.
     * 그리고 사용자가 끓임 버튼을 누르면 불이 꺼져야 한다.
     */
    public void setIndicatorState(int indicatorState);

    public static final int INDICATOR_ON = 0;
    public static final int INDICATOR_OFF = 1;

    /**
     * 이 함수는 압력 완화 밸브를 열거나 닫는다. 이 밸브가 닫혔으면
     * 끓이는 장치의 증기 압력이 뜨거운 물을 커피 필터 위에 뿌린다.
     * 이 밸브가 열리면, 끓이는 장치의 증기는 바깥으로 빠져나가므로,
     * 끓이는 장치의 물이 필터에 뿌려지지 않는다.
     */
    public void setReliefValveState(int reliefValveState);

    public static final int VALVE_OPEN = 0;
    public static final int VALVE_CLOSED = 1;
}
```

도전

여러분이 도전을 좋아한다면, 여기서 이 책 읽기를 잠시 멈추고 스스로 이 소프트웨어를 설계해 보아라. 기능이 단순한 내장형 실시간 시스템에 들어갈 소프트웨어를 설계하고 있다는 사실을 기억해야 한다. 나는 설계 산출물로 일련의 클래스 다이어그램과 시퀀스 다이어그램, 상태 기계를 기대하고 있다.

자주 제시되긴 하지만, 엉망인 커피메이커 해결 방안

그림 11.1의 해결 방안이 여태 학생들이 가장 많이 제시한 것이다. 이 다이어그램에서는 두목 격인 CoffeeMaker(커피메이커) 클래스가 장치마다 하나씩 있는 졸개들에게 둘러싸여 있다. 이 CoffeeMaker 클래스의 졸개로는 Boiler(끓이는 장치), WarmerPlate(온열판), Button(버튼), Light(불빛)가 있다. Boiler에는 BoilerSensor(끓이는 장치의 감지기)와 BoilerHeater(끓이는 장치의 가열기)가 있다. 그리고 WarmerPlate에도 PlateSensor(온열판 감지기)와 PlateHeater(온열판 가열기)가 있다. 마지막으로, Sensor와 Heater라는 기반 클래스가 두 개 있는데, 이것은 각각 BoilerSensor와 PlateSensor, 그리고 BoilerHeater와 PlateHeater의 부모 역할을 한다.

   초보자는 이 구조가 얼마나 엉망인지 이해하기 힘들다. 이 다이어그램에는 상당히 심각한 잘못이 꽤 많이 숨어 있는데, 이것들은 대부분 여러분이 실제로 이 설계를 코드로 옮기다가 비로소 코드가 엉망임을 깨달을 때까지 발견되지 않을 것이다.

그림 11.1 너무나 클래스들이 구체적인(concrete) 커피메이커

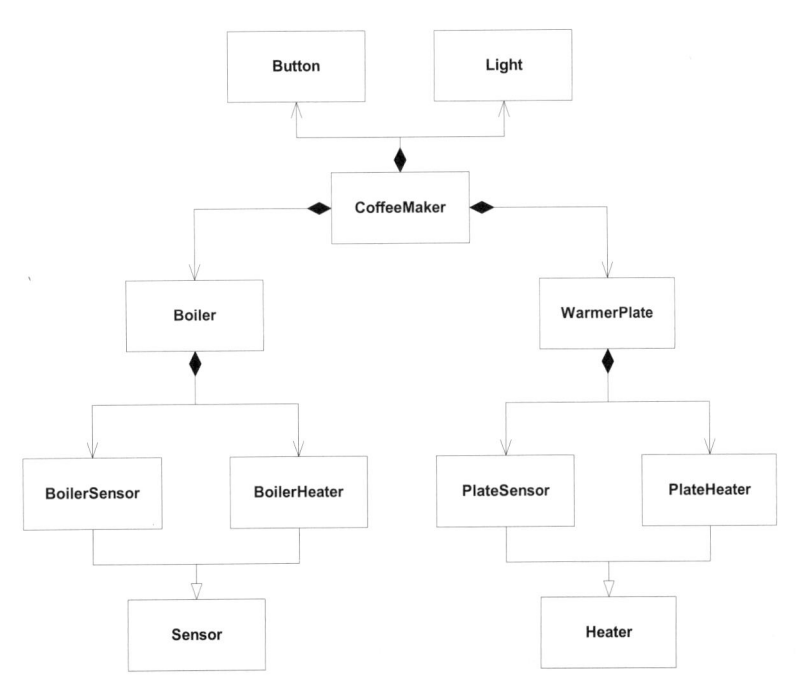

하지만 설계에 들어 있는 문제를 다루기 전에 UML을 그리는 방법의 문제부터 다루어 보자.

사라진 메서드

그림 11.1에서 보이는 가장 큰 문제는 메서드가 하나도 없다는 점이다. 우리는 지금 '프로그램'을 작성하는 중인데, 프로그램이란 결국 어떤 행위를 하는 것이 아닌가! 이 다이어그램에서 행위는 어디에 있는가? 설계자들이 메서드를 적지 않은 채 다이어그램을 그린다면 행위가 아닌 다른 것을 기준으로 소프트웨어를 분할하는 셈이다. 행위에 기반을 두지 않고 분할하는 것은 대부분 심각한 잘못이다. 시스템의 행위야말로 소프트웨어를 어떻게 분할해야 옳은지 알려 주는 첫 단서다.

허깨비 클래스

만약 Light 클래스에 어떤 메서드가 들어갈지 생각해 본다면, 얼마나 잘못 분할한 설계인지 바로 알 수 있을 것이다. Light 객체는 단지 켜지거나 꺼지기만 하면 된다는 것이 명백하다. 그러므로 Light 클래스에는 아마 on()과 off() 메서드가 들어갈 것이다. 이 함수들은 어떻게 구현될까? 코드 11.2를 한번 보아라.

코드 11.2 Light.java

```java
public class Light {
  public void on() {
    CoffeeMakerAPI.api.setIndicatorState(CoffeeMakerAPI.INDICATOR_ON);
  }
  public void off() {
    CoffeeMakerAPI.api.setIndicatorState(CoffeeMakerAPI.INDICATOR_OFF);
  }
}
```

이 클래스에는 이상한 점이 여럿 있다. 먼저, 변수가 하나도 없다. 객체는 보통 자기가 조작할 상태를 몇 가지 가지기 마련이므로 이것은 이상하다. 게다가, on()과 off() 메서드는 단지 CoffeeMakerAPI(커피메이커 API)의 setIndicatorState 메서드에 위임하기만 할 뿐이다. 따라서 이 Light 클래스는 함수 호출을 다른 형식으로 변환할 뿐이라는 점이 분명하게 보인다. 이 클래스는 쓸모 있는 일을 하나도 하지 않는다.

Button, Boiler, WarmerPlate 클래스도 마찬가지다. 이것들도 어떤 함수 호출을 다른 형태로 바꾸는 어댑터일 뿐이다. 사실은 중심 클래스인 CoffeeMaker 클래스의 논리 구조를 하나 바꾸지 않고도 이 클래스들을 설계에서 제거할 수도 있는데, 이 어댑터들을 통해 호출하는 대신 CoffeeMaker 클래스가 CoffeeMakerAPI의 함수들을 그냥 직접 호출하기만 하면 된다.

메서드와 코드에 대해 간단히 생각해 봄으로써 우리는 이 클래스들을 그림 11.1에서 중요한 자리를 차지하는 클래스에서 단순히 자리만 차지하는 클래스로 떨어뜨렸다. 그래서 나는 이런 클래스를 허깨비 클래스(vapor class)라고 부른다.

상상뿐인 추상화

그림 11.1의 Sensor와 Heater 클래스를 한번 보자. 앞에서 여러분은 이것의 유도 클래스가 단지 허깨비에 지나지 않음을 납득했을 것이다. 그렇다면 이 기반 클래스들 자체는 어떤가? 겉보기에는 이것들이 이치에 잘 맞는 것처럼 보이지만, 여기에서도 마찬가지로 이것들이 있어야 할 자리가 없다.

추상화는 생각보다 까다롭다. 인간은 어디에서든 추상화할 수 있는 것을 찾아낼 수 있지만, 그 가운데 실제로 적절하게 기반 클래스로 만들 수 있는 것은 생각 외로 별로 없다. 특히 Sensor와 Heater 클래스는 전체 설계에서 자기 자리가 없다. 그냥 간단히 두 클래스를 누가 사용할지 여러분 자신에게 물어보면 이 사실을 깨달을 수 있다.

이 시스템에는 Sensor나 Heater 클래스를 실제로 사용하는 클래스가 전혀 없다.[5] 누구도 쓰지 않는다면, 이것이 필요한 이유는 무엇인가? 아무도 기반 클래스를 사용하지 않아도, 유도된 클래스들이 공통으로 쓰는 코드를 담는 장소로 기반 클래스를 사용하는 경우도 있지만, 이 기반 클래스들은 안에 코드도 하나 없다. 아무리 봐도 이것의 메서드는 모두 추상 메서드다. 예로 들어 코드 11.3의 Heater 인터페이스를 한번 살펴보자. 추상 함수 외에는 아무것도 없는 데다가 어떤 클래스도 이것을 쓰지 않는다면 공식적으로 그 클래스가 쓸모없다고 불러도 될 것이다.

코드 11.3 Heater.java

```java
public interface Heater {
  public void turnOn();
  public void turnOff();
}
```

---

5 (옮긴이) 유도 타입으로 쓰는 것 말고 기반 클래스 타입을 그대로 쓰는 클래스가 하나도 없다는 뜻이다.

코드 11.4의 Sensor 클래스는 더 심하다! Heater처럼 이 클래스 역시 추상 메서드뿐이며 이 클래스를 쓰는 사람 역시 없다. 이 클래스에서 유일한 메서드의 반환값이 모호하다는 점이 이 클래스를 더 안 좋게 만든다. sense() 메서드는 도대체 무엇을 반환하는가? BoilerSensor(끓이는 장치의 감지기)라면 반환값은 두 가지 값 가운데 하나이고 WarmerPlateSensor(온열판 감지기)라면 세 가지 값 가운데 하나일 것이다. 간단히 말해, 우리는 이 인터페이스로는 기반 클래스인 Sensor가 어떤 계약(contract)을 지킬지 명시할 수 없다.[6] 계약 내용을 되도록 자세히 적고자 한들 감시장치가 정수를 반환할 것이라는 정도뿐일 텐데, 이것은 너무 약하다.

코드 11.4 Sensor.java

```
public interface Sensor {
  public int sense();
}
```

학생들이 어떻게 설계를 했는지 상상해 보자. 아마 이러지 않았을까? 명세서를 읽고 명사나 그 비슷한 것을 몇 개 찾아낸 다음 이것들이 어떤 관계를 맺을지 대강 유추해 보고, 이 유추를 기반으로 UML 다이어그램을 하나 그린다. 만약 이렇게 결정 내린 것을 아키텍처로 받아들이고 이대로 구현한다면, 결국 허깨비 같은 졸개들로 둘러싸인 전능한 CoffeeMaker 클래스를 만들게 된다. 이러느니 차라리 그냥 C로 프로그래밍하는 것이 낫겠다!

하나님 클래스

하나님처럼 전지전능한 클래스를 만들면 나쁘다는 것은 누구나 안다. 우리는 시스템의 모든 지능을 한 객체나 한 함수에 몰아넣고 싶지 않다. 시스템의 행위를 여러 클래스와 함수로 분할하고 분산하는 것이 객체지향 설계의 목표 가운데 하나다. 하지만, 겉보기에 분산된 것처럼 보이는 많은 객체 모델 속에 사실은 하나님이 변

---

6 (옮긴이) 계약을 따르는 프로그래밍(programming by contract) 패러다임에서 나오는 개념이다. 여기서 계약이란 이 메서드의 개발자와 사용자 사이의 약속으로, 메서드의 계약은 사용자가 메서드를 호출하기 전에 반드시 만족시켜야 하는 선행조건(precondition)과 메서드가 호출한 후에 개발자가 반드시 참임을 보장해야 하는 후행조건(postcondition)으로 나뉜다. 여기에서 저자가 말하고 싶은 것은, 기반 클래스인 Sensor 클래스의 후행조건을 명확하게 밝히지 못한다는 점이다. 이 메서드가 끓이는 장치의 감지기에서 호출된다면 반환값이 두 종류라는 것이 후행조건에 들어갈 테고, 온열판 감지기에서 호출된다면 세 종류라는 것이 들어갈 텐데 이것들은 유도 클래스의 후행조건일 뿐 기반 클래스의 후행조건으로 삼지는 못하기 때문이다.

장하고 숨어 있음이 드러나기도 한다. 그림 11.1이 명백히 그런 예다. 처음 보기에는 다양한 클래스가 모두 흥미 있는 행위를 가진 것처럼 보인다. 하지만 이 클래스를 실제로 구현할 코드를 곰곰이 생각해 보면 정말 흥미로운 행위를 가진 클래스는 이 가운데 CoffeeMaker 하나뿐이고, 나머지는 상상뿐인 추상화거나 허깨비 클래스임을 깨닫게 된다.

커피메이커 해결 방안

이 커피메이커 문제는 추상화를 연습하기에 좋고 아주 흥미로운 연습 문제다. 객체 지향을 처음 접하는 개발자 가운데 많은 사람이 결과로 나온 해결 방안을 보고 상당히 놀란다.

이 문제를 푸는 열쇠는 눈에 당장 보이는 것에서 한걸음 물러나서 이 문제에서 가장 중요한 본질과 세부사항을 분리해 보는 것이다. 끓이는 장치, 밸브, 가열기, 감지기 등 온갖 사소한 세부사항을 잠시 잊고 맨 아래 놓인 근본 문제에 집중해 보아라. 무엇이 진짜 문제일까? 어떻게 하면 커피를 끓일 수 있는가, 이것이 진짜 문제다.

어떻게 하면 커피를 끓일 수 있을까? 이 문제를 해결하는 가장 단순하면서도 널리 쓰는 방법은 커피 가루에 뜨거운 물을 부어서 우러나온 물을 어떤 용기에 담는 것이다. 뜨거운 물은 어디에서 공급할까? 뜨거운 물이 나오는 곳을 HotWaterSource(뜨거운 물의 공급원)라고 부르자. 커피를 어디에 담을까? 커피를 담는 곳을 ContainmentVessel(담는 용기)[7]라고 부르자.

이 두 가지 추상화는 클래스가 될 수 있을까? HotWaterSource에 소프트웨어로 만들어 낼 수 있는 행위들이 있을까? ContainmentVessel에 소프트웨어로 제어해야 할 무언가가 있을까? 마크 IV 커피메이커를 생각해 보면, 끓이는 장치와 밸브, 끓이는 장치의 감지기가 HotWaterSource의 역할을 맡으리라는 사실을 생각해 낼 수 있다. HotWaterSource는 물을 끓이고 이 끓인 물을 커피 가루 위에 뿌려서 ContainmentVessel에 커피를 떨어지게 할 책임을 맡을 것이다. 온열판과 온열판 감지기가 ContainmentVessel의 역할을 맡으리라는 점도 생각해 낼 수 있을 것이다.

---

7 이 이름은 '내가' 만들고 싶은 종류의 커피에 특히 적절한 이름이다.
  (옮긴이) Containment Vessel은 원자로에서 방사성 물질이 새지 못하게 해주는 격납용기를 일컬으며, CV로 줄여 쓰기도 한다. 자기 커피가 너무 끔찍해서 방사능 폐기물과 비슷하니까 남들이 피해 보지 않도록 격리해야 한다는 저자의 조크다.

이것은 자기에 담겨 있는 커피를 따뜻하게 유지하고, 커피가 용기에 남았는지 우리에게 알려줄 책임을 질 것이다.

선을 넘어간 연결

앞에서 논의한 내용을 UML로 어떻게 옮길 수 있을까? 한 가지 가능한 다이어그램이 그림 11.2다. HotWaterSource와 ContainmentVessel 모두 클래스로 만들고, 이것들은 커피의 흐름을 통해 서로 연관된다.

그림 11.2 선을 넘어간 연결

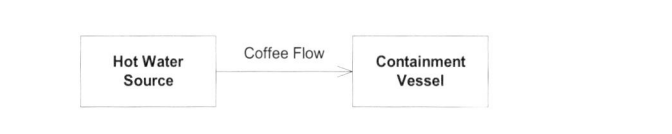

이 연관에서 객체지향 초보자들이 흔히 저지르는 실수를 볼 수 있다. 이 연관은 이 문제를 소프트웨어 행동을 제어하는 관점에서 보지 않고 물리적 관점으로 보고 만든 것이다. 커피가 HotWaterSource에서 ContainmentVessel로 흐르는 물리적 사실은 이 두 클래스 사이의 연관과 아무런 관련이 없다.

예를 들어, ContainmentVessel의 소프트웨어가 언제 뜨거운 물을 뿌리기 시작하고 언제 멈출지 HotWaterSource에 지시하면 어떻게 될까? 아마도 그림 11.3처럼 그릴 것이다. ContainmentVessel이 HotWaterSource에 start 메시지를 보낸다는 점에 주의하라. 이 말은 그림 11.2의 연관의 방향이 사실 '거꾸로'라는 뜻이다. HotWaterSource은 ContainmentVessel에 전혀 의존하지 않는다. 오히려 ContainmentVessel가 HotWaterSource에 의존한다.

그림 11.3 뜨거운 물을 뿌리기 시작하기

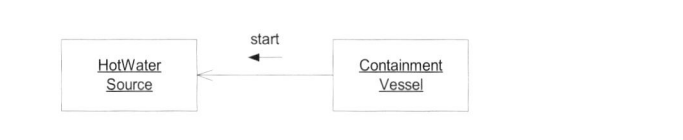

여기서 배울 수 있는 교훈은 이것이다. 연관은 객체들이 서로 메시지를 보내

는 통로이며, 물리적 실체들의 흐름과 아무런 관계가 없다. 즉, 뜨거운 물이 끓이는 장치에서 주전자 쪽으로 흐르는 물리적 사실이 반드시 HotWaterSource에서 ContainmentVessel로 향하는 연관을 의미하지는 않는다.

나는 이런 종류의 실수를 '선을 넘어간 연결(crossed wires)'이라고 부르는데, 이런 실수를 저지를 때는 클래스 사이의 연결이 논리적 영역과 물리적 영역을 넘나들기 때문이다.

커피메이커 사용자 인터페이스

분명 우리 모델에는 무언가 빠져 있다. HotWaterSource과 ContainmentVessel는 있지만, 이 시스템과 사람이 상호 작용할 방법이 아직 없다. 우리 시스템의 한 부분은 사람이 내리는 명령을 기다려야 하고 또 사람에게 시스템의 상태를 보고하기도 해야 한다. 분명히 마크 IV에는 이런 목적을 위한 장치가 있다. 버튼과 불빛이 사용자 인터페이스의 기능을 한다.

그러므로 우리 커피메이커 모델에 UserInterface(사용자 인터페이스) 클래스를 추가한다. 이렇게 해서 사용자의 명령에 따라 커피를 만들기 위해 상호 작용하는 클래스 삼인조가 생긴다.

유스케이스 1 : 사용자가 끓임(Brew) 버튼을 누른다

자, 클래스가 세 개 있다면, 이것들의 인스턴스는 어떻게 의사소통하는 걸까? 우리가 이 클래스들의 행위들을 찾아낼 수 있는지 알아보기 위해서 유스케이스를 몇 개 살펴보자.

우리 객체 가운데 어떤 것이 사용자가 끓임 버튼을 누른 사실을 감지해야 할까? 틀림없이 UserInterface 객체일 것이다. 그러면 버튼이 눌리면 이 객체는 무엇을 해야 할까?

우리의 목표는 뜨거운 물의 흐름을 시작하는 것이다. 하지만, 흐름을 시작하기 전에 ContainmentVessel이 커피를 받을 준비가 되었는지 점검하는 편이 좋다. 그리고 HotWaterSource도 준비되었는지 확인해야 한다. 마크 IV라면, 끓이는 장치에 물이 차 있는지, 빈 주전자가 온열판에 올려졌는지 확인하면 된다. 따라서 UserInterface 객체가 제일 먼저 할 일은, HotWaterSource와 ContainmentVessel에 메시지를 보내 준비가 되었는지 확인하는 일이다. 그림 11.4에 이 과정이 나와 있다.

그림 11.4 끓임 버튼이 눌렸으므로, 모든 것이 준비되었는지 검사한다

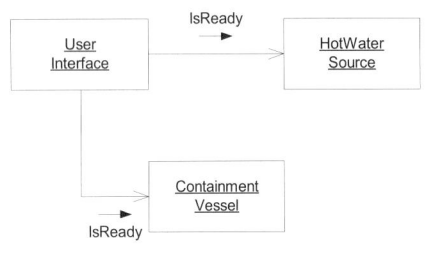

이 두 질문 가운데 하나라도 거짓(false)을 반환하면, 커피를 끓이라는 명령을 거부해야 한다. UserInterface 객체가 사용자에게 요구가 거절되었음을 알려 줄 수 있다. 마크 IV라면 불빛을 몇 번 깜빡이면 된다.

만약 두 질문이 모두 참(true)을 반환하면, 뜨거운 물을 흐르게 해야 한다. 아마 UserInterface 객체가 HotWaterSource 객체에 시작(Start) 메시지를 보내야 할 것이다. 그러면 HotWaterSoruce 객체는 뜨거운 물이 흐르게 하기 위해서 자기가 해야 할 일을 한다. 마크 IV라면 밸브를 잠그고 끓이는 장치를 켠다. 그림 11.5가 완성된 시나리오다.

그림 11.5 끓임 버튼이 눌렸고, 모든 준비가 끝나서 물을 공급하기 시작한다

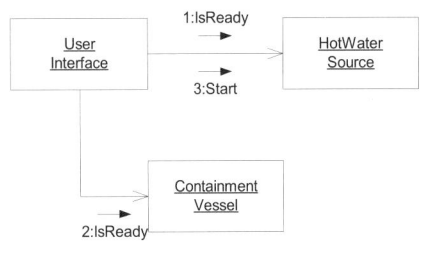

유스케이스 2 : ContainmentVessel이 준비되어 있지 않다

마크 IV의 경우 커피를 끓이는 도중에도 사용자가 주전자를 빼갈 수도 있다는 점을 우리는 이미 알고 있다. 어떤 객체가 사용자가 주전자를 빼간 사실을 감지해야 할까? 틀림없이 ContainmentVessel일 것이다. 마크 IV의 요구사항을 보면 이런

일이 생기면 커피 흐름을 멈추어야 함을 알 수 있다. 따라서 ContainmentVessel은 HotWaterSource에 뜨거운 물을 그만 보내라고 알릴 수 있어야 한다. 마찬가지로 다시 주전자가 제자리에 놓일 경우 다시 뜨거운 물을 보내라고 알려 줄 수도 있어야 한다. 이 새로운 메서드를 추가한 다이어그램이 그림 11.6이다.

그림 11.6 뜨거운 물의 흐름을 잠시 멈추고 재개하기

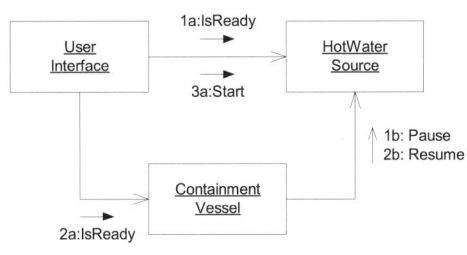

유스케이스 3 : 커피가 다 끓었다

커피가 다 끓으면 뜨거운 물의 흐름을 끊어야 한다. 어떤 객체가 언제 커피가 다 끓었는지 알까? 마크 IV라면 끓이는 장치가 비었음을 끓이는 장치의 감지기가 알려 줄 것이다. 따라서 HotWaterSource가 이 사실을 감지할 것이다. 하지만, 커피가 다 끓었음을 ContainmentVessel이 감지하는 커피메이커도 금방 떠오른다. 예를 들어, 이 커피메이커가 수도관에 바로 연결되어서 물이 거의 한없이 공급된다면 어떻게 할 것인가? 강력한 극초단파 생성기가 물이 지나가는 관을 가열해서 뜨거운 물이 용기에 들어간다면 어떻게 할까?[8] 사용자가 커피를 따를 수 있는 꼭지가 용기에 달렸다면? 이런 경우 용기가 꽉 찼는지 알 수 있는 감지기가 용기에 붙어 있어서, 용기가 꽉 찼을 때 뜨거운 물을 멈춰야 할 것이다.

내가 말하고 싶은 것은 HotWaterSource와 ContainmentVessel의 추상 영역에서는 딱히 둘 중 어느 것을 커피가 다 끓었는지 감지할 후보로 내세울 수 없다는 점이다. 내가 제시하는 해결 방안은 문제를 아예 피해 가는 것이다. 나는 두 객체가 서로 커피가 다 끓었음을 알려 줄 수 있다고 가정한다.

우리 모델에서 커피가 다 끓었다는 사실을 꼭 알아야 하는 객체는 무엇일까? 마

---

8 좋다……. 지나친 상상인지도 모른다. 하지만 정말로 이런 일이 생기면 어떻게 할 것인가?

크 IV에서는 커피가 다 끓으면 불이 켜져야 하기 때문에, UserInterface가 반드시 이 사실을 알아야 한다. 그리고 커피가 끓고 나면 뜨거운 물의 흐름을 끊어야 하기 때문에 HotWaterSource도 알아야 한다. 마크 IV라면 끓이는 장치를 끄고 밸브를 열면 된다. ContainmentVessel도 커피가 다 끓었을 때 그 사실을 알아야 할까? ContainmentVessel이 커피가 다 끓었을 때 특별한 행동을 해야 하거나, 커피가 끓었는지 계속 지켜봐야 할까? 마크 IV에서는 온열판에 빈 주전자를 다시 올려놓는 일을 감지해야 한다. 사용자가 커피를 다 마셨음을 알고 불을 '꺼야' 하기 때문이다. 따라서 ContainmentVessel도 커피가 다 끓었다는 사실을 알아야 한다.

마찬가지로, 커피를 끓이기 시작할 때 UserInterface가 ContainmentVessel에 시작(Start) 메시지를 보내는 이유도 같은 논리로 설명할 수 있다. 그림 11.7을 보면 이 새로운 메시지들이 보인다. HotWaterSource나 ContainmentVessel 모두 다 끓음(Done) 메시지를 보낼 수 있다고 그려놓은 것을 눈여겨보기 바란다.

그림 11.7 커피가 다 끓은 것을 감지하기

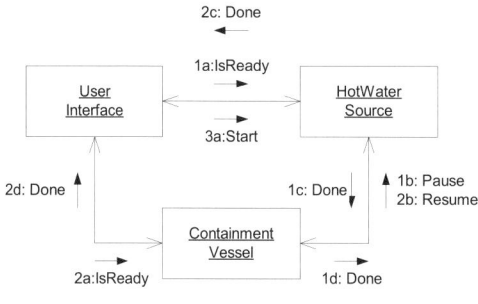

유스케이스 4 : 커피를 모두 마셨다

마크 IV는 커피를 다 끓인 상태에서 빈 주전자가 온열판에 올라가면 불빛을 꺼야 한다. 따라서 커피를 다 마셨다는 사실을 ContainmentVessel이 감지해야 하다. ContainmentVessel은 다 마심(Complete) 메시지를 UserInterface에 보내야 한다. 그림 11.8이 완성된 협력 다이어그램이다.

이 다이어그램을 바탕으로 모든 연관을 그대로 보존하는 클래스 다이어그램을 그릴 수 있다. 이 클래스 다이어그램은 예상과 크게 다르지 않다. 그림 11.9에서 클래스 다이어그램을 볼 수 있다.

그림 11.8 커피를 모두 마셨다

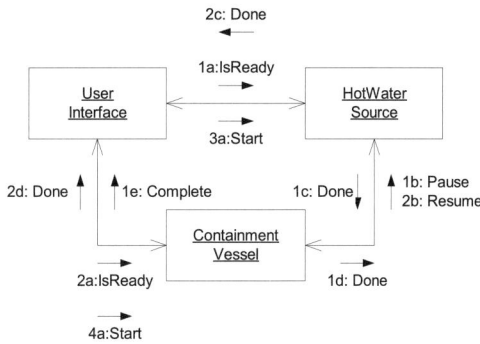

그림 11.9 클래스 다이어그램

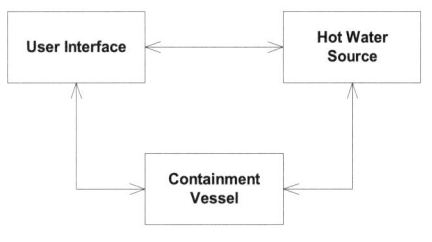

추상 모델을 실제로 구현하기

우리 객체 모델은 상당히 잘 분할되었다. 세 영역이 책임을 뚜렷이 나눠 가지고 있으며 영역끼리 메시지 주고받기도 균형 잡힌 것으로 보인다. 하나님 같은 객체도 없어 보이고, 허깨비 객체도 찾아볼 수 없다. 지금까지는 아주 좋다. 하지만 이 구조로 마크 IV를 구현하려면 어떻게 해야 할까? 세 객체의 메서드가 그냥 CoffeeMakerAPI의 함수들을 호출하는 방식으로 구현하면 될까? 여태 잘 해놓고 그러면 안 된다! 우리는 커피를 끓이는 일이란 과연 무엇인지 핵심을 모두 잡아 놓았다. 만약 이 핵심을 마크 IV라는 특정한 기계에만 묶어 놓는다면 정말로 형편없는 설계가 된다.

사실 나는 지금 여기서 한 가지 규칙을 정하고자 한다. 우리가 만든 클래스 세 개 모두 마크 IV에 대해서 아무것도 알아서는 안 된다는 것이다. 이것이 의존 관계 역전 법칙(Dependency Inversion Principle, DIP)이다. 우리는 이 시스템에서 커피를 만든다는 고차원 정책이 저차원적인 구체적 장치의 구현에 의존하지 않도록 할 것이다.

좋다. 그렇다면 어떻게 마크 IV 구현을 작성하면 될까? 다시 한 번 모든 유스케이스를 살펴보자. 다만 이번에는 마크 IV의 관점에서 본다.

유스케이스 1 : 사용자가 끓임 버튼을 누른다

우리 모델을 한번 보자. 끓임 버튼이 눌린 사실을 UserInterface 객체는 어떻게 알까? 분명히 CoffeeMakerAPI.getBrewButtonStatus() 함수를 호출해야 할 것이다. 어디에서 이 함수를 호출해야 할까? 우리는 이미 UserInterface 클래스는 CoffeeMakerAPI에 대해서 아무것도 알면 안 된다고 결정했다. 그렇다면 어디서 이 함수를 호출해야 할까?

우리는 DIP을 적용해서 UserInterface의 유도 클래스에서 이 함수를 호출할 것이다. 자세한 것은 그림 11.10을 보아라.

그림 11.10 끓임 버튼을 감지하기

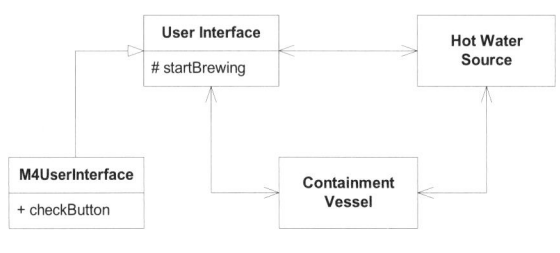

우리는 UserInterface에서 M4UserInterface(마크 IV 사용자 인터페이스)를 유도한 다음, checkButton 메서드를 M4UserInterface에 만든다. 이 함수는 호출되면 다시 CoffeeMakerAPI.api.getBrewButtonStatus() 함수를 호출한다. 만약 버튼이 눌렸다면, 이 함수는 UserInterface의 프로텍티드(protected) 메서드인 startBrewing()을 호출한다. 코드 11.5와 11.6을 보면 이것을 어떻게 코딩해야 할지 볼 수 있다.

코드 11.5 M4UserInterface.java

```
public class M4UserInterface extends UserInterface {
  private void checkButton() {
    int buttonStatus = CoffeeMakerAPI.api.getBrewButtonStatus();
      if (buttonStatus == CoffeeMakerAPI.BREW_BUTTON_PUSHED) {
```

```
        startBrewing();
      }
    }
  }
```

코드 11.6 UserInterface.java

```
public class UserInterface {
  private HotWaterSource hws;
  private ContainmentVessel cv;

  public void done() {
  }
  public void complete() {
  }
  protected void startBrewing() {
    if (hws.isReady() && cv.isReady()) {
      hws.start();
      cv.start();
    }
  }
}
```

내가 어째서 protected startBrewing() 메서드를 만들었는지 의아스러운 사람도 있을 것이다. 왜 M4UserInterface에서 그냥 start() 함수 두 개를 호출하지 않았을까? 그 이유는 간단하지만, 매우 중요한 의미를 지닌다. isReady()로 검사를 해본 다음에 HotWaterSource와 ContainmentVessel의 start() 메서드를 호출하는 행동은 기반 클래스인 UserInterface에 속하는 고차원 정책이다. 이 코드의 논리는 우리가 지금 마크 IV를 구현하는지에 상관없이 언제나 유효한 코드로 커피를 끓이는 올바른 절차에 속하며, 따라서 마크 IV에 한정된 유도 클래스와 결합해서는 안 된다. 여러분은 내가 이 문제를 풀면서 이와 동일하게 구분하는 것을 보고 또 보게 될 것이다. 나는 되도록 많은 코드를 고차원 클래스에 둘 것이다. 나는 마크 IV와 직접 연관되거나 어쩔 수 없이 연관된 코드만 유도 클래스에 둘 것이다.

isReady() 함수들을 구현하기

HotWaterSource와 ContainmentVessel의 isReady() 메서드들은 어떻게 구현해야 할까? 두 가지 메서드 모두 추상 메서드이고, 따라서 클래스들도 모두 추상 클래스여야 한다는 점은 명백하다. 이것들에 각각 대응하는 M4HotWaterSource(마크 IV의 뜨거운 물의 공급원)와 M4ContainmentVessel(마크 IV의 담는 용기)이 각각 적절한

CoffeeMakerAPI의 함수들을 호출해서 두 메서드를 구현할 것이다. 그림 11.11에 이 새로운 구조가 나와 있고, 코드 11.7과 11.8이 이 유도 클래스들의 구현이다.

그림 11.11 isReady( ) 메서드들을 구현하기

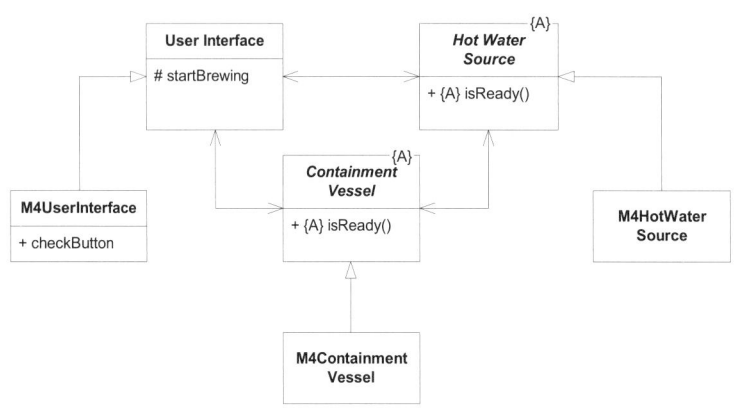

코드 11.7 M4HotWaterSource.java

```java
public class M4HotWaterSource extends HotWaterSource {
  public boolean isReady() {
    int boilerStatus = CoffeeMakerAPI.api.getBoilerStatus();
    return boilerStatus == CoffeeMakerAPI.BOILER_NOT_EMPTY;
  }
}
```

코드 11.8 M4ContainmentVessel.java

```java
public class M4ContainmentVessel extends ContainmentVessel {
  public boolean isReady() {
    int plateStatus = CoffeeMakerAPI.api.getWarmerPlateStatus();
    return plateStatus == CoffeeMakerAPI.POT_EMPTY;
  }
}
```

start( ) 함수들을 구현하기

HotWaterSource의 start() 메서드는 단지 추상 메서드이며, M4HotWaterSource에서는 이 메서드를 밸브 잠그고 끓이는 장치를 켜는 커피메이커 API(CoffeeMaker API) 함수를 호출하는 메서드로 구현한다. 나는 이 함수들을 작성하면서 Coffee

MakerAPI.api.XXX라고 계속 쓰는 점에 짜증이 나기 시작했다. 그래서 이 함수들을 구현하면서 리팩터링도 조금 했다.[9] 코드 11.9가 그 결과다.

코드 11.9 M4HotWaterSource.java

```java
public class M4HotWaterSource extends HotWaterSource {
  CoffeeMakerAPI api;
  public M4HotWaterSource(CoffeeMakerAPI api) {
    this.api = api;
  }

  public boolean isReady() {
    int boilerStatus = api.getBoilerStatus();
    return boilerStatus == api.BOILER_NOT_EMPTY;
  }

  public void start() {
    api.setReliefValveState(api.VALVE_CLOSED);
    api.setBoilerState(api.BOILER_ON);
  }
}
```

ContainmentVessel의 start() 메서드는 더 흥미롭다. M4ContainmentVessel이 유일하게 해야 할 행동은 커피를 끓이는 시스템의 상태를 기억하는 것이다. 나중에 보겠지만, 이렇게 하면 온열판에서 주전자를 빼가거나 다시 놓을 때 올바로 반응할 수 있다. 코드 11.10이 이 코드다.

코드 11.10 M4ContainmentVessel.java

```java
public class M4ContainmentVessel extends ContainmentVessel {
  private CoffeeMakerAPI api;
  private boolean isBrewing;

  public M4ContainmentVessel(CoffeeMakerAPI api) {
    this.api = api;
    isBrewing = false;
  }

  public boolean isReady() {
    int plateStatus = api.getWarmerPlateStatus();
    return plateStatus == api.POT_EMPTY;
```

---

9 (옮긴이) 리팩터링이란 코드의 기능은 바꾸지 않고 구조만 개선하는 작업이다. 자세한 내용은 이 책 7장의 '리팩터링' 항목을 참조하라.

```
      }
      public void start() {
        isBrewing = true;
      }
    }
```

M4UserInterface.checkButton은 어떻게 호출되는가

이 문제는 아주 흥미롭다. 프로그램의 제어 흐름이 어떻게 CoffeeMakerAPI 클래스의 getBrewButtonStatus() 함수를 부를 수 있는 위치까지 갈 수 있을까? 비슷한 문제로, 프로그램의 제어 흐름이 어떻게 감지기에서 값을 받아오는 함수를 부를 수 있는 위치로 갈 수 있을까?

이 커피메이커 문제를 풀려고 시도한 팀 가운데 많은 수가 여기에서 꽉 막혀 버린다. 어떤 사람들은 커피메이커에 다중 스레드를 지원하는 운영체제가 있을 리 없다고 가정하고 감지기에 폴링(polling) 접근 방법[10]을 사용하려고 한다. 다른 사람들은 폴링에 신경 안 써도 되게 멀티스레딩을 사용하고 싶어 한다. 나는 어떤 팀들이 이 문제를 놓고 한 시간 이상 논쟁하는 것도 본 적 있다.

이들을 땀 좀 흐르게 한 다음 결국 내가 지적해 주긴 하지만, 이 팀들이 저지르는 실수는 스레딩이냐 폴링이냐 하는 선택은 설계와 아무 상관이 없다는 점을 모르고 있다는 것이다. 이 결정을 맨 마지막에 가서야 내린다고 해도 설계에는 아무런 해가 되지 않는다. 따라서 마치 독립 스레드가 있는 것처럼 메시지들을 비동기적으로 보낼 수 있다고 가정하고, 폴링이냐 스레딩이냐 결정하는 것은 맨 마지막으로 미루는 것이 아마 가장 좋은 방법일 것이다. 지금까지는 어떤 방식으로든 제어 흐름이 비동기적으로 마크 IV의 사용자 인터페이스(M4UserInterface) 객체에 가서 이 객체가 CoffeeMakerAPI.getBrewButtonStatus()를 호출할 수 있다고 가정했다. 이제 그렇다면 아주 기능이 한정된 JVM을 사용해야 해서 스레드를 쓸 수 없다고 가정해 보자. 이 말은 반드시 폴링을 사용해야 한다는 뜻이다. 어떻게 해야 할까?

코드 11.11의 Pollable(폴링 가능) 인터페이스를 한번 보자. 이 인터페이스에는 poll() 메서드만 하나 있다. 그렇다면 M4UserInterface가 이 인터페이스를 구현하면 어떨까? main() 프로그램에 이 메서드만 계속 호출하는 무한 루프가 있다면 어떨

---

10 (옮긴이) polling. 반복문을 통해 주기적으로 함수를 호출함으로써 어떤 상태를 끊임없이 검사하는 기법이다.

까? 그렇다면 프로그램의 제어 흐름이 늘 반복적으로 M4UserInterface 안으로 들어 올 것이므로 끓임 버튼을 감지할 수 있게 된다.

코드 11.11 Pollable.java

```java
public interface Pollable {
  public void poll();
}
```

물론, 마크 IV 유도 클래스 세 개 전부 이런 방식을 사용하면 된다. 클래스마다 끓임없이 검사해야 할 자기만의 감지기가 있으므로 그림 11.12처럼 모든 마크 IV 유도 클래스가 Pollable을 구현하게 만들고, main()에서 이 클래스들을 호출하게 만들면 된다.

그림 11.12 폴링하는 커피메이커

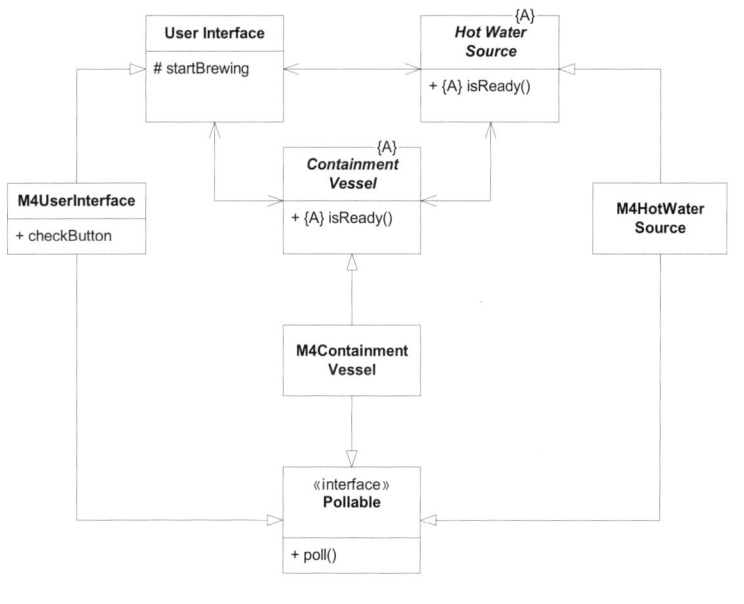

다음 페이지의 코드 11.12에서 main 함수가 어떻게 생겨야 할지 볼 수 있다. 이 함수는 Coffee Maker 클래스에 들어 있다. 이 main 함수는 API를 구현한 클래스를 생성하고, 마크 IV의 컴포넌트도 세 개 생성한다. 그런 다음, 컴포넌트끼리 서로 연결하기 위해 컴포넌트마다 init() 함수를 호출한다. 그리고 마지막으로 각 컴포넌트에 속한 poll()을 차례대로 호출하는 무한 루프로 들어간다.

코드 11.12 CoffeeMaker.java

```java
public class CoffeeMaker {
  public static void main(String[] args) {
    CoffeeMakerAPI api = new M4CoffeeMakerAPIImplementation();

    M4UserInterface ui = new M4UserInterface(api);
    M4HotWaterSource hws = new M4HotWaterSource(api);
    M4ContainmentVessel cv = new M4ContainmentVessel(api);

    ui.init(hws, cv);
    hws.init(ui, cv);
    cv.init(ui, hws);

    while (true) {
      ui.poll();
      hws.poll();
      cv.poll();
    }
  }
}
```

이제 M4UserInterface.checkButton() 호출이 어떻게 가능한지 분명하게 알 수 있다. 이 함수를 사실 checkButton()이 아니라 poll()이라고 불러야 한다는 점도 분명해졌다. 코드 11.13에 이제 M4UserInterface가 어떤 모습일지 나와 있다.

코드 11.13 M4UserInterface.java

```java
public class M4UserInterface extends UserInterface
                    implements Pollable {
  private CoffeeMakerAPI api;
  private HotWaterSource hws;
  private ContainmentVessel cv;

  public void init(HotWaterSource hws, ContainmentVessel cv) {
    this.hws = hws;
    this.cv = cv;
  }

  public M4UserInterface(CoffeeMakerAPI api) {
    this.api = api;
  }
```

```
    private void poll() {
      int buttonStatus = api.getBrewButtonStatus();
      if (buttonStatus == api.BREW_BUTTON_PUSHED) {
        startBrewing();
      }
    }
  }
```

커피메이커를 마무리짓기

앞의 항목에서 사용한 논리를 커피메이커의 나머지 컴포넌트에도 동일하게 적용할 수 있다. 168쪽의 코드 11.14부터 11.21까지 그 결과를 제시했다.

이 설계의 장점

이 문제 자체는 그다지 어렵지 않았지만, 여기서 논의한 설계에서 매우 좋은 특징을 여러 가지 배울 수 있다. 그림 11.13이 전체 해결 방안의 구조인데, 나는 이 그림에 추상 클래스 세 개를 둘러싸는 선을 그려 두었다. 이 추상 클래스들이 커피메이커의 고차원 정책을 담는다. 추상 클래스를 둘러싼 선을 가로지르는 의존 관계는 모두 안쪽으로 향하는 점을 눈여겨보아라. 선 안쪽에서는 바깥쪽에 아무것도 의존하지 않는다. 따라서 추상은 세부사항과 완전히 분리된다.

그림 11.13 커피메이커의 컴포넌트들

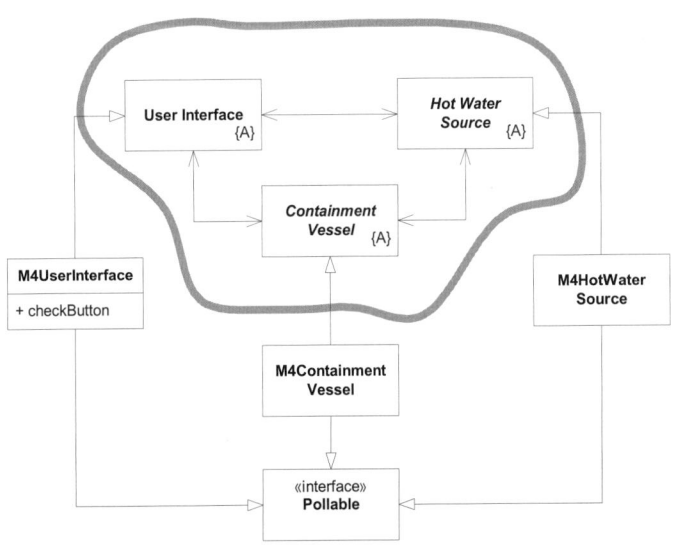

추상 클래스는 버튼이나 불빛, 밸브, 감지기, 그 밖의 커피메이커의 구체적 사항에 대해서 아무것도 알지 못한다. 마찬가지로 유도 클래스들은 세부사항들로만 가득 차 있다.

이 세 가지 추상 클래스는 다른 종류의 커피 기계를 만들 때도 재사용할 수 있다. 수도관에 연결되고 물탱크와 꼭지가 있는 커피 기계에서도 사용할 수 있다. 커피 자판기에서도 사용할 수 있을 것처럼 보인다. 사실, 나는 자동으로 차 끓이는 기계나 치킨 수프 끓이는 기계에서도 사용할 수 있을 것이라고 생각한다. 이렇게 고차원 정책과 세부사항을 격리하는 것이 객체지향 설계의 핵심이다.

어떻게 이런 설계를 떠올릴 수 있었을까

어느 날 앉아 있다가 단번에 이 멋진 설계를 만들어 낸 것은 아니다. 사실, 내 첫 설계는 그림 11.1과 훨씬 비슷했다. 하지만, 나는 이 문제로 여러 번 글을 썼고 또 이 문제를 수업할 때 자주 연습 문제로 삼았다. 따라서 이 설계를 오랜 시간 다듬을 수 있었다.

이제부터 볼 코드는 173쪽에 나오는 코드 11.22의 단위 테스트를 사용해서 테스트를 먼저 작성하는 방식으로 작성한 코드다. 나는 그림 11.13의 구조를 바탕으로 이 코드들을 작성했지만, 실패하는 테스트 케이스들을 한 번에 하나씩 통과하게 코드를 작성하는 방식으로 점진적으로 통합했다.[11]

나는 여기 있는 테스트 케이스들이 완벽하다고 생각하지 않는다. 이것이 단순한 예제 프로그램이 아니었다면, 테스트 케이스들이 모든 것을 남김없이 테스트하도록 더 철저히 분석했을 것이다. 하지만, 이 책에서 쓰기에는 그런 분석이 너무 지나치다고 생각했다.

코드 11.14 UserInterface.java

```
public abstract class UserInterface {
  private HotWaterSource hws;
  private ContainmentVessel cv;
  protected boolean isComplete;

  public UserInterface() {
    isComplete = true;
  }
```

---

11 [Beck2002]

```java
  public void init(HotWaterSource hws, ContainmentVessel cv) {
    this.hws = hws;
    this.cv = cv;
  }

  public void complete() {
    isComplete = true;
    completeCycle();
  }

  protected void startBrewing() {
    if (hws.isReady() && cv.isReady()) {
      isComplete = false;
      hws.start();
      cv.start();
    }
  }

  public abstract void done();
  public abstract void completeCycle();
}
```

코드 11.15 M4UserInterface.java

```java
public class M4UserInterface extends UserInterface
                             implements Pollable {
  private CoffeeMakerAPI api;

  public M4UserInterface(CoffeeMakerAPI api) {
    this.api = api;
  }

  public void poll() {
    int buttonStatus = api.getBrewButtonStatus();
    if (buttonStatus == api.BREW_BUTTON_PUSHED) {
      startBrewing();
    }
  }

  public void done() {
    api.setIndicatorState(api.INDICATOR_ON);
  }

  public void completeCycle() {
    api.setIndicatorState(api.INDICATOR_OFF);
  }
}
```

코드 11.16 HotWaterSource.java

```java
public abstract class HotWaterSource {
  private UserInterface ui;
```

```java
    private ContainmentVessel cv;
  protected boolean isBrewing;

  public HotWaterSource() {
    isBrewing = false;
  }

  public void init(UserInterface ui, ContainmentVessel cv) {
    this.ui = ui;
    this.cv = cv;
  }

  public void start() {
    isBrewing = true;
    startBrewing();
  }

  public void done() {
    isBrewing = false;
  }

  protected void declareDone() {
    ui.done();
    cv.done();
    isBrewing = false;
  }

  public abstract boolean isReady();
  public abstract void startBrewing();
  public abstract void pause();
  public abstract void resume();
}
```

코드 11.17 M4HotWaterSource.java

```java
  public class M4HotWaterSource extends HotWaterSource
                                implements Pollable {
    private CoffeeMakerAPI api;

    public M4HotWaterSource(CoffeeMakerAPI api) {
      this.api = api;
    }

    public boolean isReady() {
      int boilerStatus = api.getBoilerStatus();
      return boilerStatus == api.BOILER_NOT_EMPTY;
    }

    public void startBrewing() {
      api.setReliefValveState(api.VALVE_CLOSED);
      api.setBoilerState(api.BOILER_ON);
    }
```

```java
  public void poll() {
    int boilerStatus = api.getBoilerStatus();
    if (isBrewing) {
      if (boilerStatus == api.BOILER_EMPTY) {
        api.setBoilerState(api.BOILER_OFF);
          api.setReliefValveState(api.VALVE_CLOSED);
        declareDone();
      }
    }
  }

  public void pause() {
    api.setBoilerState(api.BOILER_OFF);
    api.setReliefValveState(api.VALVE_OPEN);
  }

  public void resume() {
    api.setBoilerState(api.BOILER_ON);
    api.setReliefValveState(api.VALVE_CLOSED);
  }
}
```

코드 11.18 ContainmentVessel.java

```java
public abstract class ContainmentVessel {
  private UserInterface ui;
  private HotWaterSource hws;
  protected boolean isBrewing;
  protected boolean isComplete;

  public ContainmentVessel() {
    isBrewing = false;
    isComplete = true;
  }

  public void init(UserInterface ui, HotWaterSource hws) {
    this.ui = ui;
    this.hws = hws;
  }

  public void start() {
    isBrewing = true;
    isComplete = false;
  }

  public void done() {
    isBrewing = false;
  }

  protected void declareComplete() {
    isComplete = true;
    ui.complete();
```

```
  }

  protected void containerAvailable() {
    hws.resume();
  }

  protected void containerUnavailable() {
    hws.pause();
  }

  public abstract boolean isReady();

}
```

코드 11.19 M4ContainmentVessel.java

```
public class M4ContainmentVessel extends ContainmentVessel
                                 implements Pollable {
  private CoffeeMakerAPI api;
  private int lastPotStatus;

  public M4ContainmentVessel(CoffeeMakerAPI api) {
    this.api = api;
    lastPotStatus = api.POT_EMPTY;
  }

  public boolean isReady() {
    int plateStatus = api.getWarmerPlateStatus();
    return plateStatus == api.POT_EMPTY;
  }

  public void poll() {
    int potStatus = api.getWarmerPlateStatus();
    if (potStatus != lastPotStatus) {
      if (isBrewing) {
        handleBrewingEvent(potStatus);
      } else if (isComplete == false) {
        handleIncompleteEvent(potStatus);
      }
      lastPotStatus = potStatus;
    }
  }

  private void handleBrewingEvent(int potStatus) {
    if (potStatus == api.POT_NOT_EMPTY){
      containerAvailable();
      api.setWarmerState(api.WARMER_ON);
    } else if (potStatus == api.WARMER_EMPTY) {
      containerUnavailable();
      api.setWarmerState(api.WARMER_OFF);
    } else { // potStatus == api.POT_EMPTY
      containerAvailable();
```

```java
        api.setWarmerState(api.WARMER_OFF);
      }
    }

    private void handleIncompleteEvent(int potStatus) {
      if (potStatus == api.POT_NOT_EMPTY) {
        api.setWarmerState(api.WARMER_ON);
      } else if (potStatus == api.WARMER_EMPTY) {
        api.setWarmerState(api.WARMER_OFF);
      } else { // potStatus == api.POT_EMPTY
        api.setWarmerState(api.WARMER_OFF);
        declareComplete();
      }
    }
  }
```

코드 11.20 Pollable.java

```java
public interface Pollable {
  public void poll();
}
```

코드 11.21 CoffeeMaker.java

```java
public class CoffeeMaker {
  public static void main(String[] args) {
    CoffeeMakerAPI api = new M4CoffeeMakerAPIImplementation();

    M4UserInterface ui = new M4UserInterface(api);
    M4HotWaterSource hws = new M4HotWaterSource(api);
    M4ContainmentVessel cv = new M4ContainmentVessel(api);

    ui.init(hws, cv);
    hws.init(ui, cv);
    cv.init(ui, hws);

    while (true) {
      ui.poll();
      hws.poll();
      cv.poll();
    }
  }
}
```

코드 11.22 TestCoffeeMaker.java

```java
import junit.framework.TestCase;
import junit.swingui.TestRunner;

class CoffeeMakerStub implements CoffeeMakerAPI {
  public boolean buttonPressed;
```

```java
    public boolean lightOn;
    public boolean boilerOn;
    public boolean valveClosed;
    public boolean plateOn;
    public boolean boilerEmpty;
    public boolean potPresent;
    public boolean potNotEmpty;

    public CoffeeMakerStub() {
      buttonPressed = false;
      lightOn = false;
      boilerOn = false;
      valveClosed = true;
      plateOn = false;
      boilerEmpty = true;
      potPresent = true;
      potNotEmpty = false;
    }

    public int getWarmerPlateStatus() {
      if (!potPresent)
        return WARMER_EMPTY;
      else if (potNotEmpty)
        return POT_NOT_EMPTY;
      else
        return POT_EMPTY;
    }

    public int getBoilerStatus() {
      return boilerEmpty ? BOILER_EMPTY : BOILER_NOT_EMPTY;
    }

    public int getBrewButtonStatus() {
      if (buttonPressed) {
        buttonPressed = false;
        return BREW_BUTTON_PUSHED;
      } else {
        return BREW_BUTTON_NOT_PUSHED;
      }
    }

    public void setBoilerState(int boilerStatus) {
      boilerOn = boilerStatus == BOILER_ON;
    }

    public void setWarmerState(int warmerState) {
      plateOn = warmerState == WARMER_ON;
    }

    public void setIndicatorState(int indicatorState) {
      lightOn = indicatorState == INDICATOR_ON;
    }
```

```java
    public void setReliefValveState(int reliefValveState) {
      valveClosed = reliefValveState == VALVE_CLOSED;
    }
  }

  public class TestCoffeeMaker extends TestCase {
    public static void main(String[] args) {
      TestRunner.main(new String[] { "TestCoffeeMaker" });
    }

    public TestCoffeeMaker(String name) {
      super(name);
    }

    private M4UserInterface ui;
    private M4HotWaterSource hws;
    private M4ContainmentVessel cv;
    private CoffeeMakerStub api;

    public void setUp() throws Exception {
      api = new CoffeeMakerStub();
      ui = new M4UserInterface(api);
      hws = new M4HotWaterSource(api);
      cv = new M4ContainmentVessel(api);
      ui.init(hws, cv);
      hws.init(ui, cv);
      cv.init(ui, hws);
    }

    private void poll() {
      ui.poll();
      hws.poll();
      cv.poll();
    }

    public void tearDown() throws Exception {
    }

    public void testInitialConditions() throws Exception {
      poll();
      assert(api.boilerOn == false);
      assert(api.lightOn == false);
      assert(api.plateOn == false);
      assert(api.valveClosed == true);
    }

    public void testStartNoPot() throws Exception {
      poll();
      api.buttonPressed = true;
      api.potPresent = false;
      poll();
      assert(api.boilerOn == false);
      assert(api.lightOn == false);
```

```java
    assert(api.plateOn == false);
    assert(api.valveClosed == true);
  }

  public void testStartNoWater() throws Exception {
    poll();
    api.buttonPressed = true;
    api.boilerEmpty = true;
    poll();
    assert(api.boilerOn == false);
    assert(api.lightOn == false);
    assert(api.plateOn == false);
    assert(api.valveClosed == true);
  }

  public void testGoodStart() throws Exception {
    normalStart();
    assert(api.boilerOn == true);
    assert(api.lightOn == false);
    assert(api.plateOn == false);
    assert(api.valveClosed == true);
  }

  private void normalStart() {
    poll();
    api.boilerEmpty = false;
    api.buttonPressed = true;
    poll();
  }

  public void testStartedPotNotEmpty() throws Exception {
    normalStart();
    api.potNotEmpty = true;
    poll();
    assert(api.boilerOn == true);
    assert(api.lightOn == false);
    assert(api.plateOn == true);
    assert(api.valveClosed == true);
  }

  public void testPotRemovedAndReplacedWhileEmpty()
      throws Exception {
    normalStart();
    api.potPresent = false;
    poll();
    assert(api.boilerOn == false);
    assert(api.lightOn == false);
    assert(api.plateOn == false);
    assert(api.valveClosed == false);
    api.potPresent = true;
    poll();
    assert(api.boilerOn == true);
    assert(api.lightOn == false);
```

```
      assert(api.plateOn == false);
      assert(api.valveClosed == true);
    }

    public void testPotRemovedWhileNotEmptyAndReplacedEmpty()
        throws Exception {
      normalFill();
      api.potPresent = false;
      poll();
      assert(api.boilerOn == false);
      assert(api.lightOn == false);
      assert(api.plateOn == false);
      assert(api.valveClosed == false);
      api.potPresent = true;
      api.potNotEmpty = false;
      poll();
      assert(api.boilerOn == true);
      assert(api.lightOn == false);
      assert(api.plateOn == false);
      assert(api.valveClosed == true);
    }

    private void normalFill() {
      normalStart();
      api.potNotEmpty = true;
      poll();
    }

    public void testPotRemovedWhileNotEmptyAndReplacedNotEmpty()
        throws Exception {
      normalFill();
      api.potPresent = false;
      poll();
      api.potPresent = true;
      poll();
      assert(api.boilerOn == true);
      assert(api.lightOn == false);
      assert(api.plateOn == true);
      assert(api.valveClosed == true);
    }

    public void testBoilerEmptyPotNotEmpty() throws Exception {
      normalBrew();
      assert(api.boilerOn == false);
      assert(api.lightOn == true);
      assert(api.plateOn == true);
      assert(api.valveClosed == true);
    }

    private void normalBrew() {
      normalFill();
      api.boilerEmpty = true;
      poll();
```

```
        }

        public void testBoilerEmptiesWhilePotRemoved()
                throws Exception {
            normalFill();
            api.potPresent = false;
            poll();
            api.boilerEmpty = true;
            poll();
            assert(api.boilerOn == false);
            assert(api.lightOn == true);
            assert(api.plateOn == false);
            assert(api.valveClosed == true);
            api.potPresent = true;
            poll();
            assert(api.boilerOn == false);
            assert(api.lightOn == true);
            assert(api.plateOn == true);
            assert(api.valveClosed == true);
        }

        public void testEmptyPotReturnedAfter() throws Exception {
            normalBrew();
            api.potNotEmpty = false;
            poll();
            assert(api.boilerOn == false);
            assert(api.lightOn == false);
            assert(api.plateOn == false);
            assert(api.valveClosed == true);
        }
    }
```

객체지향의 과잉(OOverkill)[12]

이 예제는 교육에 좋은 여러 가지 장점이 있다. 규모도 작고, 이해하기도 쉽고, 의존 관계를 관리하고 걱정거리를 분리하기 위해 객체지향 개발의 원칙들을 어떻게 사용하는지도 잘 보여 준다. 그러나 규모가 작다는 말은 이 예제만 놓고 보면 이렇게 여러 가지를 분리해 놓을 때 생기는 장점이 그 비용을 능가하지 못함을 의미한다.

만약 이 마크 IV 커피메이커를 유한 상태 기계(FSM)로 작성한다면 단지 상태 7개와 전이 18개로 충분할 것이다.[13]

---

12 (옮긴이) 객체지향(Object Oriented)의 마지막 O와 지나침을 의미하는 overkill의 첫 글자 O를 연결해서 만든 단어다.
13 [Martin1995], p. 65.

단 18줄의 SMC 코드로 이 상태 기계를 기술할 수 있다. 감지기들을 폴링하는 단순한 메인 루프가 아마 열 줄 정도이고, 유한 상태 기계가 호출하는 행동 함수들이 몇십 줄 정도일 것이다. 간단히 말해, 전체 프로그램을 한 쪽에 못 미치는 코드로 작성할 수도 있다는 뜻이다.

테스트 코드들을 포함하지 않고 세어 봤을 때 이 커피메이커의 객체지향판 해결 방안은 '코드 다섯 쪽'에 달한다. 이렇게 코드 길이가 크게 차이나는 것을 정당화할 방법은 없다. 규모가 이보다 큰 애플리케이션이라면 의존 관계를 관리할 수 있고 걱정거리를 분리할 수 있다(separation of concerns)는 객체지향 개발의 장점이 비용을 확실히 능가하겠지만, 이 예제에서는 그 반대다.

12장

UML for JAVA Programmers

SMC 원격 서비스: 사례 연구[1]

예전에 나는 SMC[1] 입력 파일을 원격으로 컴파일할 수 있는 한 쌍의 프로그램을 작성하기로 마음먹었다. 이 프로그램은 클라이언트 쪽에서는 그냥 SMC와 똑같이 호출할 수도 있지만, 이 프로그램은 상태 매핑 파일을 스스로 컴파일하는 대신 중앙 서버로 파일을 보낸다. 그러면 중앙 서버는 받은 상태 매핑 파일을 자바나 C++ 소스로 컴파일하고, 생성된 결과 파일을 클라이언트에 다시 보낸다. 네트워크를 거치기 때문에 조금 지연되는 것을 제외하면 로컬에서 하는 컴파일과 원격에서 하는 컴파일 사이에 원격 사용자가 볼 수 있는 차이점이 거의 없다.

이 원격 컴파일러를 만든 이유는 얼마나 많은 사람이 얼마나 자주 SMC를 사용하는지 대략이라도 알고 싶었기 때문이다. 또 모든 SMC 사용자가 반드시 가장 최신 버전의 컴파일러를 사용하도록 하고 싶기도 했다.

독자에게 보내는 경고

이 장에서 나는 이 프로그램을 글, UML, 코드를 모두 사용해서 설명한다. 여러분에게 UML과 코드가 어떻게 관련을 맺는지 보여 주고, UML을 사용해서 시스템을 문서로 만들 때 이용할 수 있는 여러 선택 사항도 알려 주고 싶기 때문이다. 하지만 이 장을 시스템 문서화 방법에 대한 권장 사항으로 받아들이면 '안 된다'. 사실 이 장에서 나는 잘 제어된 맥락에서 다양한 UML 다이어그램들을 모두 보여 주려고 일부러

---

1 10장의 SMC를 참고하라.

이 소프트웨어를 지나치게 문서화할 생각이다.

　이 프로그램은 사실 UML을 전혀 쓰지 않고 설계했다. 처음에는 아주 작은 프로그램이었다가 적어도 20번 정도 개정해서 지금 이 책에 실은 프로그램으로 리팩터링되었다.[2] 이 프로그램을 설계하면서 UML 다이어그램의 도움을 필요로 했거나 원한 적은 한 번도 없다. 그리고 UML 다이어그램을 사용했다면 더 효율적으로 개발할 수 있거나 더 훌륭한 설계를 얻을 것이라고 생각하지도 않는다.

　만약 다른 개발자가 이 소프트웨어를 유지 보수할 수 있도록 문서를 만들어야 한다면, 분명 그들에게 보여 줄 UML 다이어그램들을 만들긴 할 것이다. 그렇다고 해도 절대로 이 장에서 보이는 만큼 많이 그리지 않을 것이다. 다시 한 번 말하지만, 여러분은 '지나친' UML 문서화를 보게 된다.

　여러분은 경고를 받았다.

단위 테스트

단위 테스트는 소프트웨어 시스템을 설명하기 위한 최고의 문서화 방법이다. 보통 때라면 나는 여러분에게 실제 코드보다 단위 테스트 코드를 먼저 보일 것이다. 하지만 지금은 보여 주려는 것이 시스템 자체가 아니라 UML이므로, 원래대로면 테스트의 가치가 높은 만큼 테스트 코드를 충분히 주목해야 하지만 이 장에서는 맨 마지막에 몰아 두었다. 실제 코드를 테스트 코드와 함께 읽어 보면 실제 코드도 훨씬 잘 이해될 것이다. 그래서 여러분이 테스트 코드도 꼭 한번 읽어 보았으면 좋겠다.

SMCRemote 시스템

그림 12.1을 보면 이 시스템이 어떻게 물리적으로 배포되는지 나와 있다. 실행 프로그램 두 개가 각기 다른 네트워크 노드에서 돌아가며, 소켓 연결을 통해서 서로 통신한다.

2　나는 이 개발 과정을 시간순으로 정리한 책을 출판할까 생각하는 중이다. 만약 책으로 나온다면 프로그램이 개정될 때마다 한 장씩 할애해서, 이 프로그램이 어떻게 진화하는지 단계별로 보여 주려고 한다.

그림 12.1 배포

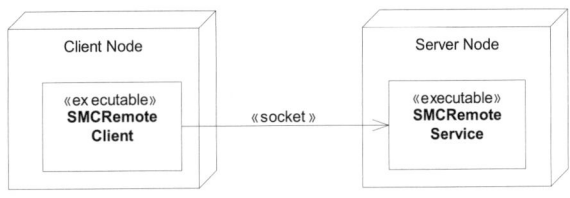

SMCRemoteClient

먼저, 이 프로그램의 클라이언트 쪽을 살펴보자. 다음 몇 쪽에서 다루는 글, 다이어 그램과 코드 들에서 SMCRemoteClient가 어떻게 작동하고 어떻게 구조화되는지 볼 수 있다.

SMCRemoteClient 명령줄

사용자가 SMCRemoteClient를 실행하는 이유는 두 가지다.
- SMCRemote 시스템을 사용하기 위해 등록하려고
- .sm 파일을 컴파일하기 위해 SMCRemote 시스템을 사용하려고

명령줄에서 이 두 경우를 구분해 준다. SMCRemote에 등록하는 경우에는 다음처럼 입력한다.

```
SMCRemote -r <email-address>
```

SMCRemote는 사용자의 전자우편 주소를 등록하고 비밀번호를 생성하고 나서 전자우편 주소로 비밀번호를 보내 준다. 그 다음부터 사용자는 컴파일러를 돌리려면 그 전자우편 주소와 비밀번호를 사용하면 된다.
그리고 컴파일하는 경우에는 다음처럼 입력한다.

```
SMCRemote -u <email-address> -w <password> <file>
```

이 명령은 파일을 원격 컴파일러에 보낸다. 그러면 원격 컴파일러는 전자우편 주소와 비밀번호가 유효한지 검증하고, 파일을 컴파일한다. 그리고 컴파일된 파일을 다시 클라이언트에 전송한 다음 사용자의 디렉터리에 저장한다. 컴파일러에서 표준

출력(stdout)과 표준 에러(stderr)로 출력되는 모든 메시지도 클라이언트에 전송되어서 사용자의 콘솔에 나타난다.

다음과 같은 다른 명령줄 선택 사항도 있다.

- -p ⟨port⟩   원격 서버의 포트 번호를 명시한다.
- -h ⟨host⟩   원격 주소의 호스트 이름을 명시한다.
- -g ⟨generator⟩   컴파일할 때 사용할 코드 생성기를 명시한다. 코드 생성기는 Java나 C++ 중 하나다.
- -v   메시지를 자세히 출력한다. SMCRemoteClient의 진행 상황과 SMCRemoteClient가 어떤 에러와 마주치는지 자세히 알 수 있도록 콘솔에 엄청나게 많은 메시지를 출력한다.

SMCRemote 통신 프로토콜

SMCRemoteClient의 두 가지 기능은 서로 다른 통신 프로토콜을 사용한다. 등록할 때 사용하는 프로토콜이 그림 12.2이고, 컴파일할 때 사용하는 프로토콜이 그림 12.3이다.

두 프로토콜 모두 컴파일러가 서버에 접속하며 시작한다. 서버는 SMCRemote Server의 버전 번호를 포함하는 간단한 식별 문자열을 돌려보내며 응답한다. 그런 다음 오늘의 공지 사항이 있으면 서버는 그것도 보낸다. 클라이언트는 이 공지 사

그림 12.2 등록 프로토콜

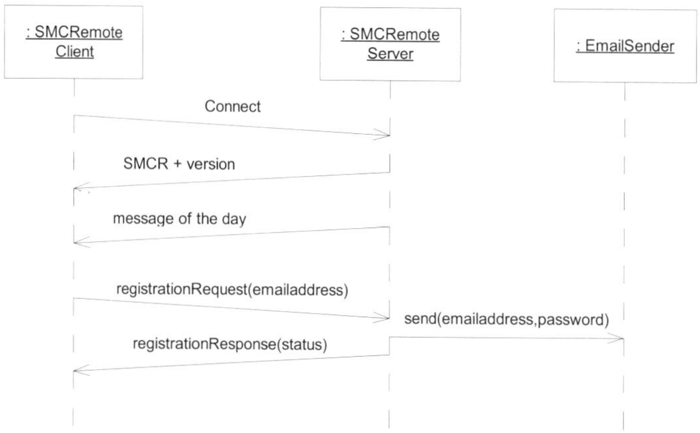

그림 12.3 컴파일 프로토콜

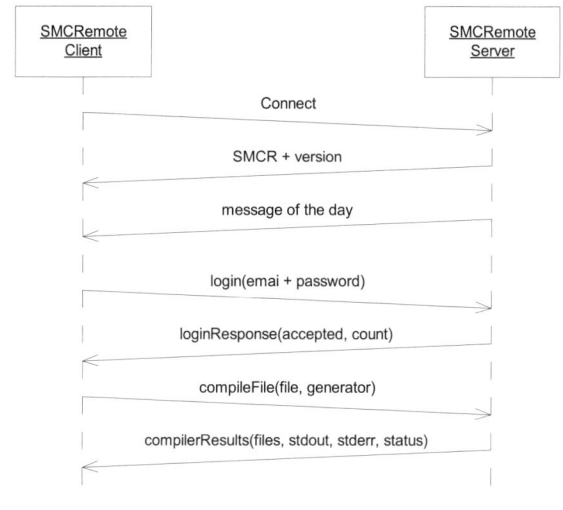

항을 콘솔에 출력한다.

    등록은 단순히 전자우편 주소를 클라이언트에서 서버로 보내는 문제일 뿐이다. 전자우편 주소가 정상인 경우에 서버는 사용자의 비밀번호를 생성하고, 사용자 레코드를 만든 다음 생성한 비밀번호를 전자우편 주소로 보낸다. 그리고 서버는 클라이언트에 비밀번호를 담은 전자우편이 갔다고 알려 준다.

    컴파일은 조금 더 복잡하다. 접속이 시작되면, 클라이언트는 전자우편 주소와 비밀번호를 명령줄에서 알아내서 서버에 로그인 요청을 보낸다. 서버는 전자우편 주소와 비밀번호가 올바른지 검증하고 로그인 응답을 클라이언트에 다시 보낸다. 만약 이 응답이 긍정이라면, 클라이언트는 컴파일할 파일을 읽은 다음 서버에 보낸다. 서버는 컴파일러를 돌리고 결과 파일과 표준 출력과 표준 에러 스트림을 읽어 들여서 다시 클라이언트에 보내 준다. 클라이언트는 결과 파일을 사용자의 디렉터리에 쓰고, 표준 출력과 표준 에러 스트림을 콘솔에 출력한다.[3]

---

[3] 분산 시스템에 대한 경험이 있는 독자들은 짜증이 나서 머리를 가로젓고 있을 것이다. 로그인을 별도의 트랜잭션으로 만듦으로써 나는 "패킷의 왕복 여행(round trip)은 우리의 적이다."라는 오래된 격언을 어겼다. 컴파일 프로토콜에 로그인 프로토콜을 같이 태워 보내는 편이 훨씬 효율이 좋을 것이다. compileFile 메시지가 전자우편과 비밀번호를 같이 담아갈 수 있고, compileResults 메시지도 로그인 실패 응답을 포함할 수 있을 것이다. 내가 이렇게 하지 않은 이유는 두 가지다. 첫째, 이 프로그램들로 실험을 해보았을 때 이 왕복 시간의 비중이 컸던 실험은 하나도 없었다. 둘째로, 이 프로그램은 가르칠 목적으로 만든 것이며, 나는 예제로 두 단계를 가진 프로토콜을 사용하고 싶었다.

SMCRemoteClient(SMC 원격 클라이언트)

그림 12.4에 SMCRemoteClient의 구조를 그려놓았다. SMCRemoteClient에 메인 프로그램이 있고, ClientCommandLine과 MessageLogger의 레퍼런스도 있다. ClientCommandLine은 명령줄 인자를 어떻게 파싱하는지 알고, MessageLogger는 클라이언트 프로그램의 여러 부분에서 오는 다양한 상태 메시지들을 어떤 형식으로 바꾼 다음 어떻게 저장해야 하는지 안다.

그림 12.4 SMCRemoteClient의 정적 구조

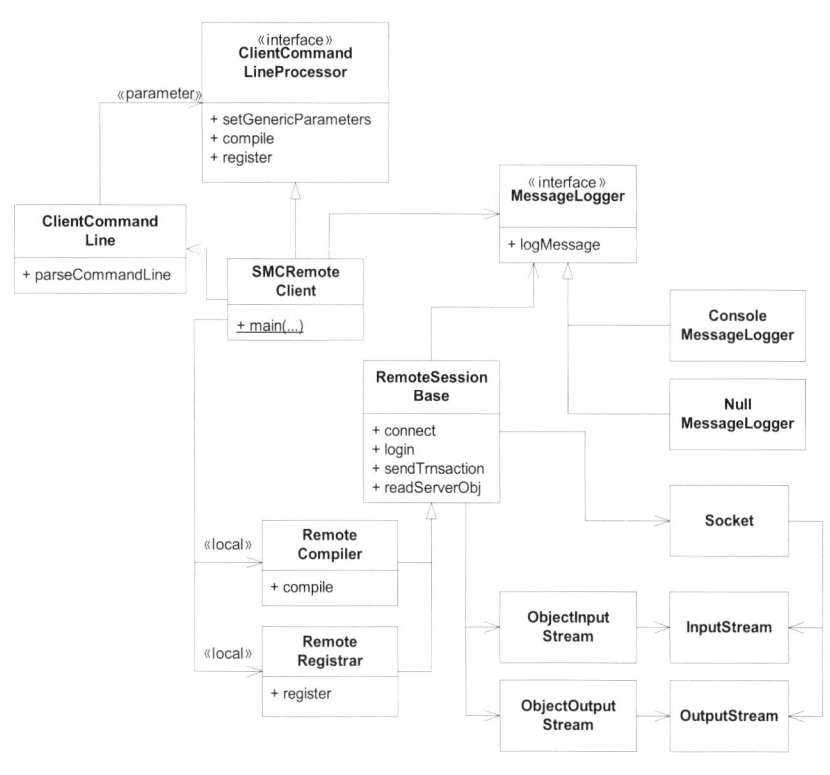

그림 12.5는 클라이언트가 시작되었을 때 어떤 일이 일어나는지 보여 준다. 먼저 SMCRemoteClient의 인스턴스를 하나 생성하고 명령줄 인자를 이 인스턴스에 전달한다. SMCRemoteClient의 생성자는 ClientCommandLine 객체를 만들어서 명령줄 인자를 파싱하게 한다. 그 다음, ClientCommandLine이 호스트나 포트, 메시지를 자세히 출력할지 안 할지 등 일반 파라미터를 설정하게 한다. ClientCommandLine

은 SMCRemoteClient가 구현하는 ClientCommandLineProcessor(클라이언트 명령줄 처리기) 인터페이스를 통해 SMCRemoteClient의 메서드를 다시 호출한다. 그런 다음, SMCRemoteClient는 메시지를 자세히 출력할지 안 할지에 따라 적절한 MessageLogger의 유도 클래스의 객체를 생성한다. 마지막으로, SMCRemoteClient의 생성자가 논리 흐름을 메인 프로그램에 돌려주면 메인 프로그램은 새로 만들어진 SMCRemoteClient 객체의 run 메서드를 호출한다.

그림 12.5 SMCRemoteClient.main()

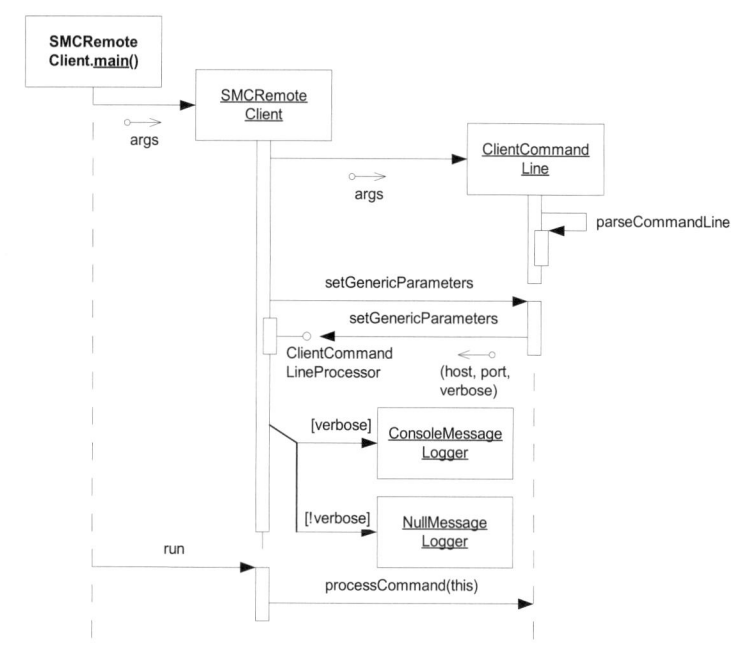

SMCRemoteClient의 run 메서드는 명령줄이 올바른지 검증한다. 만약 명령줄의 형식이 제대로 되어 있지 않다면, 사용 방법을 안내하는 메시지를 출력하고 프로그램을 종료한다. 형식이 제대로 되어 있다면 ClientCommandLine 객체에 processCommand 메시지를 보낸다. ClientCommandLine은 이 명령줄이 등록인지 컴파일인지 알아내기 위해 명령줄 인자를 검사해서 응답한다. 그런 다음에 그림 12.6과 12.7처럼 ClientCommandLine은 SMCRemoteClient가 구현하는 ClientCommandLineProcessor 인터페이스를 통해 SMCRemoteClient에 다시 메시지를 보낸다. 이 메시지는 register나 compile 중 하나다.

그림 12.6 등록

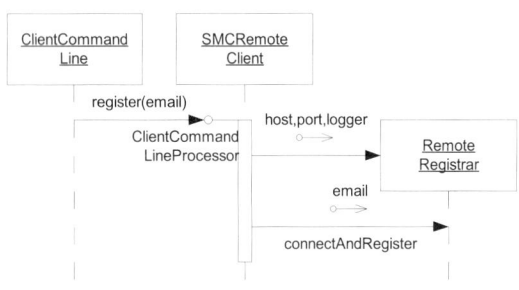

그림 12.7 컴파일

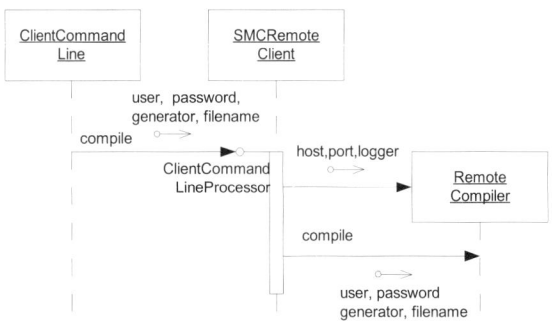

SMCRemoteClient, ClientCommandLine, ClientCommandLineProcessor의 코드는 각각 코드 12.1, 12.2, 12.3이다. 여러분은 그림 12.5의 상호 작용 다이어그램과 이 코드들을 대응시켜 볼 수 있어야 한다.

코드 12.1 SMCRemoteClient.java

```java
public class SMCRemoteClient implements ClientCommandLineProcessor {
  public static final String VERSION = "$Id$";

  private ClientCommandLine commandLine;
  private String itsHost;
  private int itsPort;
  private boolean isVerbose = false;
```

```java
  private MessageLogger itsLogger;

  public static void main(String[] args) {
    SMCRemoteClient client = new SMCRemoteClient(args);
    client.run();
  }

  public SMCRemoteClient(String[] args) {
    commandLine = new ClientCommandLine(args);
    commandLine.setGenericParameters(this);
    if (isVerbose)
      itsLogger = new ConsoleMessageLogger();
    else
      itsLogger = new NullMessageLogger();
  }

  private void run() {
    if (commandLine.isValid()) {
      logHeader();
      commandLine.processCommand(this);
    } else {
      System.out.println("usage: ");
      System.out.println(
        " to compile: java SMCRemoteClient -u <emailaddress> -w <password> <filename>");
      System.out.println(
        " to register: java SMCRemoteClient -r <emailaddress>");
      System.out.println(
        "options:    -h <hostname>   override default hostname.");
      System.out.println(
        "     -p <port>       override default port");
      System.out.println(
        "     -v verbose      console output");
    }
  }
  public void setGenericParameters(String host, int port,
                                   boolean verbose) {
    itsHost = host;
    itsPort = port;
    isVerbose = verbose;
  }
  public void compile(String username, String password,
                      String generator, String filename) {
    RemoteCompiler compiler =
      new RemoteCompiler(itsHost, itsPort, itsLogger);
    compiler.compile(username, password, generator, filename);
  }

  public void register(String registrant) {
    RemoteRegistrar registrar =
      new RemoteRegistrar(itsHost, itsPort, itsLogger);
    registrar.connectAndRegister(registrant);
  }

  private void logHeader(){
```

```
      logMessage("SMCRemoteClient-------------------------------------");
      logMessage(VERSION);
      logMessage("host =      " + itsHost);
      logMessage("port =      " + itsPort);
      logMessage("-------------------------------------------------");
    }

    private void logMessage(String msg) {
      itsLogger.logMessage(msg);
    }
  }
```

코드 12.2 ClientCommandLine.java

```
  package com.objectmentor.SMCRemote.client;
  import com.neoworks.util.Getopts;
  public class ClientCommandLine {
    public static final String DEFAULT_HOST = "localhost";
    public static final String DEFAULT_PORT = "9000";
    public static final String DEFAULT_GENERATOR = "java";

    private String itsFilename = null;
    private String itsHost = DEFAULT_HOST;
    private int itsPort = Integer.parseInt(DEFAULT_PORT);
    private String itsGenerator = DEFAULT_GENERATOR;
    private boolean isVerbose = false;
    private String itsRegistrant;
    private String itsUsername;
    private String itsPassword;
    private boolean isValid = false;
    private Getopts opts;

    public ClientCommandLine(String[] args) {
      isValid = parseCommandLine(args);
    }
    public boolean isValid() {
      return isValid;
    }
    public boolean parseCommandLine(String[] args) {
      opts = new Getopts("r:h:p:g:u:w:v", args);
      if (opts.error())
        return false;
      try {
        itsFilename = opts.argv(0);
        itsHost = opts.option('h', DEFAULT_HOST);
        itsPort = Integer.parseInt(opts.option('p', DEFAULT_PORT));
        itsGenerator = opts.option('g', DEFAULT_GENERATOR);
        itsRegistrant = opts.option('r', null);
        itsUsername = opts.option('u', null);
        itsPassword = opts.option('w', null);
        isVerbose = opts.hasOption('v');
      } catch (NumberFormatException e) {
        return false;
```

```java
    }
    return isCompileCommand() || isRegistrationCommand();
  }
  public void setGenericParameters(ClientCommandLineProcessor processor) {
    processor.setGenericParameters(itsHost, itsPort, isVerbose);
  }
  public void processCommand(ClientCommandLineProcessor processor) {
    if (isCompileCommand()) {
      processor.compile(
        itsUsername,
        itsPassword,
        itsGenerator,
        itsFilename);
    } else if (isRegistrationCommand()) {
      processor.register(itsRegistrant);
    }
  }
  private boolean hasFileName() {
    return opts.argc() == 1;
  }
  private boolean isCompileCommand() {
    return opts.hasOption('u')
      && opts.hasOption('w')
      && !opts.hasOption('r')
      && hasFileName();
  }
  private boolean isRegistrationCommand() {
    return opts.hasOption('r')
      && (itsRegistrant != null)
      && !opts.hasOption('u')
      && !opts.hasOption('w')
      && !opts.hasOption('g')
      && !hasFileName();
  }
  public boolean isVerbose() {
    return isVerbose;
  }
  public String getHost(){
    return itsHost;
  }
  public String getFilename() {
    return itsFilename;
  }
  public int getPort() {
    return itsPort;
  }
  public String getGenerator() {
    return itsGenerator;
  }

  public String getUsername() {
    return itsUsername;
  }
```

```java
    public String getPassword() {
      return itsPassword;
    }
  }
```

코드 12.3 ClientCommandLineProcessor.java

```java
  package com.objectmentor.SMCRemote.client;
  public interface ClientCommandLineProcessor {
    public void setGenericParameters(String host, int port,
                                     boolean verbose);
    public void compile(
      String username,
      String password,
      String generator,
      String filename);
    public void register(String registrant);
  }
```

메시지 로거

로거 파일을 코드 12.4에서 12.6까지 구현했다. Message Logger 인터페이스는 SMCRemoteClient 클래스와 그에 딸린 클래스들이 메시지를 로그할 수 있게 해준다. NullMessageLogger(널 메시지 로거)는 단순히 메시지들을 무시하는 반면, ConsoleMessageLogger(콘솔 메시지 로거)는 시간과 날짜 정보를 붙여서 메시지들을 표준 출력으로 출력한다.

코드 12.4 MessageLogger.java

```java
  package com.objectmentor.SMCRemote.client;
  public interface MessageLogger {
    public void logMessage(String msg);
  }
```

코드 12.5 NullMessageLogger.java

```java
  package com.objectmentor.SMCRemote.client;
  public class NullMessageLogger implements MessageLogger {
    public void logMessage(String msg) {
    }
  }
```

코드 12.6 ConsoleMessageLogger.java

```java
  package com.objectmentor.SMCRemote.client;
```

```
import java.text.SimpleDateFormat;
import java.util.Date;
public class ConsoleMessageLogger implements MessageLogger {
  public void logMessage(String msg) {
    Date logTime = new Date();
    SimpleDateFormat fmt = new SimpleDateFormat("yyyy.MM.dd hh:mm:ss");
    String logTimeString = fmt.format(logTime);
    System.out.println(logTimeString + " | " + msg);
  }
}
```

원격 세션

그림 12.8을 보면 RemoteRegistrar(원격 등록기)와 RemoteCompiler(원격 컴파일러)의 정적 구조를 더 볼 수 있다. 두 클래스 모두 몇 가지 공통된 유틸리티 메서드를 제공해 주는 RemoteSessionBase(원격 세션 베이스)라는 기반 클래스에서 유도되었다. 이 클래스들은 서버와 통신하기 위해 DATA TRANSFER OBJECT(데이터 전송 객체) 패턴[4]을 사용한다. 원격 세션들이 사용하는 데이터 전송 객체

그림 12.8 원격 세션들

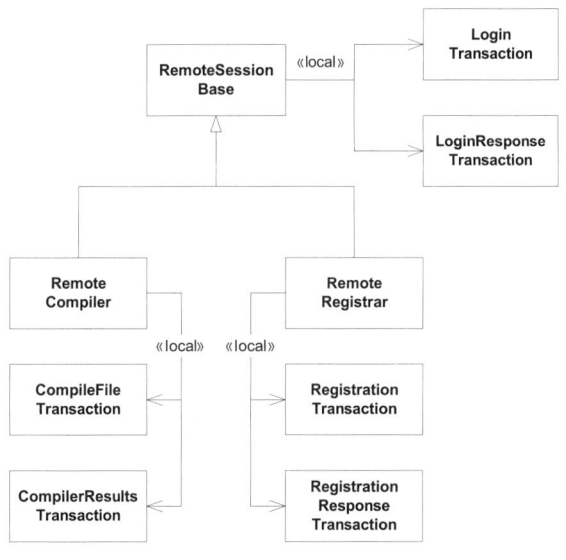

---

4 [Fowler2002]

가 LoginTransaction(로그인 트랜잭션), LoginResponseTransaction(로그인 응답 트랜잭션), RegistrationTransaction(등록 트랜잭션), RegistrationResponseTransaction(등록 응답 트랜잭션), CompileFileTransaction(파일 컴파일 트랜잭션), CompilerResultsTransaction(컴파일 결과 트랜잭션)들로, 이것들이 바로 클라이언트와 서버가 주고받는 데이터 패킷들이다. 사실 이 객체들의 이름이 그림 12.3과 12.4의 프로토콜 시퀀스 다이어그램의 메시지 이름과 매우 유사하다.

RemoteSessionBase(원격 세션 베이스)

RemoteSessionBase와 로그인 트랜잭션 두 개에 관련된 클래스의 코드는 코드 12.7에서 12.9까지 나온다. RemoteSessionBase는 RemoteRegistrar와 RemoteCompiler가 모두 사용하는 일련의 유틸리티 함수를 담고 있다. 그리고 RemoteCompiler가 사용하는 로그인 프로토콜을 수행하는 함수들도 담는다.

코드 12.7 RemoteSessionBase.java

```java
package com.objectmentor.SMCRemote.client;
import com.objectmentor.SMCRemote.transactions.*;
import java.io.*;
import java.net.Socket;
public class RemoteSessionBase {
  private String itsHost;
  private int itsPort;
  private MessageLogger itsLogger;
  private Socket smcrSocket;
  private ObjectInputStream is;
  private ObjectOutputStream os;

  public RemoteSessionBase(String itsHost, int itsPort,
                     MessageLogger logger) {
    this.itsHost = itsHost;
    this.itsPort = itsPort;
    this.itsLogger = logger;
  }
  public String getHost(){
    return itsHost;
  }
  public int getPort() {
    return itsPort;
  }
  protected void logMessage(String msg) {
    itsLogger.logMessage(msg);
  }
  protected boolean connect() {
```

```java
      logMessage(
        "Trying to connect to: " + getHost() + ":" + getPort() + "...");
      boolean connectionStatus = false;
      try {
        smcrSocket = new Socket(getHost(), getPort());
        is = new ObjectInputStream(smcrSocket.getInputStream());
        os = new ObjectOutputStream(smcrSocket.getOutputStream());
        String headerLine = (String) readServerObject();
        connectionStatus =
          headerLine != null && headerLine.startsWith("SMCR");
        String message = (String) readServerObject();
        if (message != null) {
          System.out.println(message);
        }

        if (connectionStatus)
          logMessage("Connection acknowledged: " + headerLine);
        else
          logMessage("Bad Acknowledgement: " + headerLine);
      } catch (Exception e) {
        connectionStatus = false;
        logMessage("Connection failed: " + e.getMessage());
      }
      return connectionStatus;
    }
    public void close() {
      if (is != null || os != null || smcrSocket != null) {
        logMessage("Closing Connection.");
        try {
          if (is != null)
            is.close();
          if (os != null)
            os.close();
          if (smcrSocket != null)
            smcrSocket.close();
        } catch (IOException e) {
          logMessage("Couldn't close : " + e.getMessage());
        }
      }
    }
    protected boolean login(String username, String password) {
      try {
        LoginTransaction lt =
            new LoginTransaction(username, password);
        sendTransaction(lt);
        LoginResponseTransaction lrt =
          (LoginResponseTransaction) readServerObject();
        if (lrt.isAccepted()) {
          logMessage("login (" + lrt.getLoginCount() + ") accepted.");
          return true;
        } else {
          logMessage("Login Rejected");
          return false;
```

```
      }
    } catch (Exception e) {
      logMessage("login failed: " + e);
      return false;
    }
  }
  protected boolean sendTransaction(SocketTransaction t) {
    boolean sent = false;
    try {
      os.writeObject(t);
      os.flush();
      sent = true;
    } catch (IOException e) {
      sent = false;
    }
    return sent;
  }

  protected Object readServerObject() throws Exception {
    return is.readObject();
  }
}
```

코드 12.8 LoginTransaction.java

```
package com.objectmentor.SMCRemote.transactions;
public class LoginTransaction implements SocketTransaction {
  private String itsUserName;
  private String itsPassword;
  public LoginTransaction(String itsUserName, String itsPassword) {
    this.itsUserName = itsUserName;
    this.itsPassword = itsPassword;
  }
  public String getUserName() {
    return itsUserName;
  }
  public String getPassword() {
    return itsPassword;
  }
  public void accept(SocketTransactionProcessor processor)
            throws Exception{
    processor.process(this);
  }
}
```

코드 12.9 LoginResponseTransaction.java

```
package com.objectmentor.SMCRemote.transactions;
public class LoginResponseTransaction implements SocketTransaction {
  private boolean isAccepted;
  private int loginCount;
```

```java
    public LoginResponseTransaction(boolean accepted, intloginCount) {
      this.loginCount = loginCount;
      this.isAccepted = accepted;
    }
    public boolean isAccepted() {
      return isAccepted;
    }
    public int getLoginCount() {
      return loginCount;
    }
    public void accept(SocketTransactionProcessor processor)
                throws Exception{
      processor.process(this);
    }
  }
```

RemoteSessionBase.login( ) 함수의 첫 세 줄이 특히 설명에 도움이 된다.

```
LoginTransaction lt = new LoginTransaction(username, password);
sendTransaction(lt);
LoginResponseTransaction lrt = (LoginResponseTransaction) readServerObject();
```

이 세 줄이 소켓을 통해 통신하는 방법을 모두 보여 준다. 코드 12.10에서 볼 수 있겠지만, 모든 트랜잭션은 직렬화(serialize)할 수 있다. 따라서 이것들을 소켓에 쓰거나 소켓에서 읽어 들이는 일은 어처구니없을 정도로 쉽다.

코드 12.10에는 한 가지 더 언급할 것이 있다. SocketTransaction(소켓 트랜잭션) 클래스에 숨은 VISITOR 패턴[5]의 냄새를 맡을 수 있다. 왜 그런지 설명하는 것은 이 장의 나중에 SMCRemoteServer를 배울 때까지 미루자.

코드 12.10 SocketTransaction.java

```java
  package com.objectmentor.SMCRemote.transactions;
  import java.io.Serializable;
  public interface SocketTransaction extends Serializable {
    public void accept(SocketTransactionProcessor processor)
                throws Exception;
  }
```

5 [Gamma1995]

RemoteRegistrar(원격 등록자)

RemoteRegistrar와 등록 트랜잭션과 관련된 두 클래스의 코드가 코드 12.11에서 12.13까지 나온다. 이 과정은 매우 간단하다. 단순히 서버에 접속한 다음 Registration Transaction(등록 트랜잭션) 객체를 보낼 뿐이다. 그리고 RegistrationResponse Transaction을 받은 다음 서버가 이 등록 요청을 받아들였는지 확인한다.

코드 12.11 RemoteRegistrar.java

```java
package com.objectmentor.SMCRemote.client;
import com.objectmentor.SMCRemote.transactions.*;
public class RemoteRegistrar extends RemoteSessionBase {
  public RemoteRegistrar(String itsHost, int itsPort,
                         MessageLogger logger) {
    super(itsHost, itsPort, logger);
  }
  public void connectAndRegister(String registrant) {
    if (connect()) {
      RegistrationResponseTransaction rrt;
      if ((rrt = register(registrant)) != null) {
        if (rrt.isConfirmed()) {
          logMessage(registrant + " was registered");
          System.out.println(
            "User: " + registrant + " registered. Email sent.");
        } else {
          logMessage(registrant
                  + " was NOT registered: "
                  + rrt.getFailureReason());
          System.out.println(registrant
                  + " was NOT registered: "
                  + rrt.getFailureReason());
        }
      } else { // rrt == null
        System.out.println("Something bad happened. Sorry.");
      }
      close();
    } else { // connect
      System.out.println(
        "failed to connect to " + getHost() + ":" + getPort());
    }
  }

  RegistrationResponseTransaction register(String registrant) {
    logMessage("Attempting to register " + registrant);
    RegistrationTransaction t = new RegistrationTransaction(registrant);
    sendTransaction(t);
    RegistrationResponseTransaction rrt = null;
    try {
      rrt = (RegistrationResponseTransaction)readServerObject();
```

```
      } catch (Exception e) {
        logMessage(
          "Could not send registration response: " + e.getMessage());
        return null;
      }
      return rrt;
    }
}
```

코드 12.12 RegistrationTransaction.java

```
package com.objectmentor.SMCRemote.transactions;

public class RegistrationTransaction implements SocketTransaction {
  private String username;
  public String getUsername() {
    return username;
  }
  public RegistrationTransaction(String username) {
    this.username = username;
  }
  public void accept(SocketTransactionProcessor processor)
            throws Exception{
    processor.process(this);
  }
}
```

코드 12.13 RegistrationResponseTransaction.java

```
package com.objectmentor.SMCRemote.transactions;
public class RegistrationResponseTransaction
            implements SocketTransaction {
  private boolean confirmed;
  private String failureReason;

  public RegistrationResponseTransaction(boolean confirmed) {
    this.confirmed = confirmed;
  }
  public String getFailureReason() {
    return failureReason;
  }
  public void setFailureReason(String failureReason) {
    this.failureReason = failureReason;
  }
  public boolean isConfirmed() {
    return confirmed;
  }
  public void accept(SocketTransactionProcessor processor)
            throws Exception{
    processor.process(this);
  }
}
```

RemoteCompiler(원격 컴파일러)

RemoteCompiler는 RemoteRegistrar보다 조금 더 복잡하긴 해도 기본 아이디어는 똑같다. 그림 12.9는 이 원격 컴파일러가 하는 일을 대략 그린 시퀀스 다이어그램이다. 이 다이어그램이 코드와 일치하지는 않지만 상당히 비슷하다. 다이어그램을 코드에 일치하게 만들려고 하면 실제 필요한 것보다 다이어그램이 지저분해질 뿐이다. 마찬가지로, 코드를 다이어그램과 일치하게 만들면 코드가 실제 필요한 것보다 더 지저분해질 것이다. 이렇게 서로 일치하지 않는 코드와 다이어그램은 그렇게 드물지 않다. 명확한 코드를 만드는 방법과 명확한 다이어그램을 만드는 방법은 서로 다르기 때문이다.

그림 12.9 컴파일 과정

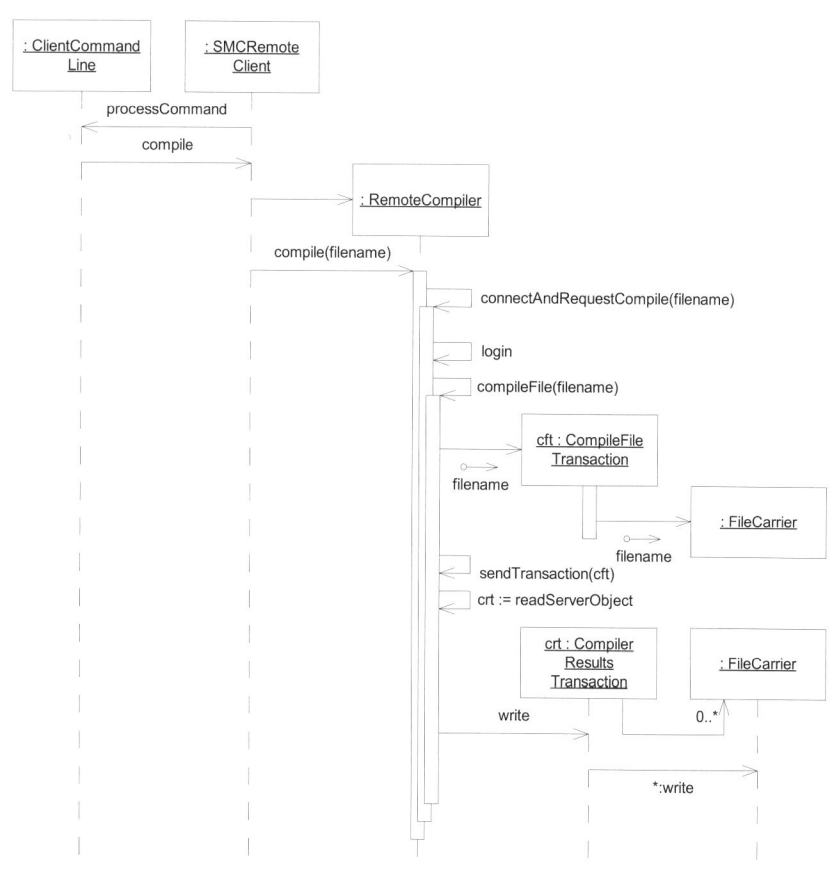

코드 12.14를 보면, ClientCommandLine이 SMCRemoteCompiler(SMC 원격 컴파일러)의 compile 메서드를 호출하면서 컴파일 작업이 시작된다. compile 메서드는 다시 RemoteCompiler 객체를 만들고 이 객체의 compile 메서드를 호출한다.

RemoteCompiler의 compile 메서드는 시작 메시지를 로그에 남기고 나서 connectAndRequestCompile()을 호출한다. 이 메서드는 컴파일할 파일이 존재하는지 확인하고, 서버에 접속한 다음, login 메서드를 호출한다. login 메서드는 로그인 프로토콜을 실행한다. 로그인에 성공하면 compileFile 메서드가 호출된다. 이 메서드는 CompileFileTransaction(코드 12.15) 객체를 만들고 필드를 채운 다음에 서버로 보낸다. 그런 다음에는 서버에서 CompilerResultsTransaction(코드 12.16)을 읽어 들여서 이 객체가 가지고 있는 파일이 있으면 모두 로컬 파일 시스템에 쓴다.

코드 12.14 RemoteCompiler.java

```java
package com.objectmentor.SMCRemote.client;
import com.objectmentor.SMCRemote.transactions.*;
import java.io.*;
import java.util.Vector;

public class RemoteCompiler extends RemoteSessionBase {
  private String itsFilename = null;
  private String itsGenerator = ClientCommandLine.DEFAULT_GENERATOR;
  private String itsRegistrant;

  public RemoteCompiler(String itsHost, int itsPort,
              MessageLogger itsLogger) {
    super(itsHost, itsPort, itsLogger);
  }
  public void compile(String username, String password,
              String generator, String filename) {
    itsFilename = filename;
    itsGenerator = generator;
    logCompileHeader();
    connectAndRequestCompile(username, password);
  }
  private void connectAndRequestCompile(String username,
                                        String password){
    if (prepareFile()) {
      if (connect()) {
        if (login(username, password)) {
          if (compile() == false) {
            System.out.println(
              "Internal error, something awful. Sorry.");
          }
        } else { // login
          System.out.println("failed to log in.");
```

```java
      }
      close();
    } else { // connect
      System.out.println(
        "failed to connect to " + getHost() + ":" + getPort());
    }
  } else { // prepareFile
    System.out.println("could not open: " + itsFilename);
  } // prepareFile
}
private boolean compile() {
  CompilerResultsTransaction crt = compileFile();
  if (crt == null)
    return false;
  writeCompilerOutputLines(crt);
  return true;
}
public void setFilename(String itsFilename) {
  this.itsFilename = itsFilename;
}
public boolean prepareFile() {
  File f = new File(itsFilename);
  return f.exists();
}
public CompilerResultsTransaction compileFile() {
  CompilerResultsTransaction crt = null;
  logMessage("Sending file and requesting compilation.");
  try {
    CompileFileTransaction t =
      new CompileFileTransaction(itsFilename, itsGenerator);
    if (sendTransaction(t) == true) {
      crt = (CompilerResultsTransaction) readServerObject();
      logCompilerResultsMessage(crt);
      crt.write();
    }
  } catch (Exception e) {
    logMessage("Compilation process failed: " + e.getMessage());
  }
  return crt;
}
private static void writeCompilerOutputLines(CompilerResultsTransaction crt) {
  Vector stdout = crt.getStdoutLines();
  writeLineVector(System.out, crt.getStdoutLines());
  writeLineVector(System.err, crt.getStderrLines());
}
private static void writeLineVector(PrintStream ps,
                                    Vector stdout) {
  for (int i = 0; i < stdout.size(); i++) {
    String s = (String) stdout.elementAt(i);
    ps.println(s);
  }
}
private void logCompileHeader() {
```

```java
      logMessage("Compiling...");
      logMessage("file = " + itsFilename);
      logMessage("generator = " + itsGenerator);
    }
    private void logCompilerResultsMessage(CompilerResultsTransaction crt) {
      logMessage("Compilation results received.");
      String filenames[] = crt.getFilenames();
      for (int i = 0; i < filenames.length; i++) {
        String s = (String) filenames[i];
        logMessage("..file: " + s + " received.");
      }
    }
  }
```

코드 12.15 CompileFileTransaction.java

```java
package com.objectmentor.SMCRemote.transactions;

import com.objectmentor.SocketUtilities.FileCarrier;
import java.io.File;

public class CompileFileTransaction implements SocketTransaction {
  private FileCarrier itsCarrier;
  private String itsGenerator;

  public CompileFileTransaction(String filename, String generator) {
    itsCarrier = new FileCarrier(null, filename);
    itsGenerator = generator;
  }

  public String getFilename() {
    return itsCarrier.getFilename();
  }
  public String getGenerator() {
    return itsGenerator;
  }
  public void write(File subDirectory) {
    itsCarrier.write(subDirectory);
  }
  public void accept(SocketTransactionProcessor processor)
              throws Exception{
    processor.process(this);
  }
}
```

코드 12.16 CompilerResultsTransaction.java

```java
package com.objectmentor.SMCRemote.transactions;

import com.objectmentor.SocketUtilities.FileCarrier;
import java.io.File;
import java.util.Vector;
```

```java
public class CompilerResultsTransaction implements SocketTransaction {
  public static final int OK = 0;
  public static final int NOT_LOGGED_IN = 1;
  private FileCarrier[] files;
  private String[] filenames;
  private Vector stdout;
  private Vector stderr;
  private int status;

  public int getStatus() {
    return status;
  }
  public void setStatus(int status) {
    this.status = status;
  }
  public Vector getStdoutLines() {
    return stdout;
  }
  public Vector getStderrLines() {
    return stderr;
  }
  public String[] getFilenames() {
    return filenames;
  }

  public CompilerResultsTransaction() {
    stdout = new Vector();
    stderr = new Vector();
  }
  public void loadFiles(File subDirectory, String[] filenames) {
    this.filenames = filenames;
    files = new FileCarrier[filenames.length];
    for (int fileIndex = 0; fileIndex < filenames.length; fileIndex++) {
      files[fileIndex] =
        new FileCarrier(subDirectory, filenames[fileIndex]);
    }
  }
  public void write() {
    for (int fileIndex = 0; fileIndex < files.length; fileIndex++) {
      FileCarrier carrier = files[fileIndex];
      carrier.write();
    }
  }
  public void acccpt(SocketTransactionProcessor processor)
            throws Exception{
    processor.process(this);
  }
}
```

FileCarrier(파일 운반자)

CompileFileTransaction과 CompilerResultsTransaction 모두 서버와 클라이언트 경계를 넘어 텍스트 파일을 운반해야 한다. 이것들은 FileCarrier라고 부르는 헬퍼 클래스(helper class)의 도움을 받아 이 일을 수행한다. FileCarrier는 운반할 파일 이름, 그리고 파일의 한 줄 한 줄을 원소로 하는 스트링 리스트를 담는다. 그리고 이 클래스는 파일에서 읽어 들이는 메서드와, 자기로부터 새로운 파일을 만드는 메서드를 가지고 있다.

코드 12.17 FileCarrier.java

```java
package com.objectmentor.SocketUtilities;

import java.io.*;
import java.util.*;

public class FileCarrier implements Serializable {
  private String itsFilename;
  private LinkedList itsLines = new LinkedList();
  private boolean loaded = false;
  private boolean error = false;

  public FileCarrier(File subDirectory, String filename) {
    File inputFile = new File(subDirectory, filename);
    itsFilename = new String(filename);
    BufferedReader br = null;
    try {
      br =
        new BufferedReader(
          new InputStreamReader(new FileInputStream(inputFile)));
      String line;
      while ((line = br.readLine()) != null) {

        itsLines.add(line);
      }
      br.close();
      loaded = true;
    } catch (Exception e) {
      error = true;
    }
  }
  public void write() {
    write(null);
  }
  public void write(File subDirectory) {
    File f = new File(subDirectory, itsFilename);
    if (f.exists())
      f.delete();
```

```
    try {
      PrintStream w = new PrintStream(new FileOutputStream(f));
      for (Iterator i = itsLines.iterator(); i.hasNext();) {
        String line = (String) i.next();
        w.println(line);
      }
      w.close();
    } catch (IOException e) {
      error = true;
    }
  }
  public boolean isLoaded() {
    return loaded;
  }
  public boolean isError() {
    return error;
  }
  public String getFilename() {
    return itsFilename;
  }
}
```

SMCRemoteClient에 대한 결론

SMCRemoteClient에 대해 말할 것은 다 말한 것 같다. 클라이언트 쪽 과정은 무척 단순하다. 명령줄 인자들을 읽어 들여서 등록할지 컴파일할지 파악하고, 올바른 트랜잭션 객체를 만들어 서버에 보내고, 응답 트랜잭션을 받아 읽어들이기만 하면 된다. 복잡한 기술이 필요하지 않다.

SMCRemoteServer

서버는 클라이언트보다 조금 더 복잡하다. 계속 돌아가면서 접속을 받고 그 접속에 응답해야 한다. 그리고 여러 트랜잭션이 동시에 들어와도 다룰 수 있어야 한다. 등록자들의 데이터베이스를 관리해야 하고, SMC 컴파일러를 호출하고 제어하고 결과를 갈무리하는 법도 알아야 한다. 이 서버에 대한 이야기는 나와 내 아들 마이카(Micah)가 몇 달 전 같이 작업하던 때로 거슬러 올라간다.

SocketService(소켓 서비스)

나는 마이카와 함께 ROPE라는 이름의 루비(Ruby)[6] 웹 서버를 작업하면서 들어오

---

6 (옮긴이) Ruby, 프로그래밍 언어의 일종. http://www.ruby-lang.org/en/

는 소켓 요청들을 받아들이는 간단한 루비 프레임워크를 작성했다. 이 프레임워크는 잘 돌아가는 데다가 굉장히 널리 사용할 수 있어서 나중에 자바로 옮겨 소켓 서버를 위한 간단한 자바 프레임워크로 만들었다.[7] 이 프레임워크는 서버 소켓을 만들고, 그 소켓에 연결이 들어오기를 기다리며, 연결이 들어올 때마다 새로운 스레드를 만든다. 그림 12.10이 이 프레임워크의 구조다.

그림 12.10 소켓 서비스

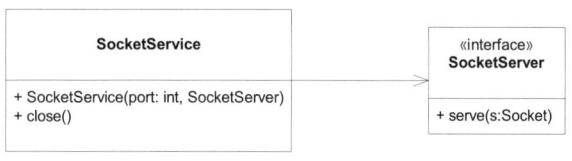

기본 생각은 아주 단순하다. 만약 들어오는 소켓 연결을 다루는 프로그램을 작성하고 싶다면 그 프로그램이 SocketServer(소켓 서버)를 상속받도록 만든다. 그 다음, SocketService의 인스턴스를 하나 만들어 이 SocketService의 생성자에 유도 클래스의 객체와 서버가 귀 기울일 포트 번호를 인자로 넘긴다.

예를 들어, 코드 12.18의 HelloService는 들어오는 연결에 "Hello"를 보내고 연결을 끊는 간단한 소켓 서비스다. 코드 12.19의 프로그램은 이 HelloService가 의도한 대로 작동하는지 테스트하는 프로그램이다.

코드 12.18 "Hello"라고 말하는 소켓 서비스

```java
class HelloService implements SocketServer {
  public void serve(Socket s) {
    try {
      OutputStream os = s.getOutputStream();
      PrintStream ps = new PrintStream(os);
      ps.println("Hello");
    } catch (IOException e) {
    }
  }
}
```

---

7 맞다. 『Software Development』 잡지의 내 'Craftsman' 칼럼에서 소재로 삼았던 그 프레임워크다.

코드 12.19 HelloService의 테스트용 클라이언트

```
public void testSendMessage() throws Exception {
  ss = new SocketService(999, new HelloService());
  Socket s = new Socket("localhost", 999);
  BufferedReader br = TestUtility.GetBufferedReader(s);
  String answer = br.readLine();
  s.close();
  ss.close();
  assertEquals("Hello", answer);
}
```

이 SocketService 프레임워크의 전체 구현은 코드 12.20에서 12.21까지 나온다. 이 프레임워크 작동의 핵심은 그림 12.11에 나와 있다. SocketService는 serviceThread를 생성하고 반환함으로써 시작된다. 그러면 serviceThread는 serverSocket의 accept를 호출하는 무한 루프에 들어간다. accept 함수는 연결이 들어올 때마다 새로운 소켓을 반환하고, 그러면 serviceThread가 새로운 serverThread를 만들고 자신은 다시 serverSocket의 accept 함수를 호출하는 루프로 돌아간다. serverThread는 사용자가 제공한 SocketServer 유도 클래스의 serve를 호출한다.

그림 12.11 SocketService 객체 다이어그램

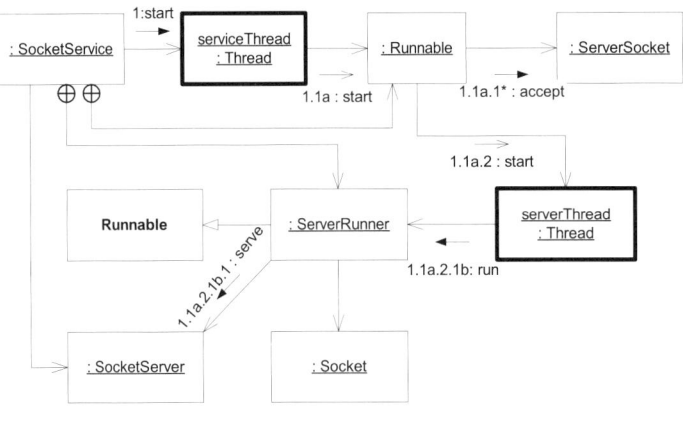

덧붙여서 그림 12.11에서는 UML 협력 다이어그램에서 메시지의 일련번호 체계가 얼마나 빨리 사용하기 힘든 지경까지 갈 수 있는지 볼 수 있다. 우리 경우에는 일련

의 메시지를 시퀀스 다이어그램보다 협력 다이어그램으로 그리는 것이 더 나은데, 이벤트들이 어떤 순서로 일어나는지보다 관계들의 위상이 어떠한지 보여 주는 것이 더 중요하기 때문이다. 불행하게도, 이렇게 약간만 복잡할 뿐인 시나리오라고 할지라도 메시지 일련번호를 소프트웨어가 아니라 마치 유기화학에서 쓰는 기호처럼 보이게 만들어 버리곤 한다.

코드 12.20 SocketServer.java

```java
package com.objectmentor.SocketService;
import java.net.Socket;
public interface SocketServer {
  public void serve(Socket s);
}
```

코드 12.21 SocketService.java

```java
package com.objectmentor.SocketService;

import java.io.IOException;
import java.net.*;
import java.util.LinkedList;

public class SocketService {
  private ServerSocket serverSocket = null;
  private Thread serviceThread = null;
  private boolean running = false;
  private SocketServer itsService = null;
  private LinkedList threads = new LinkedList();
  public SocketService(int port, SocketServer service)
              throws Exception{
    itsService = service;
    serverSocket = new ServerSocket(port);
    serviceThread = new Thread(new Runnable() {
      public void run() {
        serviceThread();
      }
    });
    serviceThread.start();
  }
  public void close() throws Exception {
    waitForServiceThreadToStart();
    running = false;
    serverSocket.close();
    serviceThread.join();
    waitForServerThreads();
  }
  private void waitForServiceThreadToStart() {
```

```java
      while (running == false)
        Thread.yield();
    }
    private void serviceThread() {
      running = true;
      while (running) {
        try {
          Socket s = serverSocket.accept();
          startServerThread(s);
        } catch (IOException e) {
        }
      }
    }
    private void startServerThread(Socket s) {
      Thread serverThread = new Thread(new ServerRunner(s));
      synchronized (threads) {
        threads.add(serverThread);
      }
      serverThread.start();
    }
    private void waitForServerThreads() throws InterruptedException {
      while (threads.size() > 0) {
        Thread t;
        synchronized (threads) {
          t = (Thread) threads.getFirst();
        }
        t.join();
      }
    }
    private class ServerRunner implements Runnable {
      private Socket itsSocket;
      ServerRunner(Socket s) {
        itsSocket = s;
      }
      public void run() {
        try {
          itsService.serve(itsSocket);
          synchronized (threads) {
            threads.remove(Thread.currentThread());
          }
          itsSocket.close();
        } catch (IOException e) {
        }
      }
    }
  }
```

SMCRemoteService(SMC 원격 서비스)

분명히 이 SocketService 프레임워크 위에 우리의 SMCRemoteService 프로그램을 구축할 수 있을 것이다. 그림 12.2의 다이어그램이 그 구조를 보여 준다. SMCRemoteService는 SocketService 인스턴스를 하나 가지는데, 이 인스턴스의 초기화 과정에서 SocketServer 인터페이스를 구현하는 익명 내부 클래스도 생겨난다. 이 내부 클래스는 연결 때마다 프로토콜을 다룰 줄 아는 SMCRemoteServer를 하나씩 만들고 그것에 할 일을 위임한다.

그림 12.12 SMCRemoteService의 고차원적 구조

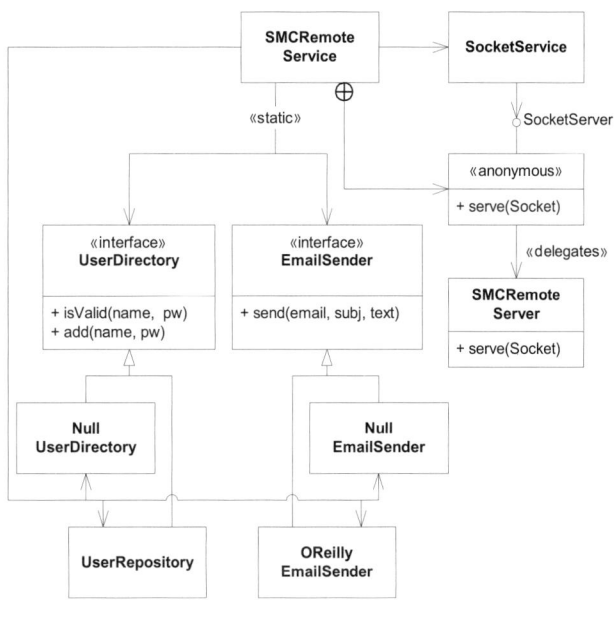

SMCRemoteService는 UserDirectory(사용자 명부)와 EmailSender(전자우편 송신자)의 레퍼런스를 가지고 있다. 이 두 클래스는 각각 유도 클래스를 두 개씩 가지는데, 하나는 NULLOBJECT[8]이고, 다른 하나는 실제로 동작하는 구현이다. 실제로 작동하는 UserDirectory의 유도 클래스는 UserRepository(사용자 저장소)라고 부르며, 이 클래스가 사용자 데이터베이스를 관리한다. 이 클래스는 사용자를 데이터베이스에 추가하게 해주고, 사용자의 비밀번호를 검사하는 메서드들도 제공한다. 실제로 작동하는 EmailSender의 유도 클래스는 OReillyEmailSender(오라일리 전자

---

8 [Martin2002]의 NULLOBJECT 패턴을 참조하라.

우편 전송자)다. 이 클래스는 전자우편을 보내기 위해 써드 파티 SMTP 에이전트를 사용한다.

SMCRemoteService와 두 인터페이스의 코드가 코드 12.22에서 12.24까지 나온다. 대체로 SMCRemoteService는 SMCRemoteServer가 사용하는 일련의 유틸리티를 담고 있다.

코드 12.22 SMCRemoteService.java

```java
package com.objectmentor.SMCRemote.server;

import com.objectmentor.SocketService.*;
import com.neoworks.util.Getopts;
import java.io.*;
import java.text.SimpleDateFormat;
import java.util.*;
import java.net.Socket;

class NullUserDirectory implements UserDirectory {
  public boolean isValid(String username, String password) {
    return true;
  }
  public String getPassword(String username) {
    return null;
  }
  public int incrementLoginCount(String username) {
    return 0;
  }
  public boolean add(String username, String password) {
    return true;
  }
}
class NullEmailSender implements EmailSender {
  public boolean send(String emailAddress, String subject,
                      String text) {
    return true;
  }
}
public class SMCRemoteService {
  public static final String DEFAULT_PORT = "9000";
  public static final String VERSION = "0.99";
  public static final String COMPILE_COMMAND =
    "java -cp c:\\SMC\\smc.jar smc.Smc -f";
  static boolean isVerbose = false;
  static boolean isEmailQuiet = false;
  static int servicePort;
  static String messageFile;
   private static UserDirectory userDirectory = new NullUserDirectory();
  private static EmailSender emailSender = new NullEmailSender();
  private SocketService service;
```

```java
      SocketServer server = new SocketServer() {
        public void serve(Socket socket) {
          new SMCRemoteServer().serve(socket);
        }
      }
    public SMCRemoteService(int port) throws Exception {
      service = new SocketService(port, server);
    }
    public void close() throws Exception {
      service.close();
    }
    static void setUserDirectory(UserDirectory userDirectory) {
      SMCRemoteService.userDirectory = userDirectory;
    }
    public static void setEmailSender(EmailSender emailSender) {
      SMCRemoteService.emailSender = emailSender;
    }
    public static void main(String[] args) {
      if (parseCommandLine(args)) {
        verboseHeader();
        setUserDirectory(new UserRepository("users"));
        if (!isEmailQuiet)
          setEmailSender(new OReillyEmailSender());
        try {
          SMCRemoteService service = new SMCRemoteService(servicePort);
        } catch (Exception e) {
          System.err.println("Could not connect");
        }
      } else {
        System.out.println("usage: java SMCRemoteService -p <port> -v");
      }
    }
    static boolean validate(String username, String password) {
      return userDirectory.isValid(username, password);
    }
    static boolean addUser(String username, String password)
              throws Exception {
      return userDirectory.add(username, password);
    }
    static String getPassword(String username) {
      return userDirectory.getPassword(username);
    }
    static int incrementLoginCount(String username) throws Exception{
      return userDirectory.incrementLoginCount(username);
    }
    static boolean sendEmail(
      String emailAddress,
      String subject,
      String text) {
      return emailSender.send(emailAddress, subject, text);
    }
    static boolean parseCommandLine(String[] args) {
      Getopts opts = new Getopts("m:p:ve", args);
```

```java
      if (opts.error())
        return false;
      try {
        servicePort = Integer.parseInt(opts.option('p', DEFAULT_PORT));
        isVerbose = opts.hasOption('v');
        messageFile = opts.option('m', null);
        isEmailQuiet = opts.hasOption('e');
      } catch (NumberFormatException e) {
        return false;
      }
      return true;
    }
    static String buildCommand(String filename, String generator) {
      String generatorClass;
      if (generator.equals("java"))
        generatorClass = "smc.generator.java.SMJavaGenerator";
      else if (generator.equals("C++"))
        generatorClass = "smc.generator.cpp.SMCppGenerator";
      else
        return "echo bad generator " + generator;
      return COMPILE_COMMAND + " -g " + generatorClass + " " + filename;
    }
    static int executeCommand(String command, Vector stdout,
                              Vector stderr) throws Exception {
      Runtime rt = Runtime.getRuntime();
      Process p = rt.exec(command);
      flushProcessOutputs(p, stdout, stderr);
      p.waitFor();
      return p.exitValue();
    }
    private static void flushProcessOutputs(Process p, Vector stdout,
                              Vector stderr)
                  throws IOException {
      BufferedReader stdoutReader =
        new BufferedReader(new InputStreamReader(p.getInputStream()));
      BufferedReader stderrReader =
        new BufferedReader(new InputStreamReader(p.getErrorStream()));
      String line;
      while ((line = stdoutReader.readLine()) != null)
        stdout.add(line);
      while ((line = stderrReader.readLine()) != null)
        stderr.add(line);
    }
    static File makeTempDirectory() {
      File tmpDirectory;
      do {
        long millis = System.currentTimeMillis();
        tmpDirectory = new File("smcTempDirectory" + millis);
      } while (tmpDirectory.exists());
      tmpDirectory.mkdir();
      return tmpDirectory;
    }
    private static void verboseHeader() {
      verboseMessage("SMCRemoteService---------------------------------");
```

```
      verboseMessage(VERSION);
      verboseMessage("port = " + servicePort);
      if (isEmailQuiet)
        verboseMessage("email is disabled");
      verboseMessage("-----------------------------------------------");
    }
    static void verboseMessage(String msg) {
      if (isVerbose) {
        Date logTime = new Date();
        SimpleDateFormat fmt =
            new SimpleDateFormat("yyyy.MM.dd hh:mm:ss");
        String logTimeString = fmt.format(logTime);
        System.out.println(logTimeString + " | " + msg);
      }
    }
  }
```

코드 12.23 UserDirectory.java

```
package com.objectmentor.SMCRemote.server;

public interface UserDirectory {
  public boolean isValid(String username, String password);
  public boolean add(String username, String password)
            throws Exception;
  public String getPassword(String username);
  public int incrementLoginCount(String username) throws Exception;
}
```

코드 12.24 EmailSender.java

```
package com.objectmentor.SMCRemote.server;

public interface EmailSender {
  public boolean send(String emailAddress, String subject,
                      String text);
}
```

SMCRemoteServer

SMCRemoteServer는 간단한 클래스다. 그저 SocketTransaction을 읽어 들이는 일을 반복하는 루프를 돌기만 한다. 이 클래스는 읽어 들인 트랜잭션을 해석하기 위해 VISITOR 패턴[9]을 사용한다. 어떤 트랜잭션이 해석되면, SMCRemoteServer는

---

9 VISITOR 패턴은 [Gamma1995]에서 설명되며, [Martin2002]에 좋은 예제들이 있다.

ServerSession(서버 세션) 인스턴스에 적절한 이벤트를 보낸다. 그림 12.13과 12.14를 보아라.

그림 12.13 SMCRemoteServer 구조: 트랜잭션을 방문하는 VISITOR 패턴

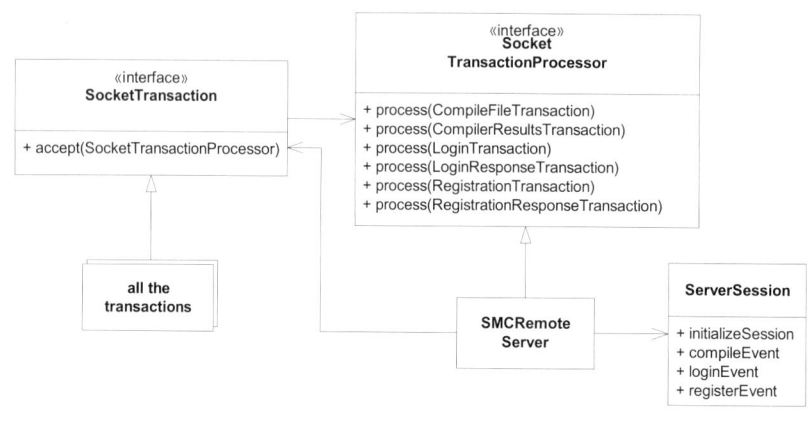

그림 12.14 SMCRemoteServer의 트랜잭션 해석

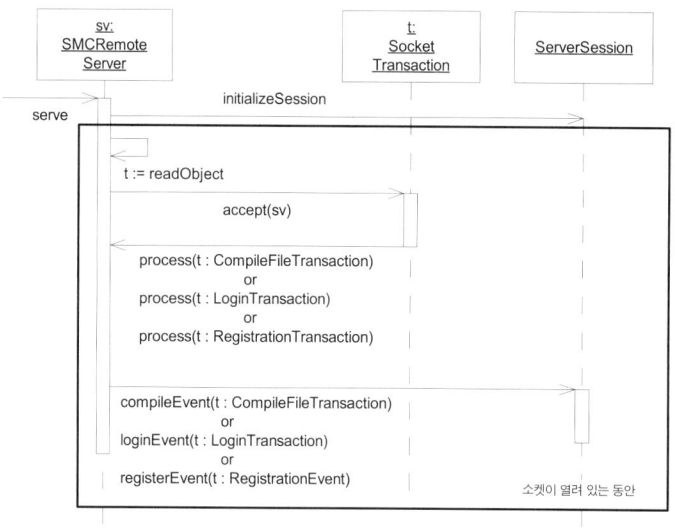

SMCRemoteServer가 소켓에서 SocketTransaction을 하나 읽을 때마다, 원격 서버는 자기 자신을 인자로 해서 그 트랜잭션의 accept 함수를 호출한다. 그 이유는 SMCRemoteServer가 SocketTransactionProcessor(소켓 트랜잭션 처리기) 인터페이스를 구현하기 때문이다. 트랜잭션은 이 인터페이스를 통해 다시 SMCRemoteServer의 적절한 process 함수를 호출한다. 이 함수는 다시 ServerSession 객체에 적절한 이벤트를 보낸다. 코드 12.25와 12.26이 각각 SMCRemoteServer 클래스와 SocketTransactionProcessor 클래스다.

코드 12.25 SMCRemoteServer.java

```java
package com.objectmentor.SMCRemote.server;

import com.objectmentor.SMCRemote.transactions.*;
import com.objectmentor.SocketService.SocketServer;
import java.io.ObjectInputStream;
import java.net.Socket;

class SMCRemoteServer extends SocketTransactionProcessor {
  private ObjectInputStream serverInput;
  private boolean isOpen = false;
  private ServerSession session;

  public void serve(Socket socket) {
    isOpen = true;
    try {
      session = new ServerSession(this, socket);
      session.verboseMessage("Connected");
      serverInput = session.initializeSession(socket);
      while (isOpen) {
        SocketTransaction st =
          (SocketTransaction) serverInput.readObject();
        st.accept(this);
      }
    } catch (Exception e) {
      SMCRemoteService.verboseMessage("Connection torn down:" + e);
      return
    }
    SMCRemoteService.verboseMessage("Connection closed normally.");
  }
  public void process(CompileFileTransaction t) throws Exception {
    session.compileEvent(t);
  }
  public void process(LoginTransaction t) throws Exception {
    session.loginEvent(t);
  }
  public void process(RegistrationTransaction t) throws Exception {
    session.registerEvent(t);
```

```
      }
      public void close() {
        isOpen = false;
      }
    }
```

코드 12.26 SocketTransactionProcessor.java

```
package com.objectmentor.SMCRemote.transactions;

public class SocketTransactionProcessor {
  public void process(CompileFileTransaction t) throws Exception {
    throw new NoProcessorException("CompileFileTransaction");
  }
  public void process(CompilerResultsTransaction t) throws Exception {
    throw new NoProcessorException("CompilerResultsTransaction");
  }
  public void process(LoginTransaction t) throws Exception {
    throw new NoProcessorException("LoginTransaction");
  }
  public void process(LoginResponseTransaction t) throws Exception {
    throw new NoProcessorException("LoginResponseTransaction");
  }
  public void process(RegistrationTransaction t) throws Exception {
    throw new NoProcessorException("RegistrationTransaction");
  }
  public void process(RegistrationResponseTransaction t) throws Exception {
    throw new NoProcessorException("RegistrationResponseTransaction");
  }
}
```

ServerSession(서버 세션)

ServerSession 클래스는 클라이언트와 서버 사이의 통신 프로토콜을 제어하는 유한 상태 기계(finite state machine, FSM)이며, 이 기계의 논리 구조를 보여 주는 상태 전이 다이어그램이 그림 12.15다. 등록은 기다림(Idle) 상태에서 바로 일어날 수 있지만, 컴파일을 하려면 먼저 로그인해야 한다는 점을 주목하라.

이 유한 상태 기계는 SMC 코드로 옮긴 다음, 자바 코드로 컴파일된다. 이 기계의 SMC 입력 형식은 코드 12.27에 나온다. 그리고 관심 있는 사람을 위해서, 이 장의 마지막 코드 12.46에 이 SMC 입력 형식에서 생성된 자바 코드 출력 결과를 실어놓았다.

그림 12.15 ServerSession(서버 세션) 유한 상태 기계

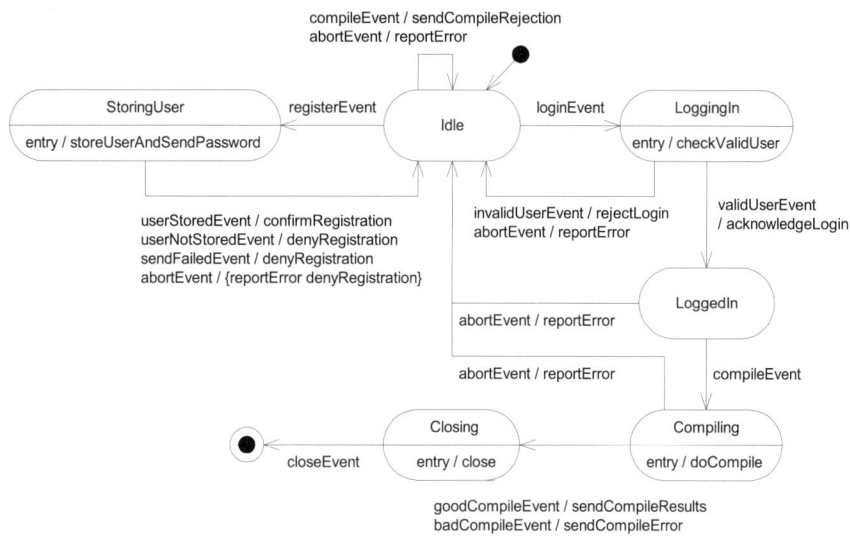

코드 12.27 server.sm

```
Context ServerControllerContext
FSMName ServerController
Pragma Package com.objectmentor.SMCRemote.server
Initial Idle
{
    Idle {
        loginEvent          LoggingIn       {}
        compileEvent        Idle            sendCompileRejection
        registerEvent       StoringUser     {}
        abortEvent          *               reportError
    }
    StoringUser <storeUserAndSendPassword {
        userStoredEvent         Idle    confirmRegistration
        userNotStoredEvent      Idle    denyRegistration
        sendFailedEvent         Idle    denyRegistration
        abortEvent              Idle    {reportError
                                         denyRegistration}
    }
    LoggingIn <checkValidUser {
        validUserEvent          LoggedIn acknowledgeLogin
        invalidUserEvent        Idle     rejectLogin
        abortEvent              Idle     reportError
    }
    LoggedIn {
        compileEvent        Compiling       {}
        abortEvent          Idle            reportError
    }
```

```
    Compiling <doCompile {
            goodCompileEvent        Closing  sendCompileResults
            badCompileEvent         Closing  sendCompileError
            abortEvent              Idle     reportError
    }
    Closing < close{
            closeEvent      Closed  {}
    }
    Closed {}
}
```

THREE-LEVEL FSM

ServerSession 클래스는 THREE-LEVEL FSM[10]이라고 부르는 디자인 패턴의 일부분이다. 우리는 이 패턴을 사용해서 그림 12.16처럼 유한 상태 기계를 세 가지 차원으로 나누어 놓았다. 첫째 차원은 ServerControllerContext(서버 컨트롤러 컨텍스트)

그림 12.16 THREE-LEVEL FSM

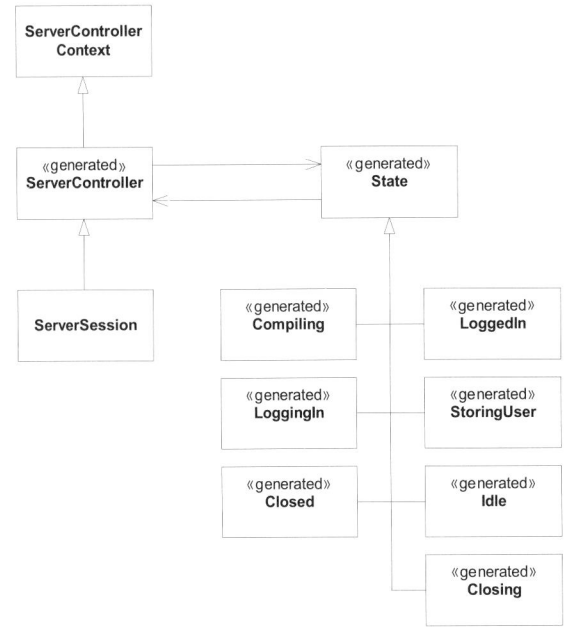

---

10 [Coplien1995], p. 383.

다. 이 클래스는 유한 상태 기계의 행동마다 아무 일도 하지 않는 메서드를 하나씩 가지고 있다. 코드 12.28을 보면 이 텅 빈 메서드들을 볼 수 있다. 이 메서드들은 추상 메서드가 아니라 단지 텅 빈 메서드인데, SMC가 컨텍스트 클래스를 추상 클래스가 아니라고 가정하기 때문이다. 이 클래스에서 FSMError 메서드도 볼 수 있다. 생성된 코드에서 이 메서드는 어떤 상태에서 일어날 것이라고 예상되지 않은 이벤트가 일어날 때마다 호출된다.

코드 12.28 ServerControllerContext.java

```java
package com.objectmentor.SMCRemote.server;

public class ServerControllerContext {
  public void FSMError(String event, String state) {
    SMCRemoteService.verboseMessage(
      "Transition Error. Event:" + event + " in state:" + state);
  }
  public void checkValidUser() {
  }
  public void close() {
  }
  public void acknowledgeLogin() {
  }
  public void rejectLogin() {
  }
  public void doCompile(){
  }
  public void sendCompileResults() {
  }
  public void sendCompileRejection() {
  }
  public void sendCompileError() {
  }
  public void reportError() {
  }
  public void confirmRegistration() {
  }
  public void denyRegistration() {
  }
  public void storeUserAndSendPassword() {
  }
}
```

자동 생성된 코드(코드 12.46)는 ServerControllerContext 클래스에서 유도된 ServerController(서버 컨트롤러)를 생성하며, 상태(State)와 상태에서 유도된 모든 클래스도 생성한다. 마지막으로, ServerSession이 ServerController에서 상속받도록 작성했다. ServerSession은 ServerControllerContext에 들어 있는, 아무 일도 하지 않는 메서드들을 모두 구현한다. 이렇게 함으로써 ServerSession 안에 서버의 행위를 구현하는 모든 구체적인 코드들이 들어가게 된다. 이 클래스의 코드는 조금 길지만, 반면 매우 단순하기도 하다. 코드 12.29가 이 클래스의 코드다.

코드 12.29 ServerSession.java

```java
package com.objectmentor.SMCRemote.server;

import com.objectmentor.SMCRemote.transactions.*;
import java.io.*;
import java.net.*;

class ServerSession extends ServerController {
  private ObjectOutputStream serverOutput;
  private ObjectInputStream serverInput;
  private String itsSessionID;
  private Socket itsSocket;
  private Exception itsException;
  private SMCRemoteServer itsParent;

  private String registrationFailureReason = null;

  private CompileFileTransaction cft;
  private File tempDirectory;
  private CompilerResultsTransaction crt;
  private LoginTransaction lt;
  private RegistrationTransaction rt;
  public ServerSession(SMCRemoteServer parent, Socket socket)
                    throws IOException {
    itsParent = parent;
    itsSocket = socket;
    buildSessionID();
    serverOutput =
        new ObjectOutputStream(itsSocket.getOutputStream());
    serverInput =
        new ObjectInputStream(itsSocket.getInputStream());
  }
  public ObjectInputStream initializeSession(Socket socket)
                          throws IOException {
    serverOutput.writeObject("SMCR Server. " + SMCRemoteService.VERSION);
    writeMessageFile();
    serverOutput.flush();
    return serverInput;
  }
  private void writeMessageFile() throws IOException {
    if (SMCRemoteService.messageFile == null) {
      serverOutput.writeObject(null);
```

```java
      } else {
        StringBuffer b = new StringBuffer();
        BufferedReader br =
          new BufferedReader(new FileReader(SMCRemoteService.messageFile));
        String line;
        while ((line = br.readLine()) != null)
          b.append(line + "\n");
        serverOutput.writeObject(b.toString());
      }
    }
    public void compileEvent(CompileFileTransaction cft) {
      this.cft = cft;
      compileEvent();
    }
    public void loginEvent(LoginTransaction lt) {
      this.lt = lt;
      loginEvent();
    }
    public void registerEvent(RegistrationTransaction rt) {
      this.rt = rt;
      verboseMessage(rt.getUsername() + " requests registration.");
      registerEvent();
    }
    public String generatePassword() {
      verboseMessage("Generating password.");
      return PasswordGenerator.generatePassword();
    }
    public void storeUserAndSendPassword() {
      String password = generatePassword();
      String username = rt.getUsername();
      try {
        boolean stored = SMCRemoteService.addUser(username, password);
        if (stored) {
          verboseMessage("User stored. Sending password email.");
          boolean emailSent = sendPasswordEmail(username, password);
          if (emailSent)
            userStoredEvent();
          else {
            verboseMessage("could not send email.");
            registrationFailureReason = "could not send email."
            sendFailedEvent();
          }
        } else {
          verboseMessage("Duplicate Registration");
          password = SMCRemoteService.getPassword(username);
          resendPasswordEmail(username, password);
          registrationFailureReason = "already a member. Email resent."
          userNotStoredEvent();
        }
      } catch (Exception e) {
        abort(e);
      }
    }
```

```
          private boolean resendPasswordEmail(String username,
                                              String password) {
            return SMCRemoteService.sendEmail(
              username,
              "SMCRemote Resending password",
              "Your SMCRemote password is: " + password);
          }
          private boolean sendPasswordEmail(String username,
                                  String password) {
            return SMCRemoteService.sendEmail(
              username,
              "SMCRemote Registration Confirmation",
              "Your password is: " + password);
          }
          public void confirmRegistration() {
            verboseMessage("Confirming registration.");
            try {
              RegistrationResponseTransaction rrt =
                new RegistrationResponseTransaction(true);
              sendToClient(rrt);
            } catch (Exception e) {
              abort(e);
            }
          }
          public void denyRegistration() {
            verboseMessage(
              "Registration Denied: " + registrationFailureReason);
            try {
              RegistrationResponseTransaction rrt =
                new RegistrationResponseTransaction(false);
              rrt.setFailureReason(registrationFailureReason);
              sendToClient(rrt);
            } catch (IOException e) {
              abort(e);
            }
          }
          public void checkValidUser() {
            String userName = lt.getUserName();
            String password = lt.getPassword();
            if (SMCRemoteService.validate(userName, password))
              validUserEvent();
            else
              invalidUserEvent();
          }
          public void close() {
            itsParent.close();
            closeEvent();
          }
          public void acknowledgeLogin() {
            try {
              int logins =
                  SMCRemoteService.incrementLoginCount(lt.getUserName());
              verboseMessage(
```

```java
        "Login(" + logins + "): " + lt.getUserName() + " accepted.");
      LoginResponseTransaction lrt =
        new LoginResponseTransaction(true, logins);
      sendToClient(lrt);
    } catch (Exception e) {
      abort(e);
    }
  }
  public void rejectLogin() {
    verboseMessage("Login: " + lt.getUserName() + " rejected.");
    try {
      LoginResponseTransaction lrt =
        new LoginResponseTransaction(false, 0);
      sendToClient(lrt);
    } catch (IOException e) {
      abort(e);
    }
  }
  public void doCompile(){
    verboseMessage(
      "Compiling: "
        + cft.getFilename()
        + " using "
        + cft.getGenerator()
        + " generator.");
    try {
      tempDirectory = SMCRemoteService.makeTempDirectory();
      cft.write(tempDirectory);
      compile();
      goodCompileEvent();
    } catch (Exception e) {
      abort(e);
    }
  }
  public void sendCompileResults() {
    try {
      sendCompilerResultsToClient();
      tempDirectory.delete();
    } catch (IOException e) {
      abort(e);
    }
  }
  public void sendCompileRejection() {
    verboseMessage("Not logged in, can't compile.");
    CompilerResultsTransaction crt = new CompilerResultsTransaction();
    crt.setStatus(CompilerResultsTransaction.NOT_LOGGED_IN);
    try {
      sendToClient(crt);
    } catch (IOException e) {
      abort(e);
    }
  }
  public void sendCompileError() {
```

```
  }
  public void reportError() {
    System.out.println("Aborting: " + itsException);
  }
  private void abort(Exception e) {
    itsException = e;
    abortEvent();
  }
  private void buildSessionID() {
    InetAddress addr = itsSocket.getInetAddress();
    String connectedHostName = addr.getHostName();
    String connectedIP = addr.getHostAddress();
    if (connectedHostName.equals(connectedIP)) {
      itsSessionID = connectedHostName + ":" + itsSocket.getPort();
    } else {
      itsSessionID =
        connectedHostName
          + ":"
          + itsSocket.getPort()
          + "("
          + connectedIP
          + ")";
    }
  }

  private void compile() throws Exception {
    String filename = cft.getFilename();
    crt = new CompilerResultsTransaction();
    File batFile = writeCompileScript();
    SMCRemoteService.executeCommand(
      tempDirectory + "\\smc.bat",
      crt.getStdoutLines(),
      crt.getStderrLines());
    batFile.delete();
    File sourceFile = new File(tempDirectory, filename);
    sourceFile.delete();
  }
  private File writeCompileScript() throws IOException {
    File batFile = new File(tempDirectory, "smc.bat");
    PrintWriter bat = new PrintWriter(new FileWriter(batFile));
    bat.println("cd " + tempDirectory);
    bat.println(
      SMCRemoteService.buildCommand(
        cft.getFilename(),
        cft.getGenerator()));
    bat.close();
    return batFile;
  }
  private void sendCompilerResultsToClient() throws IOException {
    String[] filenames = tempDirectory.list();
    crt.loadFiles(tempDirectory, filenames);
    crt.setStatus(CompilerResultsTransaction.OK);
    verboseSendFileReport(filenames);
```

```
    sendToClient(crt);
    deleteCompiledFiles(filenames);
  }
  private void sendToClient(SocketTransaction t) throws IOException {
    serverOutput.writeObject(t);
    serverOutput.flush();
  }
  private void deleteCompiledFiles(String[] filenames) {
    for (int i = 0; i < filenames.length; i++) {
      File f = new File(tempDirectory, filenames[i]);
      f.delete();
    }
  }
  private void verboseSendFileReport(String[] filenames) {
    for (int i = 0; i < filenames.length; i++) {
      String filename = filenames[i];
      verboseMessage("Sending: " + filename);
    }
  }
  public void verboseMessage(String msg) {
    SMCRemoteService.verboseMessage("<" + itsSessionID + "> " + msg);
  }
}
```

UserRepository(사용자 저장소)

나는 UserRepository(코드 12.30 참고)의 구현으로 아주 단순한 것을 선택했다. 이 클래스는 UserDirectory 인터페이스를 구현해서 등록 정보를 저장하는 방법을 제공한다. 데이터베이스를 사용할 수도 있지만, 요구사항이 너무 단순해서 그렇게까지 할 필요는 없어 보였다. 대신 users라는 디렉터리를 만들고, 그 디렉터리에 파일을 사용자마다 하나씩 만들었다. 파일의 이름은 사용자의 전자우편 주소이고, 파일의 내용물로는 사용자의 전자우편 주소와 비밀번호, 사용자의 로그인 횟수를 담는 간단한 XML 레코드다. 이 파일은 사용자가 등록할 때 생성되고, 사용자가 로그인할 때마다 참조된다.

데이터베이스나 다른 전통적인 방법을 사용하지 않은 이유를 궁금해할지도 모르겠다. 내 대답은 데이터베이스가 꼭 필요하지 않았다는 것뿐이다. 저장할 데이터는 무척 단순하기 때문에, SQL이나 데이터베이스의 다른 기능들이 필요하지 않았다. 그렇다면 왜 XML 사용을 선택했는지 물어볼지도 모르겠다. 그건 JDOM이 사용하기가 매우 쉽고, 또 유연한 사용자 레코드를 만들게 해준다는 것을 발견했기 때문이다. XML과 JDOM을 사용하면 큰 법석을 떨지 않고도 새로운 필드를 추가하거나 기존 필드를 바꿀 수 있다.

코드 12.30 UserRepository.java

```java
package com.objectmentor.SMCRemote.server;

import org.jdom.*;
import org.jdom.input.SAXBuilder;
import org.jdom.output.XMLOutputter;
import java.io.*;

public class UserRepository implements UserDirectory {
  class User {
    public User() {
    }
    public User(String username, String password, int loginCount) {
      this.username = username;
      this.password = password;
      this.loginCount = loginCount;
    }
    String username;
    String password;
    int loginCount;
  }
  private File userDirectory;
  public UserRepository(String userDirectoryName) {
    userDirectory = makeUserDirectory(userDirectoryName);
  }
  private File makeUserDirectory(String userDirectoryName) {
    File directory = new File(userDirectoryName);
    if (!directory.exists())
      directory.mkdir();
    return directory;
  }
  public boolean isValid(String username, String password) {
    return password.equals(getPassword(username));
  }
  public String getPassword(String username) {
    User user = readUser(username);
    return user.password;
  }
  private User readUser(String username) {
    User user = new User();
    try {
      File userFile = new File(userDirectory, username);
      if (userFile.canRead()) {
        SAXBuilder builder =
          new SAXBuilder("org.apache.xerces.parsers.SAXParser");
        Document userDoc = builder.build(userFile);
        Element userElement = userDoc.getRootElement();
        user.username = userElement.getChild("name")
                                   .getTextTrim();
        user.password = userElement.getChild("password")
                                   .getTextTrim();
        user.loginCount =
```

```java
        Integer.parseInt(
          userElement.getChild("loginCount").getTextTrim());
    }
  } catch (JDOMException e) {
    System.out.println("e = " + e);
    return null;
  }
  return user;
}
public boolean add(String username, String password)
              throws Exception {
  File userFile = new File(userDirectory, username);
  if (userFile.exists() == false) {
    User user = new User(username, password, 0);
    writeUser(user);
    return true;
  } else {
    return false;
  }
}
private void writeUser(User user) throws IOException {
  File userFile = new File(userDirectory, user.username);
  FileOutputStream os = new FileOutputStream(userFile);
  Document userDoc = createUserDocument(user);
  XMLOutputter xmlOut = new XMLOutputter();
  xmlOut.output(userDoc, os);
  os.close();
}
private Document createUserDocument(User user) {
  Element userElement = new Element("user");

  userElement.addContent(
    new Element("name").setText(user.username));
  userElement.addContent(
    new Element("password").setText(user.password));
  userElement.addContent(
    new Element("loginCount").setText(
      Integer.toString(user.loginCount)));
  Document userDoc = new Document(userElement);
  return userDoc;
}
public boolean clearUserRepository() {
  boolean cleared = true;
  File files[] = userDirectory.listFiles();
  for (int i = 0; i < files.length; i++) {
    File file = files[i];
    if (file.delete() == false)
      cleared = false;
  }
  if (userDirectory.delete() == false)
    cleared = false;
  return cleared;
}
```

```
    public int incrementLoginCount(String username) throws Exception{
      User user = readUser(username);
      user.loginCount++;
      writeUser(user);
      return user.loginCount;
    }
  }
```

OReillyEmailSender(오라일리 전자우편 전송자)

OReillyEmailSender는 서버가 전자우편 기능을 사용하게 해주는 매우 간단한 FACADE[11]이다. 내가 오라일리(O'Reilly)의 엔진을 사용한 이유는 단지 전에도 사용해 보았으며 그때 잘 작동했기 때문이다. 코드 12.31을 보아라.

코드 12.31 OReillyEmailSender.java

```
  package com.objectmentor.SMCRemote.server;

  import com.oreilly.servlet.MailMessage;
  import java.io.*;

  public class OReillyEmailSender implements EmailSender {
    public boolean send(String emailAddress, String subject,
                        String text) {
      try {
        MailMessage msg = new MailMessage("cvs.objectmentor.com");
        msg.from("info@objectmentor.com");
        msg.to(emailAddress);
        msg.setSubject(subject);
        PrintStream body = msg.getPrintStream();

        body.println(text);
        msg.sendAndClose();
        return true;
      } catch (IOException e) {
        System.err.println("Couldn't send email: "
                    + e.getMessage());
        return false;
      }
    }
  }
```

---

11 Facade 디자인 패턴은 [Gamma1995]에서 설명된다. [Martin2002]에서 Facade를 사용하는 좋은 예제와 설명이 나온다.

PasswordGenerator(비밀번호 생성기)

PasswordGenerator 클래스 역시 매우 단순하고 직관적이며, 새로 등록한 사용자의 비밀번호를 생성하기 위해 사용된다. 코드 12.32를 보아라.

코드 12.32 PasswordGenerator.java

```java
package com.objectmentor.SMCRemote.server;

public class PasswordGenerator {
  public static String generatePassword() {
    StringBuffer password = new StringBuffer();
    for (int i = 0; i < 8; i++) {
      password.append(generateRandomCharacter());
    }
    return password.toString();
  }
  private static char generateRandomCharacter() {
    double x = Math.random();
    x *= 26;
    return (char) ('a' + x);
  }
}
```

결론

다음 단락부터 나오는 테스트 코드들을 제외하면, SMCRemote 시스템에 있는 것은 이게 전부다. 테스트를 포함해서 전부 세어 보면 전체 시스템은 대략 3,000줄의 코드와 1.48의 회귀성 복잡도(cyclomatic complexity)[12]를 가진다.

이 장에 있는 UML 다이어그램들은 다른 사람에게 이미 있는 시스템을 설명하기 위해 사용하는 종류의 다이어그램들을 구체적으로 보여 주는 실제 예시다. 나는 다이어그램을 간결하게 유지해서 여러분이 다이어그램 더미에 파묻히지 않을 수 있도록 노력했다. 이곳에 그려진 다이어그램은 대부분 단지 여러분이 코드를 읽는 일을 돕기 위해서 여기에 있는 것이다.

---

12 (옮긴이) cyclomatic complexity, 제어 흐름의 복잡도 또는 코드에서 일어나는 분기의 복잡도를 나타낸다. 코드에서 일어날 수 있는 제어 분기의 경로 수를 나타낸다.

SMCRemoteClient를 위한 테스트

코드 12.33 TestClientBase.java

```java
package com.objectmentor.SMCRemote.client;

import junit.framework.TestCase;

import com.objectmentor.SMCRemote.transactions.*;
import com.objectmentor.SocketService.SocketServer;

import java.io.*;
import java.net.Socket;

abstract class MockServerBase implements SocketServer {
  private ObjectOutputStream os;
  private ObjectInputStream is;

  public abstract SocketTransactionProcessor getProcessor();

  public void sendTransaction(SocketTransaction t) throws Exception {
    os.writeObject(t);
    os.flush();
  }

  public void serve(Socket socket) {
    try {
      os = new ObjectOutputStream(socket.getOutputStream());
      is = new ObjectInputStream(socket.getInputStream());
      os.writeObject("SMCR Test Server");
      os.writeObject(null);
      os.flush();
      while (true) {
        SocketTransaction t = (SocketTransaction) is.readObject();
        t.accept(getProcessor());
      }
    } catch (Exception e) {
    }
  }
}

public class TestClientBase extends TestCase {
  public static final int SMCPORT = 9000;

  private ByteArrayOutputStream stdoutBuffer;
  private ByteArrayOutputStream stderrBuffer;

  public TestClientBase(String s) {
    super(s);
  }
```

```java
    protected void setUp() throws Exception {
      stdoutBuffer = new ByteArrayOutputStream();
      stderrBuffer = new ByteArrayOutputStream();
    }

    protected String getStderr() {
      return stderrBuffer.toString();
    }

    protected String getStdout() {
      return stdoutBuffer.toString();
    }

    protected void runMain(String[] args) throws IOException {
      PrintStream sysout = System.out;
      PrintStream syserr = System.err;

      System.setOut(new PrintStream(stdoutBuffer));
      System.setErr(new PrintStream(stderrBuffer));

      SMCRemoteClient.main(args);
      System.setOut(sysout);
      System.setErr(syserr);

      stdoutBuffer.close();
      stderrBuffer.close();

      Thread.yield();
    }
  }
```

코드 12.34 TestClientCommandLine.java

```java
  package com.objectmentor.SMCRemote.client;

  import junit.framework.TestCase;
  import junit.swingui.TestRunner;

  public class TestClientCommandLine extends TestCase {
    public static void main(String[] args) {
      TestRunner.main(new String[]{"TestClientCommandLine"});
    }

    public TestClientCommandLine(String name) {
      super(name);
    }

    public void setUp() throws Exception {
    }

    public void tearDown() throws Exception {
```

```java
    }

    public void testParseSimpleCompileCommandLine() throws Exception {
      ClientCommandLine c =
        new ClientCommandLine(
          new String[]{"-u", "user", "-w", "password", "filename"});
      assertEquals("filename", c.getFilename());
      assertEquals(ClientCommandLine.DEFAULT_HOST, c.getHost());
      assertEquals(Integer.parseInt(ClientCommandLine.DEFAULT_PORT), c.getPort());
      assertEquals(ClientCommandLine.DEFAULT_GENERATOR, c.getGenerator());
      assert(!c.isVerbose());
      assert("simple compile", c.isValid());
    }

    public void testParseComplexCompileCommandLine() throws Exception {
      ClientCommandLine c = new ClientCommandLine(new String[]{
        "-p", "999", "-h", "objectmentor.com", "-v", "-u", "user",
        "-w", "password", "-g", "C++", "f.sm"});
      assert(c.isValid());
      assertEquals("f.sm", c.getFilename());
      assertEquals("bad host", "objectmentor.com", c.getHost());
      assertEquals("bad port", 999, c.getPort());
      assertEquals("bad generator", "C++", c.getGenerator());
      assert("verbose", c.isVerbose());
    }

    public void testRegistrationCommandLine() throws Exception {
      ClientCommandLine c =
        new ClientCommandLine(new String[]{"-r", "user"});
      assert("registration commandline", c.isValid());
    }

    public void testParseInvalidCommandLine() {
      assert("no arguments",
        !checkCommandLine(new String[0]));
      assert("no filename",
        !checkCommandLine(new String[]{"-h", "dodah.com"}));
      assert("too many files",
        !checkCommandLine(new String[]{"file1", "file2"}));
      assert("Bad Argument",
        !checkCommandLine(new String[]{"-x", "file1"}));
      assert("Bad Port",
        !checkCommandLine(new String[]{"-p", "bad port"}));
      assert("generator but no file name",
        !checkCommandLine(new String[]{"-g", "C++"}));
      assert("filename but no user or password",
        !checkCommandLine(new String[]{"myFile"}));
      assert("filename but no user",
        !checkCommandLine(new String[]{"-w", "password", "myFile"}));
      assert("filename but no password",
        !checkCommandLine(new String[]{"-u", "user", "myFile"}));
      assert("registration with user",
        !checkCommandLine(new String[]{"-r", "user", "-u", "user"}));
```

```java
            assert("registration with password",
    !checkCommandLine(new String[]{"-r", "user", "-p", "password"}));
            assert("registration with generator",
              !checkCommandLine(new String[]{"-r", "user", "-g", "gen"}));
            assert("registration with file",
              !checkCommandLine(new String[]{"-r", "user", "myFile"}));
  }

  private boolean checkCommandLine(String[] args) {
    ClientCommandLine c = new ClientCommandLine(args);
    return c.isValid();
  }

}
```

코드 12.35 TestRemoteCompiler.java

```java
package com.objectmentor.SMCRemote.client;

import junit.swingui.TestRunner;

import com.objectmentor.SMCRemote.transactions.*;
import com.objectmentor.SocketService.SocketService;

import java.io.*;

class MockRemoteCompilerServer extends MockServerBase {
  public String filename = "noFileName";
  public boolean fileReceived = false;
  public String generator;
  public boolean isLoggedIn = false;

  class RemoteCompilerTransactionProcessor
        extends SocketTransactionProcessor {
    public void process(CompileFileTransaction t) throws Exception {
      try {
        File f1 = TestRemoteCompiler.createTestFile("myFile.java", "wow");
        File f2 = TestRemoteCompiler.createTestFile("file2.java", "ick");
        filename = t.getFilename();
        generator = t.getGenerator();

        CompilerResultsTransaction crt = new CompilerResultsTransaction();
        crt.loadFiles(null, new String[]{"myFile.java", "file2.java"});

        f1.delete();
        f2.delete();
        crt.getStdoutLines().add("compile diagnostics");
        crt.getStderrLines().add("stderr message");
        sendTransaction(crt);

        fileReceived = true;
      } catch (IOException e) {
```

```java
      }
    }
    public void process(LoginTransaction t) throws Exception {
      LoginResponseTransaction lrt = new LoginResponseTransaction(true, 0);
      sendTransaction(lrt);
      isLoggedIn = true;
    }
  }

  public SocketTransactionProcessor getProcessor() {
    return new RemoteCompilerTransactionProcessor();
  }
}

public class TestRemoteCompiler extends TestClientBase {
  public static void main(String[] args) {
    TestRunner.main(
      new String[]{"com.objectmentor.SMCRemote.client.TestRemoteCompiler"});
  }

  public TestRemoteCompiler(String name) {
    super(name);
  }

  private RemoteCompiler c;
  private MockRemoteCompilerServer server;
  private SocketService smc;

  public void setUp() throws Exception {
    super.setUp();
    c = new RemoteCompiler("localhost", SMCPORT, new NullMessageLogger());
    server = new MockRemoteCompilerServer();
    smc = new SocketService(SMCPORT, server);
  }

  public void tearDown() throws Exception {
    c.close();
    smc.close();
  }

  static File createTestFile(String name, String content)
            throws IOException {
    File f = new File(name);
    FileOutputStream stream = new FileOutputStream(f);
    stream.write(content.getBytes());
    stream.close();
    return f;
  }

  public void testFileDoesNotExist() throws Exception {
    c.setFilename("thisFileDoesNotExist");
    boolean prepared = c.prepareFile();
```

```java
      assertEquals(false, prepared);
   }

   public void testConnectToSMCRemoteServer() throws Exception {
      boolean connection = c.connect();
      assert(connection);
   }

   public void testCompileFile() throws Exception {
      String filename = "testSendFile";
      File f = createTestFile(filename, "I am sending this file.");
      c.setFilename(filename);
      assert(c.connect());
      assert(c.prepareFile());
      assert(c.compileFile() != null);
      Thread.sleep(50);
      assert(server.fileReceived);
      assertEquals(filename, server.filename);
      assertEquals("Bad Generator", "java", server.generator);
      f.delete();
   }

   public void testMainCompileFile() throws Exception {
      File f = createTestFile("myFile.sm", "the content");
      runMain(new String[]{"-u", "user", "-w", "pw", "-g", "C++",
                           "myFile.sm"});

      f.delete();
      File file1 = new File("myFile.java");
      File file2 = new File("file2.java");
      boolean file1Exists = file1.exists();
      boolean file2Exists = file2.exists();
      boolean exists = file1Exists && file2Exists;

      int file1Len = (int) file1.length();
      int file2Len = (int) file2.length();

      if (file1Exists) file1.delete();
      if (file2Exists) file2.delete();

      assert("Not logged in", server.isLoggedIn);
      assert("not received", server.fileReceived);
      assertEquals("bad generator", "C++", server.generator);
      assert("One or more files doesn't exist", exists);
      assert("f1 zero", file1Len > 0);
      assert("f2 zero", file2Len > 0);

      assert("consoleMessage",
             getStdout().startsWith("compile diagnostics"));
      assert("Stderr Message",
             getStderr().startsWith("stderr message"));
   }
}
```

코드 12.36 TestRemoteRegistration.java

```java
package com.objectmentor.SMCRemote.client;

import junit.swingui.TestRunner;

import com.objectmentor.SMCRemote.transactions.*;
import com.objectmentor.SocketService.SocketService;


class MockRemoteRegistrationServer extends MockServerBase {
  public String user;

  class RemoteRegistrationServerTransactionProcessor
        extends SocketTransactionProcessor {
    public void process(RegistrationTransaction t) throws Exception {
      user = t.getUsername();
      RegistrationResponseTransaction rrt;
      if (user.equals("goodUser")) {
        rrt = new RegistrationResponseTransaction(true);
      } else {
        rrt = new RegistrationResponseTransaction(false);
      }
      sendTransaction(rrt);
    }
  }

  public SocketTransactionProcessor getProcessor() {
    return new RemoteRegistrationServerTransactionProcessor();
  }
}

public class TestRemoteRegistration extends TestClientBase {
  public TestRemoteRegistration(String s) {
    super(s);
  }

  public static void main(String[] args) {
    TestRunner.main(
      new String[]{
      "com.objectmentor.SMCRemote.client.TestRemoteRegistration"});
  }

  private RemoteRegistrar r;
  private MockRemoteRegistrationServer server;
  private SocketService smc;

  public void setUp() throws Exception {
    super.setUp();
    r = new RemoteRegistrar("localhost", SMCPORT,
                            new NullMessageLogger());
    server = new MockRemoteRegistrationServer();
    smc = new SocketService(SMCPORT, server);
```

```
  }

  public void tearDown() throws Exception {
    r.close();
    smc.close();
  }

  public void testRegistration() throws Exception {
    RegistrationResponseTransaction rrt;
    assert(r.connect());
    rrt = r.register("goodUser");
    assert("rrt not null", rrt != null);
    assert("registration passed", rrt.isConfirmed());
    Thread.sleep(50);
    assertEquals("Registration", "goodUser", server.user);
  }

  public void testRegistrationMain() throws Exception {
    runMain(new String[]{"-r", "goodUser"});
    assert("Registration message",
      getStdout().startsWith("User: goodUser registered.  Email sent."));
  }
}
```

SocketService를 위한 테스트

코드 12.37 TestSocketService.java

```
package com.objectmentor.SocketService;

import junit.framework.TestCase;
import junit.swingui.TestRunner;

import java.io.*;
import java.net.Socket;

public class TestSocketService extends TestCase {
  private int connections = 0;
  private SocketServer connectionCounter;
  private SocketService ss;

  public static void main(String[] args) {
    TestRunner.main(new String[] {
                "com.objectmentor.SocketService.TestSocketService"});
  }

  public TestSocketService(String name) {
    super(name);
    connectionCounter = new SocketServer() {
```

```
      public void serve(Socket s) {
        connections++;
      }
    };
  }

  public void setUp() throws Exception {
    connections = 0;
  }

  public void tearDown() throws Exception {
  }

  public void testNoConnections() throws Exception {
    ss = new SocketService(999, connectionCounter);
    ss.close();
    assertEquals(0, connections);
  }

  public void testOneConnection() throws Exception {
    ss = new SocketService(999, connectionCounter);
    connect(999);
    ss.close();
    assertEquals(1, connections);
  }

  public void testManyConnection() throws Exception {
    ss = new SocketService(999, connectionCounter);
    for (int i=0; i<10; i++)
      connect(999);
    ss.close();
    assertEquals(10, connections);
  }

  public void testSendMessage() throws Exception {
    ss = new SocketService(999, new HelloService());
    Socket s = new Socket("localhost", 999);
    BufferedReader br = TestUtility.GetBufferedReader(s);
    String answer = br.readLine();
    s.close();
    ss.close();
    assertEquals("Hello", answer);
  }

  public void testReceiveMessage() throws Exception {
    ss = new SocketService(999, new EchoService());
    Socket s = new Socket("localhost", 999);
    BufferedReader br = TestUtility.GetBufferedReader(s);
    PrintStream ps = TestUtility.GetPrintStream(s);
    ps.println("MyMessage");
    String answer = br.readLine();
    s.close();
    ss.close();
```

```java
      assertEquals("MyMessage", answer);
    }

    public void testMultiThreaded() throws Exception {
      ss = new SocketService(999, new EchoService());
      Socket s = new Socket("localhost", 999);
      BufferedReader br = TestUtility.GetBufferedReader(s);
      PrintStream ps = TestUtility.GetPrintStream(s);

      Socket s2 = new Socket("localhost", 999);
      BufferedReader br2 = TestUtility.GetBufferedReader(s2);
      PrintStream ps2 = TestUtility.GetPrintStream(s2);

      ps2.println("MyMessage");
      String answer2 = br2.readLine();
      s2.close();

      ps.println("MyMessage");
      String answer = br.readLine();
      s.close();

      ss.close();
      assertEquals("MyMessage", answer2);
      assertEquals("MyMessage", answer);
    }

    private void connect(int port) {
      try {
        Socket s = new Socket("localhost", port);
        try {
          Thread.sleep(10);
        } catch (InterruptedException e) {
        }
        s.close();
      } catch {IOException e) {
        fail("could not connect");
      }
    }
  }
}

class TestUtility {
  public static PrintStream GetPrintStream(Socket s)
                     throws IOException {
    OutputStream os = s.GetOutputStream();
    PrintStream ps = new PrintStream(os);
    return ps;
  }

  public static BufferedReader GetBufferedReader(Socket s)
                     throws IOException {
    InputStream is = s.getInputStream();
    InputStreamReader isr = new InputStreamReader(is);
    BufferedReader br = new BufferedReader(isr);
```

```java
      return br;
    }
}

class HelloService implements SocketServer {
  public void serve(Socket s) {
    try {
      PrintStream ps = TestUtility.GetPrintStream(s);
      ps.println("Hello");
    } catch (IOException e) {
    }
  }
}

class EchoService implements SocketServer {
  public void serve(Socket s) {
    try {
      PrintStream ps = TestUtility.GetPrintStream(s);
      BufferedReader br =
              TestUtility.GetBufferedReader(s);
      String token = br.readLine();
      pr.println(token);
    } catch (IOException e) {
    }
  }
}
```

SMCRemoteServer를 위한 테스트

코드 12.38 TestBase.java

```java
package com.objectmentor.SMCRemote.server;

import junit.framework.TestCase;

import com.objectmentor.SMCRemote.transactions.*;

import java.io.*;
import java.net.Socket;

class MockUserDirectory implements UserDirectory {
  public int incrementLoginCount(String username) {
    return 0;
  }

  public boolean isValid(String username, String password) {
    return true;
  }
```

```java
  public String getPassword(String username) {
    return null;
  }

  public boolean add(String username, String password) {
    return true;
  }
}

public class TestBase extends TestCase {
  protected ObjectInputStream is;
  protected ObjectOutputStream os;
  protected SMCRemoteService service;
  protected Socket client;

  protected UserDirectory mockUserDirectory = new MockUserDirectory();

  protected UserDirectory mockUserInvalidator = new MockUserDirectory() {
    public boolean isValid(String username, String password) {
      return false;
    }
  };

  public TestBase(String name) {
    super(name);
  }

  public void setUp() throws Exception {
    SMCRemoteService.isVerbose = false;
  }

  public void tearDown() throws Exception {
  }

  protected boolean login() throws IOException,
                                   ClassNotFoundException {
    LoginTransaction lt = new LoginTransaction("name", "password");
    sendToServer(lt);
    LoginResponseTransaction ltr =
      (LoginResponseTransaction) is.readObject();
    return ltr.isAccepted();
  }

  protected void sendToServer(SocketTransaction t)
              throws IOException {
    os.writeObject(t);
    os.flush();
  }

  protected void disconnectClientFromServer() throws Exception {
    Thread.sleep(500);
    client.close();
    service.close();
  }
```

```java
    protected void connectClientToServer() throws Exception {
      service = new SMCRemoteService(999);
      client = new Socket("localhost", 999);
      is = new ObjectInputStream(client.getInputStream());
      os = new ObjectOutputStream(client.getOutputStream());

      String headerLine = (String) is.readObject();
      assert("headerline", headerLine.startsWith("SMCR Server"));
      assertEquals("discard message", null, is.readObject());
        // 메시지를 폐기한다.
    }
  }
```

코드 12.39 TestCommandLine.java

```java
package com.objectmentor.SMCRemote.server;

public class TestCommandLine extends TestBase {
  public TestCommandLine(String name) {
    super(name);
  }

  public void tearDown() throws Exception {
    super.tearDown();
    SMCRemoteService.messageFile = null;
    SMCRemoteService.isVerbose = false;
    SMCRemoteService.servicePort =
      Integer.parseInt(SMCRemoteService.DEFAULT_PORT);
  }

  public void setUp() throws Exception {
    super.setUp();
  }

  public void testValidCommandLine() throws Exception {
    assert("Null Command Line",
           SMCRemoteService.parseCommandLine(new String[0]));
    assertEquals("default port",
                 Integer.parseInt(SMCRemoteService.DEFAULT_PORT),
                 SMCRemoteService.servicePort);
    assert("default verbose", SMCRemoteService.isVerbose == false);

    assert("Parametric Command Line",
           SMCRemoteService.parseCommandLine (
             new String[]{"-p", "999", "-v", "-m", "message.txt", "-e"}));
    assertEquals("port", 999, SMCRemoteService.servicePort);
    assert("verbose", SMCRemoteService.isVerbose == true);
    assertEquals("message", "message.txt",
                 SMCRemoteService.messageFile);
    assertEquals("email", true,
                 SMCRemoteService.isEmailQuiet);
  }
```

```java
    public void testInvalidCommandLine() throws Exception {
      assertEquals("Invalid Command Line",
                   false,
                   SMCRemoteService.parseCommandLine(new String[]{"-x"}));
      assertEquals("Bad Port",
                   false,
                   SMCRemoteService.parseCommandLine(new String[]{"-p", "badport"}));
    }
}
```

코드 12.40 TestCompilation.java

```java
package com.objectmentor.SMCRemote.server;

import junit.swingui.TestRunner;

import com.objectmentor.SMCRemote.transactions.*;

import java.io.*;
import java.net.Socket;
import java.util.*;

public class TestCompilation extends TestBase {

  public static void main(String[] args) {
    TestRunner.main(new String[]{"TestCompilation"});
  }

  public TestCompilation(String name) {
    super(name);
  }

  public void setUp() throws Exception {
  }

  public void tearDown() throws Exception {
  }

  public void testBuildCommand() throws Exception {
    assertEquals("Build Java Command",
                 SMCRemoteService.COMPILE_COMMAND +
                   " -g smc.generator.java. SMJavaGenerator myFile",
                 SMCRemoteService.buildCommand("myFile", "java"));

    assertEquals("Build C++ Command",
                 SMCRemoteService.COMPILE_COMMAND +
                   " -g smc.generator.cpp. SMCppGenerator myFile",
                 SMCRemoteService.buildCommand("myFile", "C++"));
  }

  public void testExecuteCommand() throws Exception {
    File smFile = new File("myFile.sm");
```

```
    File javaFile = new File("F.java");

    writeSourceFile(smFile);
    Vector stdout = new Vector();
    Vector stderr = new Vector();
    String command = SMCRemoteService.COMPILE_COMMAND + " myFile.sm";
    assertEquals("exitValue",
                 0,
                 SMCRemoteService.executeCommand(command, stdout, stderr));
    assertEquals("fileExists", true, javaFile.exists());
    assert("javaFile", javaFile.delete());
    assert("smFile", smFile.delete());
    checkCompilerOutputStreams(stdout, stderr);
}

public void testMakeTempDirectory() throws Exception {
    File f1 = SMCRemoteService.makeTempDirectory();
    File f2 = SMCRemoteService.makeTempDirectory();
    assertEquals("MakeTempDirectory",
                 false,
                 f1.getName().equals(f2.getName()));
    assert("f1", f1.delete());
    assert("f2", f2.delete());
}

public void testCompileJava() throws Exception {
    connectClientToServer();
    service.setUserDirectory(mockUserDirectory);
    login();
    CompilerResultsTransaction crt = invokeRemoteCompiler("java");
    assertEquals("Compiler Status",
                 CompilerResultsTransaction.OK,
                 crt.getStatus());
    checkCompiledJavaFile(crt);
    checkCompilerOutputStreams(crt.getStdoutLines(),
                               crt.getStderrLines());
    disconnectClientFromServer();
}

public void testCompileCPP() throws Exception {
    connectClientToServer();
    service.setUserDirectory(mockUserDirectory);
    login();
    CompilerResultsTransaction crt = invokeRemoteCompiler("C++");
    assertEquals("Compiler Status", CompilerResultsTransaction.OK,
                 crt.getStatus());
    checkCompiledCPPFile(crt);
    checkCompilerOutputStreams(crt.getStdoutLines(),
                               crt.getStderrLines());
    disconnectClientFromServer();
}

public void testCompileNoLogin() throws Exception {
```

```java
    connectClientToServer();
    service.setUserDirectory(mockUserDirectory);
    CompilerResultsTransaction crt = invokeRemoteCompiler("java");
    disconnectClientFromServer();
    assertEquals("Compiler Status",
                 CompilerResultsTransaction.NOT_LOGGED_IN,
                 crt.getStatus());
  }

  public void testTwoCompilesInARowNotAllowed() throws Exception {
    connectClientToServer();
    service.setUserDirectory(mockUserDirectory);
    login();
    CompilerResultsTransaction crt = invokeRemoteCompiler("java");
    try {
      crt = invokeRemoteCompiler("java");
      fail("Two Compiles in a row");
    } catch (Exception e) {
    } finally {
      disconnectClientFromServer();
    }
  }

  public void testCloseServer() throws Exception {
    try {
      service = new SMCRemoteService(999);
      client = new Socket("localhost", 999);
      client.close();
      service.close();
    } catch (Exception e) {
      fail("couldn't connect" + e.getMessage());
    }
    try {
      client = new Socket("localhost", 999);
      fail("connected to closed server");
    } catch (Exception e) {
    }
  }

  protected CompilerResultsTransaction
  invokeRemoteCompiler(String generator) throws Exception {
    CompileFileTransaction cft = buildCompileFileTransaction(generator);
    sendToServer(cft);
    CompilerResultsTransaction crt =
      (CompilerResultsTransaction) is.readObject();
    return crt;
  }

  protected CompileFileTransaction
  buildCompileFileTransaction(String generator) throws IOException {
    File sourceFile = new File("myFile.sm");
    writeSourceFile(sourceFile);
    CompileFileTransaction cft =
```

```java
      new CompileFileTransaction("myFile.sm", generator);
    sourceFile.delete();
    return cft;
  }

  protected void writeSourceFile(File smFile) throws IOException {
    PrintWriter w = new PrintWriter(new FileWriter(smFile));
    w.println("Context C");
    w.println("FSMName F");
    w.println("Initial I");
    w.println("{I{E I A}}");
    w.close();
  }

  protected void checkCompilerOutputStreams(Vector stdout,
                                            Vector stderr) {
    assert("stdout empty", stdout.size() > 0);
    assert("stderr not empty", stderr.size() == 0);
  }

  protected void checkCompiledJavaFile(CompilerResultsTransaction crt) {
    String filenames[] = crt.getFilenames();
    assertEquals("filenames", 1, filenames.length);
    assertEquals("F.java", "F.java", filenames[0]);

    crt.write();

    File javaFile = new File("F.java");
    assertEquals("Compile", true, javaFile.exists());
    javaFile.delete();
  }

  protected void checkCompiledCPPFile(CompilerResultsTransaction crt) {
    String filenames[] = crt.getFilenames();
    Arrays.sort(filenames);
    assertEquals("filenames", 2, filenames.length);
    assertEquals("myFile.cpp", "myFile.cpp", filenames[0]);
    assertEquals("myFile.h", "myFile.h", filenames[1]);

    crt.write();

    File cppHFile = new File("myFile.h");
    File cppCFile = new File("myFile.cpp");
    assertEquals("Compile",
                 true,
                 cppHFile.exists() && cppCFile.exists());
    cppHFile.delete();
    cppCFile.delete();
  }

}
```

코드 12.41 TestOReillyEmail.java

```java
package com.objectmentor.SMCRemote.server;

import junit.framework.TestCase;
import junit.swingui.TestRunner;

public class TestOReillyEmail extends TestCase {
  public static void main(String[] args) {
    TestRunner.main(new String[]{"TestOReillyEmail"});
  }
  public TestOReillyEmail(String name) {
    super(name);
  }

  public void setUp() throws Exception {
  }

  public void tearDown() throws Exception {
  }

  public void testSendEmail() throws Exception {
    boolean emailStatus = false;
    OReillyEmailSender sender = new OReillyEmailSender();
    emailStatus = sender.send("unclebob@objectmentor.com", "hi bob",
                              "oh boy, email!");
    assertEquals("SendEmail", true, emailStatus);
  }
}
```

코드 12.42 TestRegistration.java

```java
package com.objectmentor.SMCRemote.server;

import com.objectmentor.SMCRemote.transactions.*;

public class TestRegistration extends TestBase {
  private String emailAddress;
  private String mailSubject;
  private String mailText;
  private int emailMessagesSent = 0;

  private EmailSender mockEmailSender = new EmailSender() {
    public boolean send(String emailAddress, String subject,
                        String text) {
      TestRegistration.this.emailAddress = emailAddress;
      TestRegistration.this.mailSubject = subject;
      TestRegistration.this.mailText = text;
      emailMessagesSent++;
      return true;
    }
  };
```

```java
    private EmailSender mockBadEmailSender = new EmailSender() {
      public boolean send(String emailAddress, String subject,
                          String text) {
        return false;
      }
    };
    private RegistrationResponseTransaction rrt;
    private UserRepository userRepository;
    private String userRepositoryName = "testUsers";

    public TestRegistration(String name) {
      super(name);
    }

    public void tearDown() throws Exception {
      super.tearDown();
      userRepository.clearUserRepository();
    }

    public void setUp() throws Exception {
      super.setUp();
      userRepository = new UserRepository(userRepositoryName);
    }

    public void testRegistration() throws Exception {
      sendRegistration(mockEmailSender);
      assertEquals("emailAddress", "rmartin@oma.com", emailAddress);
      assertEquals("mailSubject",
                   "SMCRemote Registration Confirmation", mailSubject);
      assert("Mail Text", mailText.startsWith("Your password is: "));
      assertEquals("Mail Text Length", 26, mailText.length());
      assertEquals("Registration", true, rrt.isConfirmed());
      String password = mailText.substring(18);
      assertEquals("User Registered", true,
                   SMCRemoteService.validate("rmartin@oma.com", password));
      assertEquals("email count", 1, emailMessagesSent);
    }

    public void testBadEmail() throws Exception {
      sendRegistration(mockBadEmailSender);
      assertEquals("Registration", false, rrt.isConfirmed());
      assertEquals("Reason", "could not send email.",
                   rrt.getFailureReason());
    }

    public void testDoubleRegistration() throws Exception {
      sendRegistration(mockEmailSender);
      sendRegistration(mockEmailSender);
      assertEquals("second registration", false, rrt.isConfirmed());
      assertEquals("second registration reason",
                   "already a member. Email resent.",
                   rrt.getFailureReason());
      assertEquals("emailAddress", "rmartin@oma.com", emailAddress);
```

```
      assertEquals("emailSubject", "SMCRemote Resending password",
                  mailSubject);
      assert("emailText",
            mailText.startsWith("Your SMCRemote password is: "));
      assertEquals("emailTextLength", 36, mailText.length());
      assertEquals("emailCount", 2, emailMessagesSent);
    }

    private void sendRegistration(EmailSender emailSender)
                throws Exception {
      connectClientToServer();
      service.setEmailSender(emailSender);
      service.setUserDirectory(userRepository);
      try {
        RegistrationTransaction rt =
          new RegistrationTransaction("rmartin@oma.com");
        sendToServer(rt);
        rrt = (RegistrationResponseTransaction) is.readObject();
      } finally {
        disconnectClientFromServer();
      }
    }

  }
```

코드 12.43 TestServerLogin.java

```
  package com.objectmentor.SMCRemote.server;

  public class TestServerLogin extends TestBase {
    public TestServerLogin(String name) {
      super(name);
    }

    public void setUp() throws Exception {
      super.setUp();
    }

    public void tearDown() throws Exception {
      super.tearDown();
    }

    public void testAcceptedLoginTransaction() throws Exception {
      boolean loggedIn = false;
      try {
        connectClientToServer();
        service.setUserDirectory(mockUserDirectory);
        loggedIn = login();
        disconnectClientFromServer();
      } catch (Exception e) {
      }

      assertEquals("LoginTransaction", true, loggedIn);
```

```java
      }

      public void testRejectedLoginTransaction() throws Exception {
        boolean loggedIn = false;
        try {
          connectClientToServer();
          service.setUserDirectory(mockUserInvalidator);
          loggedIn = login();
          disconnectClientFromServer();
        } catch (Exception e) {
        }

        assertEquals("LoginTransaction", false, loggedIn);
      }

    }
```

코드 12.44 TestUserRepository.java

```java
    package com.objectmentor.SMCRemote.server;

    import junit.framework.TestCase;
    import junit.swingui.TestRunner;

    public class TestUserRepository extends TestCase {
      private UserRepository repository;

      public static void main(String[] args) {
        TestRunner.main(new String[]{"TestUserRepository"});
      }

      public TestUserRepository(String name) {
        super(name);
      }

      public void setUp() throws Exception {
        repository = new UserRepository("testUsers");
      }

      public void tearDown() throws Exception {
        assert("Repository not cleared", repository.clearUserRepository());
      }

      public void testEmptyRepository() throws Exception {
        assertEquals("EmptyRepository", false,
          repository.isValid("rmartin@oma.com", "password"));
      }

      public void testAdd() throws Exception {
        repository.add("rmartin@oma.com", "password");
        assertEquals("Add", true,
                    repository.isValid("rmartin@oma.com", "password"));
      }
```

```
    public void testwrongPassword() throws Exception {
      assertEquals("addFailed", true,
                  repository.add("rmartin@oma.com", "password"));
      assertEquals("wrongPassword", false,
                  repository.isValid("rmartin@oma.com", "xyzzy"));
    }

    public void testDuplicateAdd() throws Exception {
      assertEquals("FirstAdd", true,
                  repository.add("rmartin@oma.com", "password"));
      assertEquals("DuplicateAdd", false,
                  repository.add("rmartin@oma.com", "password"));
    }

    public void testIncrement() throws Exception {
      int logins = 0;
      repository.add("rmartin@oma.com", "password");
      logins = repository.incrementLoginCount("rmartin@oma.com");
      assertEquals("Increment", 1, logins);
      logins = repository.incrementLoginCount("rmartin@oma.com");
      assertEquals("Increment2", 2, logins);
    }
  }
```

나머지 테스트

코드 12.45 TestFileCarrier.java

```
  package com.objectmentor.SocketUtilities;

  import junit.framework.TestCase;
  import junit.swingui.TestRunner;

  import java.io.*;

  public class TestFileCarrier extends TestCase {
    public static void main(String[] args) {
      TestRunner.main(new String[]{"TestFileCarrier"});
    }

    public TestFileCarrier(String name) {
      super(name);
    }

    public void setUp() throws Exception {
    }

    public void tearDown() throws Exception {
    }
```

```java
          private abstract class FileComparator {
            File f1;
            File f2;

            abstract void writeFirstFile(PrintWriter w);

            abstract void writeSecondFile(PrintWriter w);

            void compare(boolean expected) throws Exception {
              f1 = new File("f1");
              f2 = new File("f2");
              PrintWriter w1 = new PrintWriter(new FileWriter(f1));
              PrintWriter w2 = new PrintWriter(new FileWriter(f2));
              writeFirstFile(w1);
              writeSecondFile(w2);
              w1.close();
              w2.close();
              assertEquals("(f1,f2)", expected, filesAreTheSame(f1, f2));
              assertEquals("(f2,f1)", expected, filesAreTheSame(f2, f1));
              f1.delete();
              f2.delete();
            }
          }

          public void testOneFileLongerThanTheOther() throws Exception {
            FileComparator c = new FileComparator() {
              void writeFirstFile(PrintWriter w) {
                w.println("hi there");
              }

              void writeSecondFile(PrintWriter w) {
                w.println("hi there you");
              }
            };
            c.compare(false);
          }

          public void testFilesAreDifferentInTheMiddle() throws Exception {
            FileComparator c = new FileComparator() {
              void writeFirstFile(PrintWriter w) {
                w.println("hi there");
              }

              void writeSecondFile(PrintWriter w) {
                w.println("hi their");
              }
            };
            c.compare(false);
          }

          public void testSecondLineDifferent() throws Exception {
            FileComparator c = new FileComparator() {
              void writeFirstFile(PrintWriter w) {
```

```java
      w.println("hi there");
      w.println("This is fun");
    }

    void writeSecondFile(PrintWriter w) {
      w.println("hi there");
      w.println("This isn't fun");
    }
  };
  c.compare(false);
}

public void testFilesSame() throws Exception {
  FileComparator c = new FileComparator() {
    void writeFirstFile(PrintWriter w) {
      w.println("hi there");
    }

    void writeSecondFile(PrintWriter w) {
      w.println("hi there");
    }
  };
  c.compare(true);
}

public void testMultipleLinesSame() throws Exception {
  FileComparator c = new FileComparator() {
    void writeFirstFile(PrintWriter w) {
      w.println("hi there");
      w.println("this is fun");
      w.println("Lots of fun");
    }

    void writeSecondFile(PrintWriter w) {
      w.println("hi there");
      w.println("this is fun");
      w.println("Lots of fun");
    }
  };
  c.compare(true);
}

public void testFileCarrier() throws Exception {
  File sourceFile = new File("testFileCarrier.txt");
  PrintWriter w = new PrintWriter(new FileWriter(sourceFile));
  w.println("line one");
  w.println("line two");
  w.println("line three");
  w.close();

  FileCarrier fc = new FileCarrier(null, "testFileCarrier.txt");
  assert(fc.isError() == false);
  assert(fc.isLoaded() == true);
```

```
        File tmpDirectory = new File("tmpDirectory");
        tmpDirectory.mkdir();

        File newFile = new File("tmpDirectory/testFileCarrier.txt");

        fc.write(tmpDirectory);

        assert("file wasn't written", newFile.exists());
        assert("files aren't the same.",
                filesAreTheSame(newFile, sourceFile));

        assert("newfile", newFile.delete());
        assert("oldFile", sourceFile.delete());
        assert("directory", tmpDirectory.delete());
    }

    boolean filesAreTheSame(File f1, File f2) throws Exception {
        FileInputStream r1 = new FileInputStream(f1);
        FileInputStream r2 = new FileInputStream(f2);
        try {
            int c;
            while ((c = r1.read()) != -1) {
                if (r2.read() != c) {
                    return false;
                }
            }
            if (r2.read() != -1)
                return false;
            else
                return true;
        } finally {
            r1.close();
            r2.close();
        }
    }
}
```

(SMC가 자동 생성한) 서버 컨트롤러(ServerController)

코드 12.46 ServerController.java

```
//--------------------------------------------
//
// FSM:       ServerController
// Context:   ServerControllerContext
// Err Func:  FSMError
// Version:
// Generated: 목요일 09/11/2003 at 02:53:44 KST
```

```
//
//---------------------------------------------

package com.objectmentor.SMCRemote.server;

//---------------------------------------------
//
// class ServerController
//      유한 상태 기계(Finite State Machine) 클래스.
//
public class ServerController extends ServerControllerContext
{
  private State itsState;
  private static String itsVersion = "";

  // 상태마다 인스턴스 변수가 하나씩 있다.
  private static Compiling itsCompilingState;
  private static Closed itsClosedState;
  private static Closing itsClosingState;
  private static LoggingIn itsLoggingInState;
  private static StoringUser itsStoringUserState;
  private static Idle itsIdleState;
  private static LoggedIn itsLoggedInState;

  // 생성자
  public ServerController()
  {
    itsCompilingState = new Compiling();
    itsClosedState = new Closed();
    itsClosingState = new Closing();
    itsLoggingInState = new LoggingIn();
    itsStoringUserState = new StoringUser();
    itsIdleState = new Idle();
    itsLoggedInState = new LoggedIn();

    itsState = itsIdleState;

    // Idle 상태에 들어갈 때 부르는 함수들
  }

  // 접근자(accessor) 함수들

  public String getVersion()
  {
    return itsVersion;
  }

  public String getCurrentStateName()
  {
    return itsState.stateName();
  }
```

```
// 이벤트 함수들 - State에 위임한다.

public void userStoredEvent()
{
  itsState.userStoredEvent();
}

public void abortEvent()
{
  itsState.abortEvent();
}

public void badCompileEvent()
{
  itsState.badCompileEvent();
}

public void validUserEvent()
{
  itsState.validUserEvent();
}

public void loginEvent()
{
  itsState.loginEvent();
}

public void userNotStoredEvent()
{
  itsState.userNotStoredEvent();
}

public void compileEvent()
{
  itsState.compileEvent();
}

public void goodCompileEvent()
{
  itsState.goodCompileEvent();
}

public void sendFailedEvent()
{
  itsState.sendFailedEvent();
}

public void registerEvent()
{
  itsState.registerEvent();
}

public void closeEvent()
```

```
{
  itsState.closeEvent();
}

public void invalidUserEvent()
{
  itsState.invalidUserEvent();
}

//------------------------------------------
//
// private class State
//    기본 State 클래스.
//
private abstract class State
{
  public abstract String stateName();

  // 기본 이벤트 함수들

  public void userStoredEvent()
  {
    FSMError( "userStoredEvent", itsState.stateName());
  }

  public void abortEvent()
  {
    FSMError( "abortEvent", itsState.stateName());
  }

  public void badCompileEvent()
  {
    FSMError( "badCompileEvent", itsState.stateName());
  }

  public void validUserEvent()
  {
    FSMError( "validUserEvent", itsState.stateName());
  }

  public void loginEvent()
  {
    FSMError( "loginEvent", itsState.stateName());
  }

  public void userNotStoredEvent()
  {
    FSMError( "userNotStoredEvent", itsState.stateName());
  }

  public void compileEvent()
  {
    FSMError( "compileEvent", itsState.stateName());
```

```java
  }

  public void goodCompileEvent()
  {
    FSMError( "goodCompileEvent", itsState.stateName());
  }

  public void sendFailedEvent()
  {
    FSMError( "sendFailedEvent", itsState.stateName());
  }

  public void registerEvent()
  {
    FSMError( "registerEvent", itsState.stateName());
  }

  public void closeEvent()
  {
    FSMError( "closeEvent", itsState.stateName());
  }

  public void invalidUserEvent()
  {
    FSMError( "invalidUserEvent", itsState.stateName());
  }

}

//-----------------------------------------
//
// class Compiling
//    컴파일(Compiling) 상태와 그 상태의 이벤트들을 다룬다.
//
private class Compiling extends State
{
  public String stateName()
    { return "Compiling"; }

  //
  // badCompileEvent 이벤트에 대응한다.
  //
  public void badCompileEvent()
  {
    sendCompileError();

    // 상태를 바꾼다.
    itsState = itsClosingState;

    // Closing 상태에 들어갈 때 부르는 함수들
    close();
  }
```

```java
    //
    // goodCompileEvent 이벤트에 대응한다.
    //
    public void goodCompileEvent()
    {
      sendCompileResults();

      // 상태를 바꾼다.
      itsState = itsClosingState;

      // Closing 상태에 들어갈 때 부르는 함수들
      close();
    }

    //
    // abortEvent 이벤트에 반응한다.
    //
    public void abortEvent()
    {
      reportError();

      // 상태를 바꾼다.
      itsState = itsIdleState;
    }
  }

  //-------------------------------------------
  //
  // class Closed
  //     Closed 상태와 그 상태의 이벤트들을 다룬다.
  //
  private class Closed extends State
  {
    public String stateName()
      { return "Closed"; }
  }

  //-------------------------------------------
  //
  // class Closing
  //     Closing 상태와 그 상태의 이벤트들을 다룬다.
  //
  private class Closing extends State
  {
    public String stateName()
      { return "Closing"; }

    //
    // closeEvent 이벤트에 대응한다.
    //
    public void closeEvent()
    {
      // 상태를 바꾼다.
```

```
      itsState = itsClosedState;
    }
  }

  //-----------------------------------------
  //
  // class LoggingIn
  //     LoggingIn 상태와 그 상태의 이벤트들을 다룬다.
  //
  private class LoggingIn extends State
  {
    public String stateName()
      { return "LoggingIn"; }

    //
    // abortEvent 이벤트에 대응한다.
    //
    public void abortEvent()
    {
      reportError();

      // 상태를 바꾼다.
      itsState = itsIdleState;
    }

    //
    // validUserEvent 이벤트에 대응한다.
    //
    public void validUserEvent()
    {
      acknowledgeLogin();

      // 상태를 바꾼다.
      itsState = itsLoggedInState;
    }

    //
    // invalidUserEvent 이벤트에 대응한다.
    //
    public void invalidUserEvent()
    {
      rejectLogin();

      // 상태를 바꾼다.
      itsState = itsIdleState;
    }
  }

  //-----------------------------------------
  //
  // class StoringUser
  //     StoringUser 상태와 그 상태의 이벤트들을 다룬다.
  //
```

```
private class StoringUser extends State
{
  public String stateName()
    { return "StoringUser"; }

  //
  // abortEvent 이벤트에 대응한다.
  //
  public void abortEvent()
  {
    reportError();
    denyRegistration();

    // 상태를 바꾼다.
    itsState = itsIdleState;
  }

  //
  // userStoredEvent 이벤트에 대응한다.
  //
  public void userStoredEvent()
  {
    confirmRegistration();

    // 상태를 바꾼다.
    itsState = itsIdleState;
  }

  //
  // sendFailedEvent 이벤트에 대응한다.
  //
  public void sendFailedEvent()
  {
    denyRegistration();

    // 상태를 바꾼다.
    itsState = itsIdleState;
  }

  //
  // userNotStoredEvent 이벤트에 대응한다.
  //
  public void userNotStoredEvent()
  {
    denyRegistration();

    // 상태를 바꾼다.
    itsState = itsIdleState;
  }
}

//-------------------------------------------
//
```

```
// class Idle
//    Idle 상태와 그 상태의 이벤트들을 다룬다.
//
private class Idle extends State
{
  public String stateName()
    { return "Idle"; }

  //
  // compileEvent 이벤트에 대응한다.
  //
  public void compileEvent()
  {
    sendCompileRejection();

    // 상태를 바꾼다.
    itsState = itsIdleState;
  }

  //
  // registerEvent 이벤트에 대응한다.
  //
  public void registerEvent()
  {
    // 상태를 바꾼다.
    itsState = itsStoringUserState;

    // StoringUser 상태에 들어갈 때 부르는 함수들
    storeUserAndSendPassword();
  }

  //
  // loginEvent 이벤트에 대응한다.
  //
  public void loginEvent()
  {
    // 상태를 바꾼다.
    itsState = itsLoggingInState;

    // LoggingIn 상태에 들어갈 때 부르는 함수들
    checkValidUser();
  }

  //
  // abortEvent 이벤트에 대응한다.
  //
  public void abortEvent()
  {
    reportError();
  }
}

//-------------------------------------------
//
```

```java
// class LoggedIn
//     LoggedIn 상태와 그 상태의 이벤트들을 다룬다.
//
private class LoggedIn extends State
{
  public String stateName()
    { return "LoggedIn"; }

  //
  // abortEvent 이벤트에 대응한다.
  //
  public void abortEvent()
  {
    reportError();

    // 상태를 바꾼다.
    itsState = itsIdleState;
  }

  //
  // compileEvent 이벤트에 대응한다.
  //
  public void compileEvent()
  {
    // 상태를 바꾼다.
    itsState = itsCompilingState;

    // Compiling 상태에 들어갈 때 부르는 함수들
    doCompile();
  }
}

}
```

부록 1

U M L f o r J A V A P r o g r a m m e r s

분로(分路) 단위 테스팅 패턴

마이클 페더스
Object Mentor, Inc.
mfeathers@objectmentor.com

스스로 테스트 케이스라고 생각해 보자. 더 많은 정보를 얻기 위해 여러분이 테스트하고 있는 객체들에 여러분 자신을 인자로 넘기는 일도 생각해 볼 수 있다.

테스트를 먼저 작성하는(test-first) 설계는 재미있긴 하지만, 처음에는 조금 벅차게 느껴질 수도 있다. 자잘한 걱정거리들이 생길 수도 있다. 여러분은 컴퓨터 앞에 앉아 있고, 텅 빈 화면이 여러분을 노려보고 있다. 작성하고 싶은 테스트를 하나 선택했지만, 곧 멈칫거린다.

"내가 이 테스트를 작성하고 이 테스트가 통과한다고 치자. 그리고 다른 테스트도, 또 다른 테스트도 다 작성하고 통과한다고 치자. 그런 다음 내 객체들이 GUI로 무언가 표시해야 한다는 사실을 발견하게 되면, 그것은 어떻게 테스트하지?"

여러분이 조심하지 않는다면, 이런 종류의 걱정 때문에 한동안 멍하니 생각에 잠길 수도 있다. 잘만 하면, 그 테스트를 작성하는 방법을 찾게 될 때가 올 것이라고 확신하며 다시 몸을 구부리고 첫 번째 테스트를 작성한 뒤 계속 진행해 나갈 수도 있을 것이다.

이 문서는 그때가 왔을 때 사용할 만한 아주 흥미로운 전략을 하나 담고 있다. 우리가 판매시점관리(POS) 시스템을 작성한다고 가정하고, 첫 사용자 스토리를 들어 보자. 판매 직원이 바코드 스캐너 위로 물건을 통과시키면, 물건의 이름과 가격이 LCD 화면에 나와야 한다. 이 경우 우리가 무엇을 해볼 여지가 없다. 화면에 이름과 가격을 보이는 문제를 우리가 어떻게 테스트할 수 있을 것 같아 보이지 않는다.

이것을 한번 생각해 보자. 우리는 스캐너 객체와 표시장치(display) 객체를 가지고 있으며, 물건 객체를 스캐너에서 표시장치로 전달한다. 만약 JUnit을 이용해서 이것을 작성하면, 다음과 비슷할 것이다.

```
public class ScannerTest extends TestCase
{
  public ScannerTest (String name) {
    super (name);
  }

  public void testScanAndDisplay () {
    Scanner scanner = new Scanner ();
    Display display = new Display ();

    Item item = scanner.scan ();
    display.displayItem (item);
  }
}
```

하지만, 여기에서 우리가 확증(assert)할 수 있는 것이 있을까? 표시장치에 메서드를 추가해서 무언가 표시했는지 확인해야 할까? 자연스럽지 않다. 우리 테스트 케이스의 이름 역시 이상해 보이기는 마찬가지다. testScanAndDisplay라는 이름은 하나가 아니라 두 가지를 테스트한다는 것을 큰 소리로 말해준다. 이 테스트 케이스가 스캐너와 표시장치 사이의 매개자로 행동하는 것이 더 나쁘다. 여러분의 애플리케이션에서는 어떤 객체가 이 역할을 맡게 될 것이다. 그런 사실도 여기서 바로 볼 수 있는 편이 낫다.

```
public class ScannerTest extends TestCase
{
  public ScannerTest (String name) {
    super (name);
  }

  public void testScan () {
    Display display = new Display ();
    Scanner scanner = new Scanner (display);
    scanner.scan ();
  }
}
```

이제는 표시장치를 스캐너에 건네주고 있지만, 그래도 scan()이 올바르게 작동하는지 알아낼 방법이 필요하다. 과연 표시장치가 갱신될까?

여기서 우리가 달성하고자 하는 것(force)은 무엇일까? 표시장치라면 자신이 갱신된 것을 스스로 알 수 있겠지만, 테스트 케이스도 갱신된 사실을 알 필요가 있다. 테스트 환경에서 실제 표시장치 객체를 사용할 필요는 없다. 사실 실제 표시장치 객체를 사용하면 유닛 테스트를 몇백 개나 실행할 때 미친 듯이 깜빡거릴 테니 상당히 짜증스러울 것이다. 테스트 케이스가 스스로 표시장치인 양 가장해서(impersonate) 자신을 스캐너에 건네지 못할 이유가 있을까?

테스트를 먼저 작성하는 설계(Test-First Design)에 관련된 팁
만약 테스트가 두 객체 사이의 중재자처럼 행동한다면, 한 객체를 선택해서, 그 객체가 다른 객체에 이야기하게끔 하라.

```java
// 표시장치인 양 행동한다.
public class ScannerTest extends TestCase implements Display {

    public ScannerTest (String name) {
        super (name);
    }

    public void testScan () {
        // 자신을 표시장치로 해서 건네준다.
        Scanner scanner = new Scanner (this);

        // scan은 자신의 표시장치의 displayItem을 호출한다.
        scanner.scan ();

        assertEquals (new Item ( ornflakes , lastItem);
    }

    // Display.displayItem()의 구현
    void displayItem (Item item) {
        lastItem = item;
    }

    private Item lastItem;
}
```

바로 이것이 자신에 대한 분로(分路)를 만드는('self'-shunt) 유닛 테스팅 패턴이다. 테스트 케이스가 협력하는 객체들 가운데 하나로 가장하면, 협력자끼리만 알 수 있는 것까지 검사할 수 있다.

이렇게 자신에 대한 분로(分路)를 만드는 방법은 클래스를 만들기 시작할 때부터 바로 협력자가 있어야 할 클래스를 작성하기 시작하는 좋은 방법이긴 하지만, 대부분 이 패턴은 중간 단계의 역할만 한다. 자신에 대한 분로(分路)를 만드는 테스트 케이스들은 몸집이 커질수록 다루기 힘들어서, 어느 지점에 도달하면 일반적인 리팩터링 규칙이 적용된다. Display와 같은 인터페이스가 이미 제자리에 있으므로, 가짜 객체(Mock Object)[1]로 리팩터링해서 빼낼 수도 있고, 실제 객체가 개발되면 그것을 설정할 수도 있다. 실제 객체를 개발하는 일이 쉽고 상당히 많은 부분을 포괄하게 해준다면 실제 객체를 사용할 수도 있을 것이다.

역사

자신에 대한 분로(分路)를 만드는 기법은 많은 사람들이 독자적으로 발견한 기법이다. 어떤 XP 집중 클래스에서 로버트 마틴(Robert Martin)이 플립 차트(flip chart)로 이 패턴을 설명하자 두 명 이상 벌떡 일어나서, "이봐, 나 그것 계속 써왔는데."라고 말했다. 켄트 벡(Kent Beck)도 몇 년이나 계속 이 패턴을 사용하고 있다고 말하긴 했지만, 그가 벌떡 일어났던 기억은 없다.

어찌 되었든, 세 번 반복해서 사용되면 패턴이 될 수 있다. 나? 나도 꽤 오랜 시간 동안 이 패턴을 사용하고 있지만, 독자적으로 이것을 발견했는지, 어딘가에서 들었는지는 잘 모르겠다.

이름의 유래

'self'-shunt는 사실 Shunt 패턴[2]의 작은 부분이며, Shunt 패턴에서 알리스테어 코번(Alistair Cockburn)은 테스팅 분로(分路)를 다음처럼 설명했다.

> "… 기본적으로 (shunt는) 나가는 잭 가운데 하나에서 나와 입력 단자로 들어가서, 기계가 자신에 연결되도록 만드는 전선이다. 기계를 작동시키면, 그 기계 자신은 주위 세계에 연결되어 있다고 생각하지만, 사실은 자신에 말하는 것일 뿐이다. 소프트웨어에서는, 바깥 세계에 대한 의사소통을 가짜로 만들어 테스트를 지역적으로 돌리는 것이 비결이다. 이렇게 하면 테스팅을 서로 분리할 수 있다."

---

1 (옮긴이)Tim MacKinnon, Steve Freeman, Philip Craig, *Endo-Testing: Unit Testing with Mock Objects*. eXtreme Programming and Flexible Processes in Software Engineering (XP2000)

2 (옮긴이) 익명. Shunt Pattern. Portland Pattern Repository. Dec 12, 2000.
http://www.c2.com/cgi/wiki?ShuntPattern

자신에 대해 만드는 분로(分路)는, 자신을 다른 객체에 전달함으로써 생기는 분로(分路)다.

부록 2

UML for JAVA Programmers

프로세스 (RUP vs. dX)

> 설계와 프로그래밍은 사람이 하는 일이다.
> 이 사실을 잊어버린다면 모든 것을 잃을 것이다.
> - 비얀 스트로스트럽(Bjarne Stroustrup), 1991

우리가 프로세스를 사용하는 이유는, 두렵기 때문이다. 우리는 다음과 같은 것들이 두렵다.

- 프로젝트에서 잘못된 결과물을 낸다.
- 프로젝트에서 열악한 결과물을 낸다.
- 프로젝트가 제시간을 맞추지 못하고 늦는다.
- 일주일에 80시간 일해야만 한다.
- 약속을 지키지 못한다.
- 재미있게 일하지 못한다.

이런 두려움이 우리의 행동을 제약하고 분명한 결과물을 요구하는 프로세스를 기술하게끔 만든다. 우리는 지난 프로젝트에서 효과가 있던 것들을 선택함으로써 과거의 경험에서 이런 제약과 결과물들을 이끌어 낸다. 우리는 이번에도 이것들이 효과를 발휘해서, 두려움을 없애 주기를 바란다.

시간이 흐르면서, 우리는 성공적인 많은 프로세스들이 구체적인 부분에서는 다르더라도 공통적인 모습을 하고 있는 것을 인식하게 되었다. 이 장은 이 공통적인 모습에 대해서만 다룬다. 이 장에서 제공하는 프레임워크는 그 안에서 우리의 두려움을 가라앉힐 프로세스를 정립한다. 이 프레임워크를 RUP(Rational Unified Process)라고 부른다.

권리

독자 여러분은 분명히 소프트웨어 엔지니어일 것이다. 여러분은 컴퓨터 프로그램을 작성하는 것을 좋아하기 때문에 소프트웨어 엔지니어가 되었다. 여러분은 고객과 고용주들을 충분히 만족시킬 높은 품질의 소프트웨어를 작성하는 것에서 즐거움과 성취감을 얻는다.

하지만, 여러분은 일을 충실히 하기 위해 가져야 할 분명한 권리와 욕구들이 있다. 론 제프리즈(Ron Jeffries)와 켄트 벡은 이 권리들을 다음처럼 약술했다.

개발자의 권리 장전
- 여러분은 명확한 요구사항을 통해, 명백히 선언된 우선순위와 함께 무엇이 필요한지 알 권리가 있다.
- 여러분은 각 요구사항을 구현하는 데 얼마나 걸릴지 말할 권리와, 경험에 비추어 이 추정치를 수정할 권리가 있다.
- 여러분은 책임이 여러분에게 할당되는 대신 스스로 여러분의 책임을 수락할 권리가 있다.
- 여러분은 항상 품질이 뛰어난 작업물을 만들 수 있는 권리가 있다.
- 여러분은 평화롭고 재미있게, 생산적이고 즐기면서 작업할 권리가 있다.

이 책을 읽는 독자 가운데 개발자들의 고객도 있을 것이다. 이 사람들은 개발자들이 만들어 내는 제품이 필요한 프로젝트 관리자 또는 제품 관리자일 가능성이 높다.

마찬가지로 여러분도 분명한 권리와 욕구가 있다. 켄트 벡은 이 권리들도 간략하게 서술했다.

고객의 권리 장전
- 여러분은 무엇을 언제까지 비용을 얼마 들여 완성할 수 있는지 전반적인 계획을 들을 권리가 있다.
- 여러분은, 여러분이 명시한 반복 가능한 테스트들을 통과함으로써 작동이 검

중되어 실제로 돌아가는 시스템을 통해 일이 진전됨을 볼 권리가 있다.
- 여러분은 여러분의 마음을 바꾸어서 기능을 교체하거나 우선순위를 변경할 권리가 있다.
- 여러분은 제날짜에 맞추기 위해 시스템의 범위를 어떻게 줄일 것인지 제때에 선택할 수 있도록 일정 변경을 통지받을 권리가 있다. 심지어 프로젝트를 언제든 취소하고 여태 투자한 것은 모두 반영되어 실제 작동되는 쓸 만한 시스템을 가지고 떠날 수도 있다.

이 권리 장전은 의미심장한 문서다. 만약 이 권리들을 보장하는 방법을 찾을 수만 있다면, 우리의 두려움은 상당 부분 사라질 것이다. 소프트웨어 프로세스가 하는 일은 바로 이런 보장을 제공하는 것이다. 이 권리 가운데 하나 이상 위반하거나 무시하는 프로세스에는 실패가 예정되어 있다.

목표

소프트웨어 프로세스의 목표는 소프트웨어를 만들어 내는 것이다. 제대로 작동하는 소프트웨어, 제시간에 만든 소프트웨어, 예산 범위 안에서 만든 소프트웨어, 유지보수할 수 있는 소프트웨어, 재사용할 수 있는 소프트웨어를 만들어 내는 것이다. 만약 개발자와 고객의 권리를 지키면서 이 목표를 달성할 수 있다면, 그것은 성공한 프로세스다.

중간 산출물들을 최소화하기

최종 목표인 소프트웨어를 만들어 내기 위해 소프트웨어 이외에 다른 것을 만들어야 할 수도 있다. 목표인 소프트웨어를 지원하는 역할을 하는 산출물들을 만들어야 할 수도 있지만, 중간 산출물들은 프로세스의 목표가 아니다. 이것들은 아무리 해봐야 최종 결과를 위한 수단일 뿐이고, 그대로 비용을 의미한다. 좋은 프로세스는 중간 산출물들에 대한 요구를 되도록 줄인다.

RUP 프레임워크를 사용해서 프로세스를 만들 때 여러분의 눈은 언제나 목표를 바라보고 있어야 한다는 점을 기억하라. 중간 산출물에 눈이 팔려 목표가 소프트웨어를 만드는 것임을 잊어버리기는 너무나 쉽다.

가치 시스템

프로세스는 어떤 가치들을 북돋워 제 목표를 이룬다. 이 가치들을 지원하는 실천 방법들은 프로세스와 융화되고, 이 가치들을 위반하는 실천 방법들은 프로세스에서 거부된다. 우리가 지키려고 하는 가치들은 굉장히 오래된 것이다. 켄트 벡이 그 이름을 나열했다. 의사소통(Communication), 단순함(Simplicity), 피드백(Feedback), 용기(Courage)가 그것이다.

의사소통

프로젝트에서 일어날 수 있는 나쁜 일은 대부분 잘못된 의사소통의 결과다. 만약 프로젝트가 기간을 초과한다면, 일정을 관리하는 사람들과 일정을 수행하는 사람들 사이에 의사소통이 올바르지 않았기 때문이다. 만약 제품의 품질이 낮다면, 높은 품질이 필요한 사람들과 품질을 보증하는 사람들 사이에서 의사소통이 잘못되었기 때문이다.

좋은 프로세스는 의사소통하기 쉽게 한다. 좋은 프로세스는 서로 의사소통해야 할 집단 사이에 통로를 제공하고 의사소통의 형식과 목적, 목표를 지시한다. 이렇게 의사소통을 촉진하기 위해 중간 산출물이 필요할 수도 있지만, 좋은 프로세스는 의사소통을 단지 눈을 가린 채 중간 산출물만 만드는 것으로 전락시키지 않는다. 의사소통은 사람들 사이에서 일어나는 것이며, 문서는 부차적인 것일 뿐이다.

단순함

너무 복잡한 프로세스는 실패하기 마련이다. 단순함은 우리가 소프트웨어에서도 프로세스에서도 강력하게 지켜야 할 가치다. 우리는 꼭 필요하지 않으면 프로세스에 새로운 활동이나 산출물을 추가하지 않을 것이다. 또 정기적으로 전 프로세스를 훑어보면서 그동안 쌓인 복잡함을 제거할 것이며, 왜 필요한지 우리를 완벽하게 납득시키지 못하는 것들은 제거할 것이다. 프로세스에 대한 설명은 언제나 분량이 너무 적은 것처럼 보여야 한다.

피드백

다익스트라(Dijkstra)가 가장 좋은 말을 남겼다. "… 머리가 아주 변변찮은 우둔한 인간으로써 내게는, 그 머리를 가지고 살아가는 법과 내 한계를 존중하고 그 머리를 칭찬하는 법을 배우는 것이 내 한계를 무시하려고 시도하는 것보다 나은데, 후자의 경우 헛된 노력으로 실패하여 벌을 받을 것이기 때문이다."[1] 사실 우리 머리는 정말로 변변찮다. 만약 결과를 점검하지 않으면서 너무 많은 것을 하려고 시도하면 실패할 것이다. 그러므로 우리는 다음 단계로 가기 전에 단계마다 정확한지 테스트 하면서 작은 단계들을 차근차근 밟아가는 것에 가치를 둔다.

좋은 프로세스는 과학적 방법과 비슷한 방법을 사용한다. 각 단계는 처음에는 가설일 뿐이고, 물리적인 실험으로 테스트된다. 그 가설이 옳다는 사실을 확고히 할 만큼 충분히 많이 실험했을 경우, 다음 단계로 나아간다. 모든 반복적인 방법은 근본적으로 여기에서 유도된 것이다.

용기

대릴 코너(Daryl R. Conner)가 이런 말을 한 적 있다. "바보야, 중요한 건 사람이야."[2] 알리스테어 코번은 프로세스는 이차 효과만 미칠 뿐이라고 얘기했다. 일차 효과는 사람에서 비롯된다.

모든 가치 가운데 가장 중요한 가치가 이것이다. 대부분 프로세스를 사용하는 이유는 사람들이 실패할 경우를 대비하는 것이다. 하지만, 우리가 성공하려면, 용기 있게 프로세스가 아니라 사람들에게 우리의 믿음을 두어야 한다. 프로세스를 실행 하는 사람들보다 프로세스가 중요하다고 믿기 시작하는 순간이 프로젝트가 실패 하기 시작하는 순간이다.

그러므로 어떤 프로세스를 정의할 때 인간적인 면이 빠지지 않도록 아주 조심해 야 한다. 그것이 가장 심각한 실패에서 우리를 보호할 것이고, 우리에게 무엇이 가 장 중요한 행동인지 알려 주며, 가장 기본적인 규칙들을 세워 줄 것이다. 하지만, 그 것은 사람이 하는 모든 실수에서 우리를 지켜준다고 과신해서는 안 되며, 또 그럴 힘도 없다. 모든 실수에서 우리를 보호할 수 있도록 프로세스를 만드는 시도를 한 다는 것 자체가 용기가 부족하다는 뜻이다.

프로세스가 사람의 잘못에서 우리를 얼마나 보호해 줄 수 있을까? 그건 프로젝 트의 중요도에 따라 다르다. 만약 사람의 생명에 영향을 미칠 수도 있는 프로젝트 라면, 물론 프로세스가 무척 많이 보호해 줄 수 있어야 한다. 나는 원자력 발전소를 제어하는 시스템을 개발하는 프로세스가 생명을 위협할 가능성이 있는 모든 실패

---

1 [EWD72], p 3.
2 [DRC98], p 6.

가능성을 점검하고 또 점검할 것으로 기대할 것이다. 반면 직장에서 하는 축구 도박을 관리하는 프로그램을 개발하고 있다면, 프로세스가 많은 것을 보호해 줄 것으로 기대하지 않을 것이다.

코번은 중요도를 네 가지 다른 정도로 나눈 적이 있다.[3] 생명, 핵심적인 돈, 임의적인 돈, 편안함이 그것이다. 네 정도는 얼마나 프로세스가 보호해 주어야 할지 요구하는 수준이 저마다 다르며, 만용과 용기의 경계를 각기 다른 위치에 세운다. 프로세스를 만들 때, 위험을 감수할 만하다고 생각되는 지점에서는 사람들에게 의존하라. 별로 치명적이지 않지만 고쳐지지 않은 실수 몇 개 때문에 드는 비용이 이런 실수들을 막기 위해 프로세스에 부과하는 비용보다 더 적다.

RUP (Rational Unified Process)

가장 간단한 형태로 요약하면, RUP는 몇 가지 기본적인 작업 흐름으로 구성된다.

1. 비즈니스 엔지니어링 - 비즈니스가 무엇을 요구하는지 무엇인지 이해하기
2. 요구사항 - 비즈니스의 요구를 번역해서 자동화된 시스템의 행동으로 기술한 것
3. 분석과 설계 - 요구사항을 소프트웨어 아키텍처로 번역하기
4. 구현 - 그 아키텍처에 들어맞고 요구받은 행동들을 가지고 있는 소프트웨어를 만들기
5. 테스트 - 요구받은 행동들이 정확하게 작동하는지, 요구받은 행동들이 모두 다 있는지 확인하기
6. 형상 관리와 변경 내용 관리 - 모든 작업 결과물의 여러 버전들의 기록을 남기기
7. 프로젝트 관리 - 일정과 자원을 관리하기
8. 환경 - 개발 환경을 만들고 유지하기
9. 배포 - 프로젝트를 출시하기 위해 필요한 모든 것

이 행동들은 시간에 따라 나뉜 것이 아니다. 오히려 이것들은 전 프로젝트 기간에 동시에 실행된다. 그림 1에서 볼 수 있듯, 프로젝트 초기에는 많은 코드를 작성하지 않는다. 그렇다고 해서 아예 쓰지 않는 것도 아니다. 프로젝트 후반에는 요구사항들이 대부분 밝혀져 있다. 그래도 새로운 것들이 계속 밝혀지기 마련이다.

---

3 [ARC97]

그림 1 RUP의 단계와 반복들

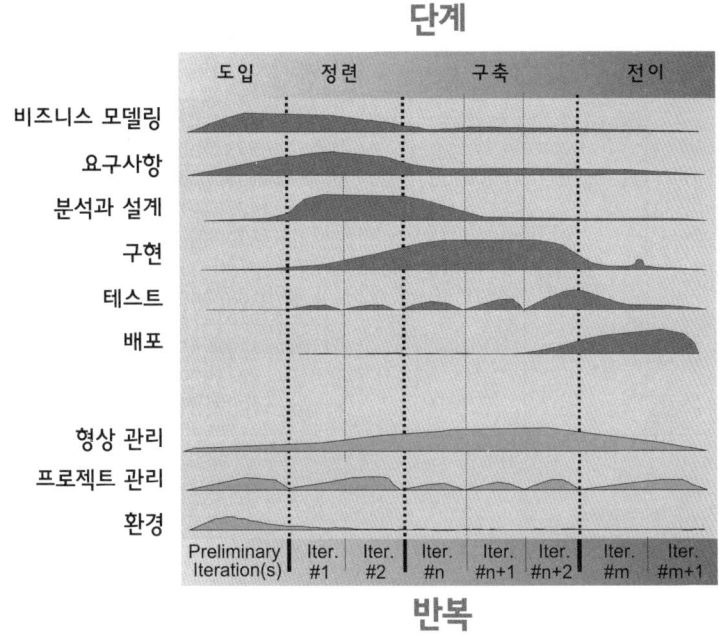

따라서 프로젝트가 성숙해 가면서 특정한 행동에 더 중점을 두게 되거나 덜 두게 되긴 하더라도, 전 프로젝트 기간에 언제든지 어떤 행동이든 수행할 수 있으며, 실제로도 수행하게 될 것이다.

반복

RUP에 따르는 프로젝트는 반복(iteration)이라고 부르는 점진적인 단계를 통해 진전한다. 각 반복의 목표는 프로젝트의 모든 이해관계자(stakeholder)에게 보여 줄 수 있으며 그들에게 의미가 있고 실제로 돌아가는 소프트웨어를 개발하는 것이다.

반복 하나를 통해 개발된 소프트웨어는 프로젝트의 중요한 하위 시스템을 전부 또는 대부분 포함(cut through)해야 한다. 반복 하나는 하위 시스템 하나에만 집중하라는 의미가 아니다. 반복이란 팀 구성원마다 프로젝트에서 자신이 맡은 부분의 일부분을 발전시킨 다음, 이것을 다시 통합하는 작업이기 때문이다.

반복 하나의 길이는 작업하는 프로젝트에 따라 다르다. 그래도 긴 것보다는 짧은 것이 좋다. 반복의 길이가 짧을수록, 팀이 피드백을 받을 때까지 걸리는 시간이 짧아진다. 한두 주 정도의 길이면 대부분의 프로젝트에서 너무 짧게 느껴지지 않을 것이다.

반복 하나에서 RUP의 모든 행동을 다 수행한다. 그 반복에서 완수해야 할 비즈니스의 요구들을 이해하기 위해 비즈니스 모델링을 약간 하게 될 것이다. 그 반복에서 반드시 만들어야 할 시스템의 동작을 우리가 이해하고 있는지 확인하기 위해 요구사항 분석도 약간 해야 할 것이다. 분석과 설계, 구현, 테스트 등도 다 해야 한다. 어떤 행동도 반복 하나를 하면서 배제되지 않는다.

추정과 일정

반복은 일정의 마일스톤이 아니며, 반복을 마일스톤으로 삼아 소프트웨어 프로젝트를 관리하는 것은 잘못이다. 그 대신, 반복 하나를 완료하는 데 걸리는 시간을 잰 다음, 프로젝트를 전체에 적용해야 한다. 만약 평균 잡아 반복 하나를 완료하는 데 두 주가 걸리고, 반복이 30개 남은 것을 안다면, 프로젝트가 60주 걸릴 것임을 알게 된다.

맨 처음에는 이런 방식으로 한 추정 값이 매우 부정확하다. 하지만, 여러 반복을 완료하면서, 점점 정확해질 것이다. 프로젝트 일정을 어떻게 관리할 것인지 프로젝트 관리자에게 아주 좋은 지침을 주기 위해, 프로젝트 초기에 충분한 수의 반복을 완료해야 한다.

각 반복의 내용과 일정은 그 반복을 시작하기에 앞서 프로젝트 매니저와 개발자들이 협상한다. 만약 프로젝트 매니저가 그 반복을 특정한 날짜에 마치길 원한다면, 개발자들은 그 시간 안에 일을 얼마나 많은 분량만큼 할 수 있는지 말해 줄 수 있어야 한다. 반대로, 프로젝트 매니저가 그 반복에서 특정한 분량의 일을 마치기를 원한다면, 개발자들은 그 반복의 종료 일자가 언제인지 말해 줄 수 있어야 한다. 프로젝트 매니저가 둘 다 명시하면 안 된다.

이런 협상이 있더라도, 반복이 일정보다 늦게 종료되거나, 기대하던 것보다 적은 양만 완료되는 경우가 생길 수 있다. 이런 경우 모두, 이 사실을 기록해서 다음 추정치와 일정을 결정할 때 자료로 사용한다.

단계

RUP 프로젝트에는 도입(Inception), 정련(Elaboration), 구축(Construction), 전이

(Transition) 등 네 단계가 있다. 각 단계는 반복 하나에서 수행되는 활동들 가운데 어디에 비중을 많이 두는지 나타낸다.

도입(Inception) 이 단계에 속한 반복들의 목표는 프로젝트 팀이 프로젝트의 진정한 목적이 무엇인지 결정하는 일을 돕는 것이다. 이 단계의 반복은 가능성 있는 여러 가지 상이한 해결 방안과 아키텍처 들을 탐색한다. 일정을 적절히 조정할 수 있도록, 반복들을 얼마나 빨리 수행할 수 있는지 측정하기 위해 이 단계의 반복을 사용한다. 이 단계에서 수행한 실제 작업은 모두 폐기될 수도 있다. 도입 단계에서 유일하게 살아남은 것이 팀의 지식이 늘어난 것뿐이라 하더라도, 이 단계는 성공적으로 수행한 것이다.

하지만, 대개 실질적인 산출물이 여럿 살아남기 마련이다. 이 산출물 가운데는 다음과 같은 것이 있을 수 있다.

1. 주요한 요구사항들에 대한 간단한 선언. 유스케이스 형식일 수도 있다.
2. 소프트웨어 아키텍처의 대략적인 그림
3. 프로젝트의 목표에 대한 기술
4. 아주 기초적인 프로젝트 계획
5. 그 프로젝트의 비즈니스 사례(business case)

생명주기 목표 마일스톤(Life Cycle Objective Milestone) 도입 단계는 생명주기 목표 마일스톤에서 끝난다. 프로젝트 팀과 프로젝트 이해관계자 모두 다음과 같은 것에 동의할 때, 이 마일스톤을 지나게 된다.

1. 비즈니스의 요구는 무엇이며, 어떤 일련의 행위가 이 요구를 만족시킬 것인가
2. 반복들에 대한 임시 일정
3. 임시 아키텍처

반복 하나가 끝날 때까지 기다려서 이러한 동의를 하는 것이 일반적이지만, 반드시 그래야 하는 것은 아니다. 일단 모두 동의하면, 프로젝트는 이제 정련 단계에 들어간다.

이 동의라는 사건 자체는 프로젝트 팀과 프로젝트 이해관계자들이 프로젝트의 목적이 무엇인지 동의했다는 것 외에 다른 의미를 지니지 않는다. 이 마일스톤을

지났다고 해서 행동들이 변할 필요는 없다. 사실 일반 개발자에게는 이번 마일스톤 다음날이나 전날이나 별반 차이가 없다.

어떤 프로젝트 관리자들은 도입 단계를 마치는 날짜를 일정표에 잡아 놓기를 원할 수도 있다. 하지만, 이 마일스톤을 지나기 전과 후가 그렇게 분명하게 나뉘는 것이 아니라는 점을 이해해야 한다. 이 마일스톤은 단지 프로젝트 팀과 프로젝트 이해관계자들이 이제 무엇을 만드는지, 만드는 데 얼마나 걸릴지 제 나름대로 확고히 결정 내릴 정도로 위험이 낮아졌음을 선언하는 것일 뿐이다. 그리고 도입 단계에서 소요된 시간을 가지고 다른 단계에서 소요될 시간을 그다지 잘 예측할 수 있는 것도 아님을 이해해야 한다. 사실, 도입 단계를 반복 하나도 하지 않고, 따라서 시간을 하나도 들이지 않고 완료하는 경우도 생각해 볼 수 있다.

정련(Elaboration) 정련 단계의 반복에서는 다음과 같은 일을 한다.

- 풀어야 할 문제를 확실하게 이해한다.
- 소프트웨어의 아키텍처적 기초를 확고히 한다.
- 앞으로 올 반복들에 대한 상세한 계획을 조정하고 지원한다.
- 프로세스를 다듬고 팀을 단단히 다진다.
- 위험도가 높은 것을 제거한다.

이 단계의 반복들이 만든 것은 대부분 도입 단계에서 만든 것보다 폐기될 가능성이 낮다. 각 반복은 점점 성장해 가는 소프트웨어의 몸체에 새로운 기능을 추가하고, 마찬가지로 계속 성장해 가는 검증 소프트웨어의 몸체에 새로운 테스트를 추가한다.

이 단계에서, 프로젝트 이해관계자들은 계획에 따른 프로젝트의 실질적인 진전을 보며, 계획이 점점 안정적이고 신뢰할 수 있게 되는 것도 보게 된다. 반복들이 지남에 따라, 프로젝트와 계획에 대한 신뢰가 커진다.

위험도가 높은 개발 항목은 이 단계의 초기에서 다룬다. 목적은 단순하다. 이 위험을 지금 노출시켜서 다룸으로써 나중에 팀을 괴롭히지 않게 하려는 것이다. 위험한 항목을 노출시켜 다루면 추정치를 더 보수적으로 조정하게 된다.

이 단계에서 확실히 생기는 산출물은 다음 네 가지다.
1. 아키텍처적 프로토타입의 형태로 점점 성장하는 소프트웨어의 몸체
2. 시스템의 작동을 검증하는 테스트 설비들

3. 시스템이 하는 행위의 대부분을 기술하는 유스케이스들
4. 이후의 반복들을 기술하는 상세한 프로젝트 계획

다른 산출물도 만들 수도 있다.
5. 기초적인 사용자 매뉴얼
6. 소프트웨어 아키텍처 설명서

생명주기 아키텍처 마일스톤(Life Cycle Architecture Milestone) 이 마일스톤은 정련 단계의 끝과 구축 단계의 시작을 나타낸다. 프로젝트 팀과 프로젝트 이해관계자들이 다음과 같은 것에 동의할 때 이 마일스톤의 윤곽이 그려진다.

1. 비즈니스의 요구를 해결할 상세한 행위를 기술하는 유스케이스들
2. 선택한 아키텍처가 전체 소프트웨어 개발을 지원할 수 있을 정도로 규모를 확대할 수 있는가
3. 위험이 높은 주요 항목이 다루어졌는가
4. 프로젝트 계획이 달성 가능한 것이며, 프로젝트 목적들을 이룰 수 있는가

구축(Construction) 구축 단계의 반복은 정련 단계의 반복과 크게 다르지 않다. 반복마다 소프트웨어에 기능들을 추가하게 되는데, 이 기능은 프로젝트 이해관계자가 관심을 가지고 있으며, 개발팀에게 피드백도 하는 기능이다.

이 단계에서 유스케이스에 대한 기술들이 어느 정도까지 안정화되는 것을 기대할 수 있다. 하지만 많은 프로젝트 영역에서 유스케이스 기술은 프로젝트 기간 내내 계속 변하기 마련이다.

반복들이 지남에 따라 소프트웨어에 유스케이스들이 추가된다. 이것은 프로젝트 이해관계자가 어느 정도 그 시스템을 실제로 이용할 수 있을 때까지 계속된다. 이 시점의 시스템은 완성과 거리가 멀 수도 있다. 하지만 고객이 화를 내면서 사용하더라도, 고객이 제품을 일찍 사용할수록 더 좋다.

이 단계에서 만드는 산출물은 다음과 같다.
1. 소프트웨어 시스템
2. 테스트 설비
3. 사용자 매뉴얼

최초 작동 가능 마일스톤(Initial Operational Capability Milestone) 베타판이라고 부르기도 하는 이 마일스톤은 구축 단계의 마지막과 전이 단계의 시작을 가리킨다. 이 마일스톤은 프로젝트의 마지막이 아니며, 그 근처도 아니다. 물론, 프로젝트의 시작 지점보다 끝 지점에 가까운 것은 사실이다. 프로젝트 팀과 프로젝트 이해관계자가 다음과 같은 것에 동의할 때 이 마일스톤을 지나게 된다.

1. 제품이 사용할 수 있을 정도로 안정되었다.
2. 제품이 적어도 어느 정도 유용한 가치를 제공한다.
3. 모든 참여자가 다른 점에서는 모두 전이를 시작할 준비를 마쳤다.

이 단계에 되도록 빨리 도달하는 것은 여러 가지 이유에서 중요하다. 작은 시스템을 전이하는 것은 커다란 시스템을 전이하는 것보다 훨씬 위험도가 낮다. 특히, 새로 배치한 시스템이 맡을 수 있는 작은 부분을 제외하고는 커다란 시스템이 계속 작동 중이라면 더욱 그렇다. 개발자들은 시스템이 실제 사용되는 것을 지켜보면서 훨씬 많은 것을 배운다.

전이(Transition) 이 단계의 반복은 소프트웨어에 기능을 계속 추가한다. 하지만, 이 단계의 경우 사용자들이 지금 활발히 사용하는 시스템에 이 기능들을 추가하게 된다. 분명히, 프로젝트 이해관계자들과 개발자들이 사용 중인 이 시스템을 얼마나 자주 갱신해야 할지 협상해야 할 것이다. 어찌되었든 짧은 갱신 주기가 긴 갱신 주기보다 낫다.

이 단계에서 만드는 산출물은 구축 단계에서 만드는 산출물과 동일하다. 팀은 단순히 도입 단계의 마지막에서 정한 목표들을 향해 시스템을 개선하고 강화할 뿐이다.

제품 릴리스 마일스톤(Product Release Milestone) 이 마일스톤은 전이 단계의 마지막을 가리키며, 다음 도입 단계의 시작을 가리킬 수도 있다. 프로젝트 팀과 프로젝트 이해관계자가 다음과 같은 것에 동의할 때 이 마일스톤을 지나게 된다.

1. 도입 단계에서 정하고 (다른 단계들을 거치며 변경된) 목표들이 이루어졌다.
2. 사용자가 만족한다. (1번과 동의어일 수도 있고 아닐 수도 있다.)

요약

지금까지 RUP에서 프로세스를 다음처럼 정의하는 것을 보았다.

- 여러 개의 작은 반복을 통해 프로젝트를 이끌어 가며, 각 반복들은 양이 늘어나거나 줄어들 수는 있지만 동일한 종류의 행동들을 포함한다.
- 주요한 네 단계를 경계 짓는 주요한 마일스톤이 네 개 있다.
- 소프트웨어를 산출하며, 다른 산출물도 만들 수 있다.
- 실제로 측정된 진전도에 따라 추정하고 계획한다.
- 변화에 유연하게 적응한다.

UML과 RUP

지금까지의 RUP 설명을 가만히 보면 UML에 대한 것은 아무것도 들어 있지 않다. 일부러 그렇게 했다. RUP에서 이끌어 낸 프로세스는 그 프로세스의 반복에서 생긴 결과물의 일부로 특정한 UML 산출물의 이름을 들곤 한다. 하지만, 이것이 RUP에서 필수는 아니다. RUP에서 필수 결과물은 오직 사용자를 만족시키는 소프트웨어뿐이다.

dX : 가장 작은 RUP 프로세스

앞에서 가장 좋은 프로세스는 그 프로젝트가 감당할 수 있는 가장 작은 프로세스라고 이야기한 바 있다. 이제 RUP에서 이끌어 낸 아주 작은 프로세스를 제시할 것이다. 이 프로세스의 작은 크기는 이 장에서 다루는 범위와, 대다수의 프로젝트와 일치한다. 이 프로세스가 아주 작기 때문에, 나는 dX라고 부를 것이다. dX 프로세스는 성공적인 프로젝트에서 여러 번 사용된 바 있다. 이 프로세스를 채용한 프로젝트의 생산성은 아주 높았으며, 프로젝트의 규율 역시 잘 잡혔고, 결과물인 소프트웨어의 품질 역시 아주 높았다. dX는 자신의 프로세스를 정의하기 시작하는 회사에게 아주 좋은 시작점이 될 수 있다. 많은 회사들이 자신들에게 필요한 것을 dX가 모두 충족시켜 줌을 발견했다.

dX 도입 도입 단계의 dX의 작업 흐름은 다음과 같다.

1. 주요 유스케이스를 인덱스 카드에 적는다. 이것을 단순하게 기술하고 유지

한다. 이것은 고객을 대표하는 사람이 작성하는데, 개발자의 피드백을 받는다. 고객 대표는 언제나 팀에 속해 있어야 한다.[4]

2. 이 유스케이스들의 간단한 프로토타입을 만든다. 이 프로토타입은 나중에는 버릴 수도 있다.

3. 이 프로토타입은 a) 팀의 개발 속도를 측정하기 위해, b) 유스케이스의 크기가 적절한지 그 세부사항이 적절하게 있는지 결정하기 위해 사용된다. 우리는 프로젝트 일정을 시작하고 유스케이스 프로세스를 다듬기 위해 이 정보를 사용한다.

4. 또한 이 프로토타입은 가능성 있는 여러 시스템 아키텍처를 조사하는 용도로도 사용된다.

도입 단계의 끝을 맺는 생명주기 목표 마일스톤(Lifecycle Objectives Milestone)에서, 우리는 주요 유스케이스와 프로젝트 일정 그리고 기초적인 시스템 아키텍처에 대해 잘 알게 될 것이다.

dX 정련 앞 단계에서 만든 코드는 대부분 폐기된다. 몇몇은 살아남을 수도 있지만, 팀이 동의할 경우에만 살려 둔다. 진지하게 설계와 프로그래밍이 시작되는 단계는 이 단계다. 이 단계의 작업 흐름은 다음과 같다.

1. 유스케이스 카드는 고객 팀의 구성원이 계속 작성한다.

2. 개발자는 유스케이스 카드마다 할 일의 양을 추정하고, 카드에 그 추정치를 기록한다.

3. 고객은 각 유스케이스 카드의 우선순위를 매기고, 그 우선순위를 카드에 기록한다. 이 단계에서는 위험도가 높은 유스케이스에 더 높게 우선순위를 매긴다.

4. 대체로 한 주나 그 정도를 넘지 않도록 해서 반복을 계획한다. 고객은 그 반복에서 개발할 유스케이스 카드들을 선택한다. 카드에 적은 추정치의 합이 반복 기간의 길이를 넘어서는 안 된다. 반복이 종료된 다음에 보면 구현된 유스케이스의 개수가 추정한 개수와 다를 수도 있다. 실제 구현한 개수

---

[4] 대개 이 고객 대표는 프로젝트와 관계없는 자신의 업무도 계속 수행한다. 하지만 프로젝트와 관련된 업무의 우선순위를 가장 높게 매길 것이다. 이 사람은 프로젝트 팀에 소용이 되기 위해서 여기에 와 있는 것이다.

/ 예상한 개수의 비율을 로드 팩터(load factor)라고 부르는데, 이 비율을 다음 반복의 추정치에 적용한다.

5. 도입 단계에서 파악한 시스템 아키텍처에 들어맞도록 각 반복을 분석, 설계한다. 개발자들은 디자인 세션(design session) 중에 분석과 설계를 진행한다. 개발자들은 UML 다이어그램이나 CRC 카드, 또는 자신에게 적당하다면, 분석과 설계 모델을 구축하는 어떤 방법도 사용할 수 있다.

6. 설계 모델을 코드로 작성한다. dX에서는, 생산되는 코드라면 한 줄도 빠짐없이 두 사람의 검토를 거치는 것이 규칙이다. 이따금 한 컴퓨터 앞에서 두 개발자가 짝으로 함께 일하는 방식으로 이 규칙을 완수하기도 한다. 일단 코드로 작성되면, 분석과 설계 모델들은 dX의 영역 바깥으로 밀려난다. 이것들은 폐기할 수도 있고, 훗날을 위해 보관할 수도 있다.

7. dX에서는 테스팅의 가치를 높이 평가한다. 아주 높이 평가하기 때문에 테스트 코드를 테스트 대상 코드보다 먼저 작성한다. 유스케이스들을 테스트를 할 수 있을 정도의 단위로 쪼개고, 그 다음 개발자들은 테스트 케이스와 실제 제품에서 사용할 코드를 번갈아 가면서 작성한다. 테스트와 코드는 동시에 같이 자란다.

8. 단순함 역시 dX에서 높게 평가 받는 가치다. 설계와 코드는 되도록 간단하게 시작하며, 유스케이스에서 반드시 해야 한다고 정하지 않은 한 복잡성을 추가하지 않는다.

9. dX에서는 코드의 품질과 코드가 시스템 아키텍처에 얼마나 잘 들어맞는지를 중시한다. 개발자는 이 기준에 도달하지 못한 코드를 무자비하게 변경한다. dX에서 코드는 아주 변경하기 쉬운 것으로 간주되며, 개발자는 코드를 바꾸는 데 두려움을 가지지 않는다. 테스트들이 변경 때문에 일어날 수 있는 문제를 모두 잡을 수 있음을 보장해 준다.

10. 코드는 모든 팀 구성원이 공동 소유한다. 누가 작성했는지에 상관없이 팀 구성원 누구라도 어떤 모듈이든 변경할 수 있다.

11. 통합은 아무튼 하루에 한 번씩 일어난다.

dX 구축   생명주기 아키텍처 마일스톤(Lifecycle Architecture Milestone)은 dX에서는 있으나 마나한 사건이다. 대부분의 dX 프로젝트에서 아키텍처와 프로젝트 계획은 함께 진화하며, 그것들의 품질도 함께 좋아진다. 따라서 dX에서 구축과

정련 단계는 거의 구분하기 힘들다. 단지 아키텍처와 프로젝트 계획의 안정성이 둘의 차이점일 뿐이다. 프로젝트가 구축 단계로 들어서면, 팀은 릴리스 일정을 짠다. 릴리스마다 필요한 유스케이스 카드들의 합계를 내고 그것에 로드 팩터(load factor)를 사용해서 릴리스 일정을 만든다.

dX 전이 대다수의 dX 프로젝트에서 전이 단계는 첫 릴리스 다음부터 바로 시작된다. 보통 프로젝트 기간 가운데 굉장히 초기에 일어난다. 그때부터 그 시스템은 생명을 얻어 살아가기 시작하는 것이다. 이때는 기능이 무척 부족할 가능성이 크다. 따라서 기존 시스템도 가능하다면 계속 병행해서 운영을 유지할 것이다.

팀은 계속 반복과 릴리스를 계획한다. 반복은 새로운 릴리스가 생명을 얻을 수 있을 때까지 계속 축적된다. 릴리스 주기가 짧을수록, 팀은 실제로 운영하는 시스템에서 피드백도 더 빨리 받을 수 있게 될 것이다.

dX 추가 요소 dX가 부과하는 다른 요소와 규칙들도 있다. 이 프로세스는 팀 구성원들의 의사소통 능력에 크게 기댄다. 따라서 팀 구성원이 서로 그리고 고객 팀 구성원과 밀접하게 의사소통할 수 있도록 개방적인 작업공간이 꼭 있어야 한다.

dX에서 근무 시간 외 작업은 프로세스의 실패로 간주한다. 게다가, 두 주 이상 연속으로 초과 근무하는 것은 허용되지 않는다. 초과 근무하는 대신 프로젝트 계획을 바꾸어야 한다.

dX에서는 UML이나 다른 표기법을 명시적으로 사용하지 않는다. dX가 사용하는 유일한 중간 산출물은 유스케이스 카드뿐이다. 그렇다고 해서 dX를 사용하는 엔지니어들이 모델을 만들어야 하거나 몇몇 가정을 시험해 보려고 하는 데 UML을 사용하지 못한다는 뜻은 아니다. 단지, 그런 모델을 반드시 만들어야 한다고 dX가 강요하는 것이 아니라는 뜻일 뿐이다. 분석과 설계를 지원하는 UML 산출물이 없다면, dX에서는 분석이나 설계를 하지 않는다는 결론을 이끌어 낼지도 모르겠다. 하지만 그런 것은 아니다. dX에서 분석과 설계는 빈번한 설계 회의를 통해 할 수 있다. 이런 회의에서 내린 결정은 인덱스 카드에 쓰는데, 이 카드는 보통 나중에 코드로 만들자마자 버린다.

어떤 프로젝트들에는 너무나 자유분방하게 보일지도 모르겠지만, 이 프로세스는 상당히 효과적임이 입증되었다. 프로세스가 효과적이기 위해 꼭 복잡할 필요가 없다는 것을 명심하라. 사실, 우리는 우리 프로세스가 되도록 단순하기를 원한다.

dX 말고 더 많은 것이 필요한가 모든 프로젝트는 그 나름대로 필요한 것이 다르기 마련이다. dX가 제공하는 것보다 더 엄격한 형식이 필요할지도 모르겠다. 그렇다면, 조심스럽게 절제해 가면서 실천 방법과 산출물 들을 추가함으로써 dX를 확장해도 된다. 하지만, 피드백을 받아서 여러분이 추가한 것이 이로운지 해로운지 판단할 수 있는 경우에만 확장하는 것이 현명하다.

요약

RUP는 반복적이고 점진적인 종류에 속하는 프로세스들을 기술하는 프로젝트 프레임워크다. RUP에 따르는 프로세스는 이번 것이 앞의 것 어깨 위에 구축되며, 각각의 것이 어떤 하위 시스템을 구축하는 것이 아니라 유스케이스를 기반으로 하는, 점진적인 반복을 여럿 쌓아감으로써 원하는 기능을 만들고 제공한다. RUP 프로세스들은 각 반복에서 원래 이 반복이 얼마나 걸릴 것이라고 예상한 추정치에 대해 실제로 얼마나 걸렸는지 상대적인 속도를 측정하여 작업을 추정하거나 일정을 계획한다. RUP에서 프로젝트의 초기 반복들은 소프트웨어 아키텍처에 강하게 초점을 맞춘다. 기능을 빠르게 구현하는 일은 확고한 아키텍처를 파악하고 시험해 본 이후로 미루어진다.

우리는 또한 dX라고 부르는 가장 작은 RUP 프로세스에 대해 논의했다. dX의 원칙과 실천 방법 들은 몇 년 전 워드 커닝햄, 켄트 벡, 론 제프리즈, 그 외 많은 개발자와 방법론자 들이 찾아낸 것이다. 이들은 여러 프로젝트에서 이 프로세스를 사용해서 상당한 성공을 거두었고, 이러한 성공 덕택에 많은 추종자를 모을 수 있었다. 이들은 이 프로세스를 익스트림 프로그래밍(eXtreme Programming), 줄여서 XP라고 부른다.[5]

---

5 [Beck99]

참고문헌

UML for JAVA Programmers

* 국내에서 번역 출간되어 현재 구할 수 있는 경우에는 번역서도 밝혀 두었다. 현재 책으로 구할 수 없는 참고자료도 실어 두었다.

[Beck1999] Kent Beck, *Extreme Programming Explained: Embrace Change*. Reading, Mass.: Addison-Wesley, 1999.
『익스트림 프로그래밍』, 김창준, 정지호 옮김, 인사이트, 2006.

[Beck2002] Kent Beck, *Test-Driven Development*. Reading, Mass.: Addison-Wesley, 2002.
『테스트 주도 개발』, 강규영, 김창준 옮김, 인사이트, 2005.

[Booch1994] Grady Booch, *Object-Oriented Analysis and Design with Applications*, 2nd ed. Reading, Mass.: Addison-Wesley, 1993.

[Cockburn2001] Alistair Cockburn, *Writing effective use cases*, Reading, Mass.: Addison-Wesley, 2001.
『유스케이스 바로쓰기』, 송태국, 전형철 옮김, 피어슨에듀케이션코리아, 2002.

[Coplien1995] James O. Coplien and Douglas C. Schmidt, eds. *Pattern Language of Program Design, vol. 1*. Reading, Mass.: Addison-Wesley, 1995.

[Feathers2001] Michael Feathers, "*The 'Self'-Shunt Unit Testing Pattern*," May 2001. http://www.objectmentor.com/resources/articles/SelfShuntPtn.pdf에서 원문을 볼 수 있으며 부록 1로 실었다.

[Fowler1999a] Martin Fowler and Kendall Scott, *UML Distilled*, Reading, Mass.: Addison-Wesley, 1999.
『UML Distilled 3판: 표준 객체 모델링 언어 입문』, 이인섭 옮김, 홍릉과학출판사, 2005.

[Fowler1999b] Martin Fowler, *Refactoring: Improving the Design of Existing Code*, Reading, Mass.: Addison-Wesley, 1999.
『리팩토링: 기존 코드의 디자인을 개선하는 방법』, 윤성준, 조재박 옮김,

대청미디어, 2002.

[Fowler2002] : Martin Fowler, David Rice, Matthew Foemmel, Edward Hieatt, Robert Mee, Randy Stafford, *Patterns of enterprise application architecture*, Reading, Mass.: Addison-Wesley, 2002.
『엔터프라이즈 애플리케이션 아키텍처 패턴』, 송태국 옮김, 피어슨에듀케이션코리아, 2003.

[Gamma1995] Erich Gamma, Richard Helm, Ralph Johnson, John Vlissides, *Design Patterns*, Reading, Mass.: Addison-Wesley, 1995.
『GoF의 디자인 패턴』, 김정아 옮김, 피어슨에듀케이션코리아, 2002.

[Jeffries2000] Ron Jeffries, Ann Anderson, Chet Hendrickson, *Extreme Programming Installed*, Reading, Mass.: Addison-Wesley, 2000.
『Extreme Programming Installed: XP 도입을 위한 실전 입문』, 박현철 등 옮김, 인사이트, 2002.

[Kruchten1998] Philippe Kruchten, *The Rational Unified Process: An Introduction, 2nd ed.*, Reading, Mass.: Addison-Wesley, 1998.
『The Rational Unified Process』, 신인철 옮김, 인터비젼, 2003.

[Martin1995] Robert C. Martin, *Designing Object Oriented C++ Applications using the Booch Method*, Upper Saddle River, Nj.: Prentice Hall, 1995.

[Martin1999] Robert C. Martin, "RUP vs. XP", 1999.
http://www.objectmentor.com/resources/articles/RUPvsXP.pdf에서 원문을 볼 수 있으며 부록 2로 실었다.

[Martin2002] Robert C. Martin, *Agile Software Development: Principles, Patterns, and Practices*. Upper Saddle River, N.J.: Prentice Hall, 2002.
『소프트웨어 개발의 지혜』, 이용원, 정지호, 김정민 옮김, 야스미디어, 2004.

[EWD72] Dijkstra, Dahl, Hoare, *Structured Programming*, Academic Press, 1972.

[DRC98] Daryl R. Conner, *Leading at the Ege of Chaos*, Wiley, 1998.

[ARC97] Alistair Cockburn, *The Methodolgy Space*, Humans and Technology technical report Hat TR.97.03(dated 97.10.03).
http://alistair.cockburn.us/Methodology+space

용어대역표

UML for JAVA Programmers

A

abstract class 추상 클래스
abstract domain 추상 영역
abstraction 추상화, 추상
acceptance test 인수 테스트
action 행동
activation 활성 상자
active object 활동적인 객체
actor 액터
adapter 어댑터
adornment 장식물
aggregation 집합
alternate course 대체 흐름
analysis 분석
anonymous class 익명 클래스
anonymous inner class 익명 내부 클래스
architecture 아키텍처
argument 인자
association 연관
asynchronous 비동기

B

base class 기반 클래스
base type 기반 타입
behavior 행위
binary 바이너리, 이진
build 빌드

business rule 비즈니스 규칙
business value 비즈니스 가치

C

check in 체크 인
check out 체크 아웃
class 클래스
class diagram 클래스 다이어그램
client 사용자, 클라이언트
collaboration diagram 협력 다이어그램
command line 명령줄
component 컴포넌트
component diagram 컴포넌트 다이어그램
composition 합성
concrete class 컨크리트 클래스
console 명령창
construction phase 구축 단계
constructor 생성자
container 컨테이너
contract 계약
control flow 제어 흐름
controller 컨트롤러
cost effective 비용 대비 효율
coupling 결합
customer 고객
cyclomatic complexity 회귀성 복잡도

용어대역표 293

D

data structure 데이터 구조
deep copy 딥 카피
dependency 의존 관계
dependency cyle 의존 관계 순환
dependent 의존
derived class 유도 클래스, 유도된 클래스
design pattern 디자인 패턴
distributed system 분산 시스템
documentation 문서화
dynamic 동적

E

elaboration phase 정련 단계
element 요소
embedded real-time system 내장형 실시간 시스템
event 이벤트
exception 예외
expression 표현식

F

factory 팩터리
fat class 비대한 클래스
final pseudo-state 최종 의사-상태
finite state machine 유한 상태 기계
framework 프레임워크
FSM 유한 상태 기계
fully qualified name 완전한 형태의 이름
function 함수

G

garbage collector 가비지 컬렉터
generalization 일반화
guard 가드, 경계
guard condition 경계 조건
guard expression 경계 표현식

H

heuristic 휴리스틱
hierarchy 계층 구조
highlevel 고수준 언어
host 호스트

I

import 임포트
inception phase 도입 단계
inheritance 상속
initial pseudo-state 최초 의사-상태
instance 인스턴스
instance variable 인스턴스 변수
interface 인터페이스
interface lollipop 인터페이스 막대 사탕
iteration 반복
iteration cycle 반복 주기
iterator 이터레이터

L

label 이름표
language lawyer 프로그래밍 언어 법률가
lifeline 생명선
local 로컬
local variable 지역 변수
logging 로깅
logic 논리
logical domain 논리적 영역

M

management phase 관리 단계
member function 멤버 함수
member variable 멤버 변수
merge 합침
message 메시지
metaphor 메타포
method 메서드

module 모듈
multiple thread 다중 스레드
multiplicity 다수성
multithread 멀티스레드

N

namespace 이름 공간
nested structure 중첩 구조
network node 네트워크 노드

O

object 객체
object diagram 객체 다이어그램
object model 객체 모델
override 재정의

P

package 패키지
package diagram 패키지 다이어그램
packet 패킷
parameter 파라미터
persistence 영속성
physical domain 물리적 영역
polling 폴링
polymorphism 다형성
port 포트
postcondition 후행조건
practice 실천 방법
precondition 선행조건
primary course 기본 흐름
principle 원칙
private 프라이비트
problem domain 문제 영역
process 공정, 프로세스
project stakeholder 프로젝트 이해관계자
property 프로퍼티
protected 프로텍티드
protocol 프로토콜

pseudo-code 의사 코드
public 퍼블릭

Q

qualifier 한정사
queue 큐

R

race condition 경쟁 조건
recurrence expression 반복 표현문
refactoring 리팩터링
reference 참조, 레퍼런스
reflexive transition 재귀 전이
relation 관계
release 릴리스
remote 원격
requirement 요구사항
return 반환, 리턴
return value 반환값
reuse 재사용
runtime 실행 시간
runtime system 런타임 시스템

S

schema 스키마
semantic 의미론
sequence diagram 시퀀스 다이어그램
serialize 직렬화
server 서버
session 세션
socket 소켓
socket connection 소켓 연결
solution 해결 방안
source control system 소스 컨트롤 시스템
standard error 표준 에러
standard event 표준 이벤트
standard output 표준 출력
state 상태

state diagram 상태 다이어그램
state transition diagram 상태 전이 다이어그램
state transition table 상태 전이 테이블
static 정적
static method 정적 메서드
stderr 표준 에러
stdout 표준 출력
stereotype 스테레오타입
stream 스트림
subtype 서브타입
superstate 상위 상태
synchronization 동기화
synchronous 동기
syntax 문법
system boundary diagram 시스템 경계 다이어그램

T

task 태스크, 작업
test environment 테스트 환경
third party 써드 파티
thread 스레드
topic area 주제 영역
trade-off 트레이드 오프
transaction 트랜잭션
transition 전이
transition phase 전이 단계
transitive 추이적
type 타입

U

UML diagram UML 다이어그램
Unified Process 통합 공정
unit test 단위 테스트
use case 유스케이스
use case diagram 유스케이스 다이어그램
user story 사용자 스토리

V

vapor class 허깨비 클래스

W

weak reference 약한 참조

약어 정리

The Single Responsibility Principle	SRP	단 하나의 책임 원칙
The Open - Closed Principle	OCP	개방 - 폐쇄 원칙
Liskov Substitution Principle	LSP	리스코프 교체 원칙
Dependency Inversion Principle	DIP	의존 관계 역전 원칙
Interface Segregation Principle	ISP	인터페이스 격리 원칙
Release/Reuse Equivalency Principle	REP	패키지 릴리스/재사용 등가 원칙
Common Closure Principle	CCP	공통 폐쇄 원칙
Common Reuse Principle	CRP	공통 재사용 법칙
Acyclic Dependencies Principle	ADP	의존 관계 비순환 원칙
Stable Dependencies Principle	SDP	안정된 의존 관계 원칙
Stable Abstractions Principle	SAP	안정된 추상화 원칙

찾아보기

ㄱ

가드 7~8
가비지 컬렉터 43, 54
개념 모델 2
개념(conceptual) 1~3
개방-폐쇄 원칙 81, 121
객체 6
객체 다이어그램 6
객체의 참조 33
객체지향 설계 145
검증 183
결합도 80
경계 표현식 59
경쟁 조건 61~62
계약 152
공정 103
관계 2, 5, 7
관계형 스키마 29
구축 단계 108, 283, 287~288
구현(Implementation) 1
기반 클래스 34, 94, 96~97, 100, 132~133, 149, 151~152

ㄴ

내부 클래스 46, 127, 211

ㄷ

다수성 44, 46
다운캐스트(downcast) 95
다중 스레드 66, 125
단 하나의 책임 원칙 79, 119
단위 테스트 111, 168, 182
대체 흐름 73~74
데이터 토큰(data token) 7, 52
데코레이터(Decorator) 46
도입 단계 108, 281~282, 284~287
동기 메시지 62
동적 다이어그램 3, 22, 24~25
동적 모델 51
딥 카피 43

ㄹ

루비(Ruby) 206
리팩터링 112, 163, 182, 270
릴리스 106, 118~119, 288

ㅁ

메시지 이름 8, 52, 66, 194
메타포 13
멤버 변수 31, 45, 48
멤버 함수 31, 45, 48
명세 모델 2

명세(Specification) 1~3
모델 11~12, 83~85, 87~88, 92~93
모델-뷰-컨트롤러 82
문제 도메인 1
물리적 다이어그램 3

ㅂ

반복 표현문 59
부분/전체 관계 40
비동기 메시지 61~63, 66
비즈니스 규칙 80, 98
비즈니스 분석자 104
빌드 절차 138

ㅅ

상속 관계 2, 34, 36~37
상속(inheritance) 34
상위 상태 132~133
상태 전이 다이어그램 129, 218
상태 전이 테이블 134
생명선 52, 69
셀 네트워크 20
소스코드 컨트롤 29, 113
순환 의존 31, 41~42, 120, 122
스냅샷 123
스테레오타입 37, 44~46, 48
스파게티 코드 78
시스템 문서화 181
시퀀스 다이어그램 7, 19, 51
시퀀스 숫자 8
실시간 클럭 74
실체화 34~35
실행 시간 128

ㅇ

아키텍처 108, 118, 152, 278, 281~283, 287~288
어댑터 22~24, 150
연결(link) 7

연관 5, 33, 40, 44
연관 클래스 46
영속성 문제 80
유스케이스 72
유스케이스 관계 75
유지보수 138
유한 상태 기계 8, 129, 178, 218
유향 그래프 41
의미론적 규칙 2
의사상태 130, 133
의존 관계 117
의존 관계 역전 원칙 97, 121, 159
의존성의 방향 34
이름 8
이름 공간 115
이름 충돌 115
이벤트 기반 시스템 129
이해관계자(stakeholder) 73, 279
익명 내부 클래스 46
인수 테스트 110, 112~113
인스턴스 변수 33
인터페이스 격리 원칙 98, 119

ㅈ

재귀 전이 131
전이 9, 130
전이 단계 108, 284, 288
정련 단계 108, 281~283, 286
정적 38
정적 다이어그램 3
정적 변수 38
중앙 서버 181
직렬화 197
집합 40

ㅊ

참조 5
최종 의사상태 133
추상 클래스 31, 39, 121

추상적 개념 14

ㅋ

컨크리트 클래스 31, 97
컴포지트(Composite) 46
클래스 5
클래스 다이어그램 5, 31
클래스 유틸리티 38

ㅌ

테스트 케이스 168, 268
통합 공정(Unified Process) 108
트레이드 오프 106, 118

ㅍ

파생 클래스 95
팩터리(Factory) 44
포함 관계(contains relationship) 116
폴링 접근 방법 147
표준 에러 184
표준 출력 183
프레임워크 29, 125, 207, 209, 273
프록시(Proxy) 46

ㅎ

하위 상태 132
합성 41
허깨비 클래스 150
헬퍼 클래스 205
협력 다이어그램 7, 20, 159
활동적인 객체 67, 128
활성 상자 7, 52, 60
회귀성 복잡도 231
휴리스틱 118, 145

a - z

CASE 도구 27
DATA TRANSFER OBJECT(데이터 전송 객체) 193
ER 다이어그램 29
FACADE 230
FLIP-FLOP 패턴 93
FSM 129, 178, 218
IDE 28
JDepend 120
NULLOBJECT 211
OOD 145
QA 사람들 110
RUP 273
SELF SHUNT 패턴 88, 267
STATE 패턴 138
STD 129, 218
STT 134
THREE-LEVEL FSM 220
VISITOR 패턴 197, 215